王子今，1950年12月生于哈尔滨。现任西北大学铸牢中华民族共同体意识研究基地教授，"古文字与中华文明传承发展工程"协同攻关创新平台、中国人民大学荣誉一级教授，中国秦汉史研究会顾问。发表学术论文800余篇，发表其他学术文章400余篇，出版《秦汉交通史稿》《史记的文化发掘：中国早期史学的人类学探索》《秦汉区域文化研究》《睡虎地秦简〈日书〉甲种疏证》《走向大一统的秦汉政治》《古史性别研究丛稿》《秦汉时期生态环境研究》《秦汉史：帝国的成立》《秦汉边疆与民族问题》《秦汉称谓研究》《秦汉交通考古》《秦汉名物丛考》《匈奴经营西域研究》《秦汉儿童的世界》《秦始皇直道考察与研究》《秦汉海洋文化研究》《秦人的信仰世界》《汉代丝绸之路文化史》等学术专著50余部。

什么是秦汉史

王子今 著

Simplified Chinese Copyright © 2024 by SDX Joint Publishing Company.
All Rights Reserved.
本作品简体中文版权由生活·读书·新知三联书店所有。
未经许可，不得翻印。

图书在版编目（CIP）数据

什么是秦汉史 / 王子今著. —北京：生活·读书·新知三联书店，2024.8
（乐道文库）
ISBN 978-7-108-07838-4

Ⅰ.①什… Ⅱ.①王… Ⅲ.①中国历史-秦汉时代 Ⅳ.①K232

中国国家版本馆 CIP 数据核字（2024）第 081669 号

基金项目：2020 年度国家社科基金中国历史研究院重大研究专项（"兰台学术计划"）"中华文明起源与历史文化研究专题"委托项目"中华文化基因的渊源与演进"（20@WTC004）

责任编辑	王婧娅
特约编辑	周　颖
封面设计	崔欣晔
责任印制	洪江龙
出版发行	生活·讀書·新知 三联书店
	（北京市东城区美术馆东街 22 号）
邮　　编	100010
印　　刷	上海雅昌艺术印刷有限公司
版　　次	2024 年 8 月第 1 版
	2024 年 8 月第 1 次印刷
开　　本	889 毫米×1092 毫米　1/32　印张　12.625
字　　数	293 千字
定　　价	72.00 元

目　次

引言　作为重要历史文化命题的"秦汉"与"秦汉史"　· 001

第一章　"秦汉"作为一个历史阶段的认识基础 · 006
一、"秦汉"：政论家和史论家的表述习惯 · 006
二、人们为什么习惯连说"秦汉" · 009
三、"汉承秦制" · 011
四、西汉前期与秦代的历史一致性 · 014

第二章　从"秦并天下"到"汉并天下" · 016
一、秦的统一与汉的再次统一 · 016
二、"天意已另换新局" · 018
三、从"徒步而为相""白身而为将"，到"布衣将相之局" · 020
四、"帝"与"皇帝" · 022
五、帝·帝制·帝国：不仅仅是政治文化符号 · 024
六、《剑桥中国秦汉史》并用"王朝""帝国"两说 · 028

第三章 "秦汉"最突出的历史标志 · 035

一、一统:"秦汉之所赐" · 035

二、政制新创:"秦汉之典"与"秦汉之规摹" · 038

三、"战胜异族":汉晋之间,"为史事一大界" · 040

四、秦汉:中华文化实体的出现及其世界史意义 · 045

第四章 秦汉的时代精神 · 051

一、"闳放""雄大" · 051

二、"奔扬""驰骛" · 053

三、中国文化的少年时代 · 054

四、"事态百变,人才辈出,令人喜读" · 055

第五章 史家对"秦汉"的特殊重视 · 056

一、《读书杂志》《廿二史札记》《二十五史补编》 · 056

二、史坛通学名家的秦汉史学术基础:吕思勉·郭沫若·顾颉刚·侯外庐 · 058

三、其他著名史学大家的秦汉史学术实践:周谷城·白寿彝·吴晗·杨向奎 · 067

四、主攻其他方向学者的秦汉史学术贡献:谢国桢·孙毓棠·漆侠·宁可·王思治 · 069

五、严耕望《中国地方行政制度史》 · 071

六、傅筑夫《中国封建社会经济史》 · 073

第六章　中国文化基因的秦汉形成期 · 077
　一、秦汉研究对于中国文化基因考察的意义 · 077
　二、秦文化、楚文化和齐鲁文化的融并 · 078
　三、北胡南越及其他民族文化的历史作用 · 079
　四、丝绸之路交通与东西文化交流 · 080
　五、大一统格局与中国文化基因的主要特征 · 081
　六、文化基因变异的可能 · 084

第七章　秦汉历史舞台的背景 · 086
　一、秦汉社会进步的自然条件 · 086
　二、秦汉文明创造的知识基点 · 103
　三、秦汉人面对的世界格局 · 118

第八章　秦汉文化"海"的元素 · 126
　一、海洋史关注：司马迁的启示 · 126
　二、面向"海洋"的秦汉文化 · 130
　三、秦汉海洋文化研究 · 132
　四、以海洋为场域：文化探索、经济开发与行政控制 · 134
　五、以世界史为背景的秦汉海洋文化考察 · 136

第九章　20 世纪的中国秦汉史研究 · 139
　一、总结秦汉史研究"百年""升降"的意义 · 139
　二、新的研究基础 · 143
　三、主要研究成果检阅 · 154

四、学术倾向与研究方法 · 159

五、世纪之交的研究进展 · 164

六、值得肯定的学术新气象 · 190

七、"盛衰""百载",继往开来 · 213

第十章　秦汉史学术大师和解锁秦汉史的钥匙 · 215

一、吕思勉及其《秦汉史》· 215

二、杨树达《汉代婚丧礼俗考》导读 · 230

三、翦伯赞《秦汉史九讲》导读 · 266

四、陈梦家与简牍学 · 274

五、"弄瓦翁"陈直：秦汉史研究的学术旗帜 · 306

六、读方诗铭先生著《曹操·袁绍·黄巾》· 314

七、孙机《仰观集》：秦汉文物研究的学术向导 · 319

八、"与华无极"：李学勤和他的秦史秦文化研究 · 321

九、林剑鸣秦史论著两种附言 · 344

十、秦汉考古研究与秦汉史研究：《中国考古学·秦汉卷》· 360

十一、读《王仲殊文集》· 368

十二、鲁迅读汉画——《鲁迅藏拓本全集·汉画像卷》· 372

十三、"守住科学良心"：追念田余庆先生 · 379

十四、继承朱绍侯先生的学术精神 · 388

代结语　秦汉史学术空间的拓展和学术方法的更新 · 391

引言　作为重要历史文化命题的"秦汉"与"秦汉史"

中国历史经过夏商西周以及春秋战国阶段漫长的进步历程，进入秦汉时期。从公元前221年秦始皇实现统一至公元220年曹丕代汉，是秦王朝和汉王朝统治的历史阶段。在西汉和东汉之间，又有王莽新朝的短暂统治。在这441年的历史阶段内，中国文明的构成形式和创造内容都发生了重要的变化。秦汉人以黄河流域、长江流域和珠江流域为主要舞台，进行了生动活泼的历史表演，同时推动了中华民族历史文化突出的进步，也为后来中华帝国的强盛准备了充分的条件。

"秦汉"是曾经的历史存在。"秦汉"是曾经的历史过程。"秦汉"作为确定的时间阶段，有形式特别的、非常重要的历史表现，有个性鲜明的、非常精彩的文化风貌。对于"秦汉"这一阶段的历史记录、历史观察、历史理解、历史说明，通常在通称"秦汉史"的学术主题下进行。

"秦汉史"作为中国古代史领域里的一个断代研究方向，已经为大家知晓。但是传统史学以"秦汉史"作为标识的表述，其实比较晚。在二十四史中，没有"秦汉史"的说法。许多重要的史学典籍，也未见使用这一语词。清代学者顾景星写道："汉至武帝，始改以秦汉史证经，又悖之甚也。"① 这大概是比较明确的"秦汉史"学术史标识。

后来，在中国史学的现代学术序列中，"秦汉史"已经成为一个重要的构成内容。"中国通史""中国古代史"中，都有"秦汉史"这个阶段。历史学教学在考虑课程设置、学科布局、人才任用等问题时，都重视"秦汉史"的地位。"秦汉史"在断代史研究的总体格局中，作为一个学术方向，也相当重要。

"秦汉"往往连说，与"汉承秦制"有关。就秦汉政制对后世的影响，政论家与史论家有对于"秦汉之典"与"秦汉之规摹"的分析。而"秦汉之所赐"，即秦汉历史创造对我们民族文化的重要贡献，有学者以为"中国成为一统国，自秦启之，而汉承之"。鲁迅言秦汉时代精神所谓"豁达闳大之风"，所谓"气魄深沈雄大"②，均切实准确。所谓"闳大"和"雄大"，其实既可以看作对秦汉时期社会文化风格的总结，也可以看作对当时我们民族性格与民族精神的表述。而进取意识、务实态度、开放胸怀，也是这一时期社会文化的基本风格。

---

① 〔清〕顾景星撰：《白茅堂集》卷二八《辩》"改月不改朔辨"条，清康熙刻本，第481页；〔清〕李祖陶辑：《国朝文录续编·白茅堂文录》卷一，清同治刻本，第42页。
② 鲁迅：《坟·看镜有感》《书信·1935年9月9日致李桦》，《鲁迅全集》，人民文学出版社2005年11月版，第1卷第209页、第13卷第539页。

秦汉时期的文明创造和文明积累，在中国历史上呈示出耀眼的辉煌。当时的文化风貌和民族精神，有鲜明的时代特征。秦汉时期的社会结构和政治形式，也对中国此后两千年来文化传统的形成和历史演进的方向造成了非常深刻的影响。秦汉史的轨迹，展现了许多史无前例的变化。秦汉人创造了许多世界第一。秦汉制度对后来历朝形成了许多规范性的定式。这些都是秦汉史受到重视的原因。

历代史家对于秦汉历史地位之重要，均曾予以重视。当前的秦汉史研究，在具体的历史细节说明之外，对历史大趋势的走向应予认真考察。在对当时社会生产和社会生活的具体问题更细致的研究之外，就社会结构、阶级关系、民族动态、文化格局等宏观问题，也应当进行认真的探索和说明。

对于"秦汉"和"秦汉史"，还存在若干可以作为探索与分析对象的历史关键点。比如：

为什么在秦汉时期实现了统一？

这种统一是否具有必然性与合理性？

怎样认识秦汉政治制度、政治格局对后来历史的影响的积极意义和消极意义？

怎样理解秦汉历史在整个中国古代历史进程中的地位？

怎样评价秦始皇、汉武帝、王莽、曹操等秦汉人物？

秦短促而亡的主要原因是什么？

汉武帝时代"罢黜百家,表章《六经》"①,"推明孔氏,抑黜百家"②,对于中国文化史的走向究竟有怎样的意义?

丝绸是不是汉代所谓"丝绸之路"的主要流通物资,也就是说,"丝绸之路"的定名是否合理?

汉与匈奴的战争是什么性质的战争?

应当怎样总结和说明秦汉时期中原民族与周边民族的关系?

佛教传入中原的主要路径和最初影响是怎样的?

怎样概括秦汉时代精神的基本风格?

秦汉时期下层民众的劳动强度、生活景况和精神面貌是怎样的?

能否推定秦汉人与生活在其他时段的人们在道德层次、文明水准、生活情趣方面的异同?

还有一个非常重要的问题:

怎样认识和理解秦汉时期的社会形态、社会结构和社会阶级关系?

在秦汉史这一历史视域中,有待继续研究和准确说明的学术主题还有很多。以上这些问题,涉及对秦汉时期历史文化的总体认识,以及秦汉历史与整个中国史进程的关系,应当有明确的体会和深入的理解。但是可能目前尚未

---

① 《汉书》卷六《武帝纪》,中华书局 1962 年 6 月版,第 212 页。
② 《汉书》卷五六《董仲舒传》,第 2525 页。除了"罢黜百家""抑黜百家"之外,后世还有"孝武尽黜百家"的说法。《清史稿》卷四八〇《儒林传一》,中华书局 1977 年 8 月版,第 13098 页。

能得出具体的、有充分说服力的答案。但是随着秦汉史研究的深入，我们的认识将来应当可以推进。今后的秦汉史研究，在具体的历史细节说明之外，对历史大趋势的走向应予认真考察。在对当时社会生产和社会生活的具体问题进行更细致的研究之外，就社会结构、阶级关系、民族动态、文化格局等宏观问题，也应当进行认真的探索和说明。

第一章 "秦汉"作为一个历史阶段的认识基础

一、"秦汉":政论家和史论家的表述习惯

"秦"和"汉",是一先一后两个王朝。汉王朝的创建者刘邦,是秦王朝的主要掘墓人之一。《史记》卷六《秦始皇本纪》记载:"楚将沛公破秦军入武关,遂至霸上,使人约降子婴。子婴即系颈以组,白马素车,奉天子玺符,降轵道旁。沛公遂入咸阳,封宫室府库……后五年,天下定于汉。"①《史记》卷八《高祖本纪》也写道:"汉元年十月,沛公兵遂先诸侯至霸上。秦王子婴素车白马,系颈以组,封皇帝玺符节,降轵道旁……乃以秦王属吏,遂西入咸阳。"②"汉"的建国,是在推翻"秦"的基础上实现的。但是"秦汉",后来却成为史学通行语汇。

西汉初期,可能人们已经习惯"秦""汉"连说,将"秦汉"看作一个历史时期。如《史记》卷一〇二《张释之

---
① 《史记》,中华书局 1959 年 9 月版,第 275—276 页。
② 《史记》,第 362 页。

冯唐列传》写道:"释之言秦汉之间事,秦所以失而汉所以兴者久之。"① 这是说,张释之对秦汉之际的历史变化进行了总结和说明。事在张释之"为廷尉"的汉文帝三年(前177)之前②,当时距刘邦建国不过29年③,距"汉并天下"不过25年。④

司马迁在《史记》卷一三〇《太史公自序》总结《太史公书》的写作,开头就写道:"罔罗天下放失旧闻,王迹所兴,原始察终,见盛观衰,论考之行事,略推三代,录秦汉,上记轩辕,下至于兹。著十二《本纪》,既

---

① 《史记》,第2751页。《汉书》卷五〇《张释之传》:"释之言秦汉之间事,秦所以失,汉所以兴者。"第2307页。
② 《汉书》卷一九下《百官公卿表下》:"(孝文三年)中郎将张释之为廷尉。"第765页。《史记》卷一〇二《张释之冯唐列传》:"以訾为骑郎,事孝文帝,十岁不得调,无所知名。释之曰:'久宦减仲之产,不遂。'欲自免归。中郎将袁盎知其贤,惜其去,乃请徙释之补谒者。释之既朝毕,因前言便宜事。文帝曰:'卑之,毋甚高论,令今可施行也。'于是释之言秦汉之间事,秦所以失而汉所以兴者久之。文帝称善,乃拜释之为谒者仆射。""上拜释之为公交车令。"……拜为中大夫。顷之,至中郎将。……其后拜释之为廷尉。"第2751、2753页。可知"事孝文帝,十岁不得调,无所知名"事不确。以《汉书》"(孝文三年)中郎将张释之为廷尉"推知,"释之言秦汉之间事,秦所以失而汉所以兴者久之"必然在公元前177年之前。
③ 《史记》卷一六《秦楚之际月表》:"义帝元年正月,分中为汉。""二月,汉王始,故沛公。""三月,都南郑。"第775—778页。时在公元前206年。
④ 《史记》卷九九《刘敬叔孙通列传》:"汉五年,已并天下,诸侯共尊汉王为皇帝于定陶,叔孙通就其仪号。"第2722页。《汉书》卷四三《叔孙通传》:"汉王已并天下,诸侯共尊为皇帝于定陶,通就其仪号。"第2126页。"汉并天下"瓦当,是常见西汉文字瓦当。陕西省考古研究所秦汉研究室编:《新编秦汉瓦当图录》,三秦出版社1986年12月版,第220—223页。陈直《汉书新证》中《扬雄传第五十七上》:"李好问《长安图志》中略云:'汉瓦形制古妙,有得其瓦头者,皆作占篆,有曰"汉大卜",有曰"储胥未央"者,盖即储胥观所用之瓦。'"天津人民出版社1979年3月版,第421—422页。陈直《秦汉瓦当概述》写道:"汉瓦文字,最初应为汉并天下、千秋万岁、长生无极等品。"《摹庐丛著七种》,齐鲁书社1981年1月版,第338页。正史明确记载的"汉并天下"字样,见于《魏书》卷九五《列传第八十三序》:"三代以往,守在海外,秦吞列国,汉并天下。"中华书局1974年6月版,第2041页。

科条之矣。"① 所谓"略推三代，录秦汉"，应体现汉武帝时代普遍的历史意识与语言风格。

《汉书》卷二九《沟洫志》总结水利史的演进写道："上古难识，近察秦汉以来，河决曹、卫之域，其南北不过百八十里者……"② 以"秦汉"和"上古"区分历史阶段。而《汉书》卷三六《刘向传》说："向乃集合上古以来历春秋六国至秦汉符瑞灾异之记，推迹行事，连传祸福，著其占验，比类相从，各有条目，凡十一篇，号曰《洪范五行传论》，奏之。""历上古至秦汉，外戚僭贵未有如王氏者也。"③ 也说到"上古"和"秦汉"。所谓"上古以来历春秋六国至秦汉"，则在"上古"和"秦汉"之间详列"春秋六国"历史阶段。

《汉书》卷六二《司马迁传》："其言秦汉，详矣。"④《汉书》卷六九《赵充国辛庆忌传》："秦汉已来，山东出相，山西出将。"⑤《汉书》卷九一《货殖传》："秦汉之制，列侯封君食租税，岁率户二百。"⑥《汉书》卷九四下《匈

---

① 《史记》，第3319页。《汉书》卷六二《司马迁传》："罔罗天下放失旧闻，王迹所兴，原始察终，见盛观衰，论考之行事，略三代，录秦汉，上记轩辕，下至于兹。"第2737页。
② 《汉书》，第1696页。
③ 《汉书》，第1650、1660页。
④ 《汉书》，第2737页。
⑤ 《汉书》，第2998页。《后汉书》卷五八《虞诩传》："喭曰：'关西出将，关东出相。'"李贤注："《前书》曰：'秦、汉以来，山东出相，山西出将。'"中华书局1965年5月版，第1866页。《后汉书》卷六五《段颎传》："山西多猛。"李贤注："《前书》班固曰：'秦汉以来，山东出相，山西出将。'"第2154页。
⑥ 《汉书》，第3686页。

奴传下》:"若乃征伐之功,秦汉行事,严尤论之当矣。"①则已是《汉书》著作人的口吻。

《后汉书》卷三二《阴识传》云"秦汉之际,始家新野"②,则强调"秦汉"兴替之历史阶段的时代。由于当时有"张楚"政权、"楚怀王"势力及"西楚霸王"项羽军政权威的历史作用,《史记》曾经称之为"秦楚之际"。《史记》卷一六《秦楚之际月表》在卷一五《六国年表》之后,卷一七《汉兴以来诸侯年表》之前,历史承接关系是明朗的。司马迁写道:"太史公读秦楚之际,曰:初作难,发于陈涉;虐戾灭秦,自项氏;拨乱诛暴,平定海内,卒践帝祚,成于汉家。五年之间,号令三嬗。自生民以来,未始有受命若斯之亟也。"司马贞《索隐》说:"嬗,古'禅'字。"又解释"号令三嬗":"三嬗,谓陈涉、项氏、汉高祖也。"③《史记》卷一三〇《太史公自序》写道:"秦既暴虐,楚人发难,项氏遂乱,汉乃扶义征伐;八年之间,天下三嬗,事繁变众,故详著《秦楚之际月表》第四。"④ 交代了撰述意义。

二、 人们为什么习惯连说"秦汉"

《晋书》是二十四史中"秦汉"一语出现频次最高的史

---

① 《汉书》,第3833页。
② 《后汉书》,第1129页。
③ 《史记》,第759页。
④ 《史记》,第3303页。

籍。简单检索可见24次。

《晋书》卷一四《地理志上》："洛汭咸阳，宛然秦汉。"卷一八《律历志下》："……自此以降，暨于秦汉，乃复以孟冬为岁首，闰为后九月……"卷一九《礼志上》："及秦汉都西京，泾、渭、长水，虽不在祀典，以近咸阳故，尽得比大川之祠，而正立之祀可以阙哉！""礼，大事则告祖祢，小事则特告祢，秦汉久废。"卷二〇《礼志中》："自秦汉已来，废一娶九女之制，近世无复继室之礼，先妻卒则更娶。"卷二一《礼志下》引傅玄《元会赋》曰："考夏后之遗训，综殷周之典艺，采秦汉之旧仪，定元正之嘉会。""秦汉行其典，前史各陈其制矣。"卷二四《职官志》比较"秦汉"官制："秦汉俱无定员，以功高者一人为仆射。"卷二五《舆服志》："至秦汉，犹施之武人。"卷三〇《刑法志》："是时承用秦汉旧律，其文起自魏文侯师李悝。""秦立重辟，汉又修之。大魏承秦汉之弊，未及革制，所以追戮已出之女，诚欲殄丑类之族也。"①

可以看到，史家在对各方面的制度进行历史分析时，均注意与"秦汉"的比较。"秦汉"是作为一个时代组合来处理的。

其实，"秦汉"连说的习惯，并非发生在"秦汉"历史结束的晋代。上文举西汉初期《史记》卷一〇二《张释之冯唐列传》"释之言秦汉之间事，秦所以失而汉所以兴者久

---

① 《晋书》，中华书局1974年11月版，第408、535、598、609、644、649、654、732、770、922、926页。

之"文例,已经有所说明。就是说,在"秦汉"历史进程的早期,已经有了这样的说法,有了这样的认识。这可能是"秦汉"历史的连贯性非常明显的缘故。

有人会说,张释之所说"秦汉",与我们今天所说"秦汉史"的"秦汉"不同。当然,张释之身处"秦汉"历史刚刚起始三四十年时,当然与我们在两千多年后所论"秦汉史"的"秦汉"不同。但是我们应当注意张释之并说"秦汉"这一语言现象的发生,是有历史深意的,也是自有其特殊文化缘由的。

三、"汉承秦制"

"秦汉"连说语言习惯的形成,很可能与秦汉制度的连续关系有关。这一政治史、法制史现象,史家有"汉承秦制"的表述。

《汉书》卷一〇〇上《叙传上》写道:"汉家承秦之制,并立郡县,主有专己之威,臣无百年之柄。"① 班固所谓"汉家承秦之制",应当就是后来人们平素常用的"汉承秦制"之说完整的经典话语。

"汉承秦制"这种明朗的简洁表述,屡见于记述东汉史的文献。《后汉书》卷四〇上《班彪传》记载班彪对隗嚣分

---

① 《汉书》,第4207页。

析比较战国与当时形势，说道："周之废兴，与汉殊异。昔周爵五等，诸侯从政，本根既微，枝叶强大，故其末流有纵横之事，势数然也。汉承秦制，改立郡县，主有专己之威，臣无百年之柄。"① 这是在两汉之际讲述的政治话语。很可能是史籍所见第一次出现"汉承秦制"之说。

在《续汉书》有关礼制秩序的文字中，更多见"汉承秦制"的表述。

如《续汉书·礼仪志中》刘昭注补引《魏书》记载有司奏言回顾"讲武"制度："建安二十一年三月，曹公亲耕藉田。有司奏：'四时讲武于农隙。汉承秦制，三时不讲，唯十月车驾幸长安水南门，会五营士，为八阵进退，名曰乘之。今金革未偃，士民素习，可无四时讲武，但以立秋择吉日大朝车骑，号曰治兵。上合礼名，下承汉制也。'"② 这是说仪卫制度对汉代传统的继承。同样的记载又见于《三国志》卷一《魏书·武帝纪》裴松之注引《魏书》③，这里说到"承汉制"。《续汉书·舆服志上》关于乘舆等级，亦说到对"秦制"的继承："天子玉路，以玉为饰，锡樊缨十有再就，建太常，十有二斿，九仞曳地，日月升龙，象天明也。夷王以下，周室衰弱，诸侯大路。秦并天下，阅三代之礼，或曰殷瑞山车，金根之色。汉承秦

---

① 中华书局标点本"校勘记"："'汉承秦制改立郡县'，按：张森楷校勘记谓'改'当依《前书》作'并'，既承秦制，则非汉所改也。"《后汉书》，第1323、1352页。
② 《后汉书》，第3123页。
③ 《三国志》，中华书局1959年12月版，第47页。

制,御为乘舆,所谓孔子乘殷之路者也。"① "汉承秦制"之说,明确了礼制沿袭的渊源。《续汉书·舆服志下》言佩玉制度,也说:"古者君臣佩玉,尊卑有度;上有韨,贵贱有殊。佩,所以章德,服之衷也。韨,所以执事,礼之共也。故礼有其度,威仪之制,三代同之。五霸迭兴,战兵不息,佩非战器,韨非兵旗,于是解去韨佩,留其系璲,以为章表。故《诗》曰'鞙鞙佩璲',此之谓也。韨佩既废,秦乃以采组连结于璲,光明章表,转相结受,故谓之绶。汉承秦制,用而弗改,故加之以双印佩刀之饰。"② 从记述的语气看,似乎"汉承秦制"的合理性是当然的。

关于"秦制"的发生,这些叙说往往也追溯到周制。

所谓"汉承秦制",后世为史家习用。如《晋书》卷三〇《刑法志》:"汉承秦制,萧何定律,除参夷连坐之罪,增部主见知之条,益事律《兴》《厩》《户》三篇,合为九篇。"③《宋书》卷一八《礼乐志五》:"汉承秦制,冠有十三种,魏、晋以来,不尽施用。"④《魏书》卷一〇八之四《礼乐志四》:"始皇作金根之车,汉承秦制,御为乘舆。"⑤《旧唐书》卷二三《礼仪志三》:"按《周礼·大宗伯》曰:'郁人,下士二人,赞祼事。'则沃盥此职也。汉承秦制,

---

① 《后汉书》,第3643页。
② 《后汉书》,第3671—3672页。
③ 《晋书》,第922页。
④ 《宋书》,中华书局1974年10月版,第504页。
⑤ 《魏书》,中华书局1974年6月版,第2814页。

无郁人之职，故使近臣为之。魏、晋至今，因而不改。"①《明史》卷六五《舆服志一》："汉承秦制，御金根为乘舆。"②

"汉承秦制"成为一种语言定式，是有历史缘由的。

四、西汉前期与秦代的历史一致性

近世史学言"汉承秦制"，或强调西汉早期、中期与秦的历史一致性。

瞿兑之写道："通而论之，由秦始皇以至汉宣帝，总为第一期，其治体倾向，大都相似，乃撷取儒法两家所长以成一统之规。"③何兹全说："由刘邦和他的集团所建立起来的汉帝国，基本上可以说是秦帝国的延续。"他也是将汉初情形与秦比较："不同的是：汉帝国没有像秦帝国那样彻底的废除封国制度，而是采取和分权势力妥协的政策，在统一帝国内，部分的恢复了封国制。另外，汉帝国的统治者起自民间，参加过秦末的农民大起义，知道人民力量的强大，因之对人民采取了让步的减轻压迫、减轻剥削的政策。"④

---

① 《旧唐书》，中华书局1975年5月版，第896页。
② 《明史》，中华书局1974年4月版，第1597页。
③ 瞿兑之：《秦汉史纂》，鼎文书局1979年2月版，第327页。
④ 何兹全：《秦汉史略》，上海人民出版社1955年5月版，第145—146页。

田昌五、安作璋进行了这样的表述:"汉初除分封诸侯王与秦有别外,不过是由一批新的军事封君地主的统治代替秦朝的官僚勋贵和军功地主而已。如此说来,秦汉到底有什么实质性的差别呢?曰:差别还是有的。秦法令繁苛,汉初逐步予以剔除;秦赋役繁重,汉初有所减轻;秦朝的征戍和兴作在汉初就更少见了。加以不复授田、土地私有、农民的处境大有改善,他们已是真正的自耕农民了。因此就出现了'汉兴七十年间,国家无事,非遇水旱之灾,则民人给家足'的景象。"①

---

① 田昌五、安作璋主编:《秦汉史》,人民出版社1993年8月版,第7页。

第二章 从"秦并天下"到"汉并天下"

一、秦的统一与汉的再次统一

秦王嬴政当政时,秦国的经济实力已经远远优于东方六国,秦国的军事实力也已强锐无敌。当时,"以天下为事",期望"得志于天下",成为秦人直接的政治目标。秦王嬴政策划并且指挥了逐一翦灭六国的战争。强大的秦国在公元前221年,即秦王嬴政即位的第26年实现了统一。

对于秦王嬴政当政后统一战争的进程,我们可以看到睡虎地秦简《编年记》中有这样的文句:"十三年,从军。(二〇贰)""十五年,从平阳军。(二二贰)十七年,攻韩。(二四贰)十八年,攻赵。(二五贰)""十九年,□□□□南郡备敬[警]。(二六贰)廿年,……韩王居□山。(二七贰)廿一年,韩王死。昌平君居其处,有死□属。(二八贰)廿二年,攻魏梁[梁]。(二九贰)廿三年,兴,攻荆,□□守阳□死。四月,昌文君死。(三〇贰)

[廿四年]，□□□王□□。(三一贰)"① 这是"喜"这位秦军下级军官对于自身经历的记录。关于所谓"十七年，攻韩"和"廿二年，攻魏梁[梁]"以及最后"廿四年"一条，司马迁在《史记》卷六《秦始皇本纪》和卷一五《六国年表》中都有相应的历史记载。

以咸阳为都城、以关中为统治重心的秦王朝，建立了大一统的高度集权的专制主义统治。秦政的特征，对此后两千余年的历史有非常重要的影响。

秦王朝建立后，即面临着管理天下经济运行的任务。秦时由中央政府主持的诸多规模宏大的土木工程的规划和组织，表现出经济管理能力的成熟。秦王朝的经济制度多具有创新的意义，然而在施行中，有积极的作用，也有消极的作用。秦王朝经济管理的军事化体制、极端苛急的政策倾向，以及不合理的区域经济方针等方面的弊病，为后世提供了深刻的历史教训。

秦王朝的统治表现出高度集权的特色，思想文化方面的政策更突出地体现出专制主义的风格。秦王朝虽然统治时间不长，但是所推行的文化政策却在若干方面产生了相当深远的历史影响。

秦始皇统治时期，多次因组织战争和土木工程征发民众服事苛重的徭役。大规模的徭役调发，使正常的经济环境和生产秩序受到破坏，民众承受着极沉重的

---

① 睡虎地秦墓竹简整理小组：《睡虎地秦墓竹简》，文物出版社1990年9月版，释文注释第7页。

负担。

秦始皇去世之后,秦王朝的统治阶层内部发生政治危机,日益激化的社会矛盾终于导致了规模空前的大动乱。秦二世没有能力稳定政局,执政集团的核心又发生变乱,秦二世本人被赵高派人刺杀。秦王朝在民众暴动的浪潮中终于崩溃。

秦亡之后,经历了楚汉相争的动荡时期。正是因为刘邦具有较宽广的政治胸怀,运用较明智的政治策略,在楚汉战争中,能够以富足的关中作为稳固后方,使兵员和作战物资不断得到补充,虽百战百败,但垓下一役,终于战胜项羽。

汉并天下后,刘邦从建立统一帝国的大局出发,接受曾被项羽讥讽为"衣绣夜行"的建议①,定都关中,实行促进楚文化、齐鲁文化和秦文化交汇融合的正确政策,建立起空前强大的中央集权的帝国。

二、"天意已另换新局"

赵翼在《廿二史札记》卷二"汉初布衣将相之局"中

---

① 《史记》卷七《项羽本纪》:"项羽引兵西屠咸阳,杀秦降王子婴,烧秦宫室,火三月不灭;收其货宝妇女而东。人或说项王曰:'关中阻山河四塞,地肥饶,可都以霸。'项王见秦宫室皆以烧残破,又心怀思欲东归,曰:'富贵不归故乡,如衣绣夜行,谁知之者!'说者曰:'人言楚人沐猴而冠耳,果然。'项王闻之,烹说者。"第315页。

写道:"自古皆封建诸侯,各君其国,卿大夫亦世其官,成例相沿,视为固然。其后积弊日甚,暴君荒主,既虐用其民,无有底止,强臣大族又篡弑相仍,祸乱不已。再并而为七国,益务战争,肝脑涂地。"这样的政治形势是不能不改变的,但是数千年来"世侯、世卿之局",一时也难以迅速变革。战国晚期,这种贵族政治体系实际上已经动摇,其情形可以称作"先从在下者起"。"游说"者如范雎、蔡泽、苏秦、张仪等"徒步而为相","征战"者如孙膑、白起、乐毅、廉颇、王翦等"白身而为将"。不过,"兼并之力尚在有国者,天方借其力以成混一,固不能一旦扫除之,使匹夫而有天下也"。秦开一统之局,政体焕然一新,但"下虽无世禄之臣,而上犹是继体之主也"。大臣的任用虽然已经打破"世禄"的传统,而最高统治者,依然是王族世袭。

直到汉初,新王朝因其"气运",显示"天意已另换新局"。新的政治体制得以开创,"天之变局,至是始定"。

新的贵族在高度集权的中央政府统治之下,权位随时可以消除。虽然刘邦分封,宣布"封爵之誓":"使河如带,泰山若厉。国以永宁,爰及苗裔。"据司马迁说:"始未尝不欲固其根本,而枝叶稍陵夷衰微也。"察其"所以失之者":"汉兴,功臣受封者百有余人。天下初定,故大城名都散亡,户口可得而数者十二三,是以大侯不过万家,小者五六百户。后数世,民咸归乡里,户益息,萧、曹、绛、灌之属或至四万，小侯自倍，富厚如之。子孙骄溢，忘其先，淫嬖。至太初百年之间，见侯五，余皆坐法陨命亡国，耗矣。罔亦少密焉，然皆身无兢兢于当世之禁云。"关于"使河如带，泰山若厉"，裴骃《集解》："应劭曰：'封爵之誓，国家欲使功臣传祚无穷。带，衣带也；厉，砥石也。河当何时如衣带，山当何时如厉石，言如带厉，国乃绝耳。'"①《汉书》卷一六《高惠高后文功臣表》的记载字句有异："封爵之誓曰：'使黄河如带，泰山若厉，国以永存，爰及苗裔。'"②"河"作"黄河"，"国以永宁"作"国以永存"。

"天意""新局"的演生，使得三代以来世侯世卿之陈旧政统，荡然净尽，"而成后世征辟、选举、科目、杂流之天下矣"。③

三、从"徒步而为相""白身而为将"，到"布衣将相之局"

我们说，赵翼解释的"变局""新局"，其直接表现，一为"一统"，一为执政集团身份构成的转换。

我们先说说后者。关于汉初政权构成与秦王朝的区别，

---

① 《史记》卷一八《高祖功臣侯者年表》，第877页。
② 《汉书》，第627页。
③ 〔清〕赵翼著，王树民校证：《廿二史札记校证》（订补本），中华书局1984年1月版，第36、37页。

赵翼论"汉初布衣将相之局"已经有所分析，指出刘邦功臣多出身平民："一时人才皆出其中，致身将相，前此所未有也。盖秦、汉间为天地一大变局。"战国时已有平民为将相者，"此已开后世布衣将相之例"。而"兼并之力"握于强势"有国者"，于是上天"纵秦皇尽灭六国，以开一统之局"。"汉祖以匹夫起事，角群雄而定一尊。其君既起自布衣，其臣亦自多亡命无赖之徒，立功以取将相，此气运为之也。天之变局，至是始定。"①

所谓"天之变局""天地一大变局""天意已另换新局"，即秦汉时期发生的历史转折，赵翼是从三个层次来叙说的：

1. "徒步而为相"，"白身而为将"；
2. "秦皇尽灭六国，以开一统之局"；
3. "汉祖以匹夫起事，角群雄而定一尊"；
4. "布衣将相之局"。

这种"变局""新局"的直接表现，一为"一统"，一为"皇帝"的出现和帝制的形成。还有一个重大的历史性"变局"，即执政集团身份构成的转换。下层"徒步""白身""布衣"民众获得政治参与机会，是"新局"的具体表象之一。而刘邦"以匹夫起事"终得"定一尊"，书写了"造反""起事"取天下的政治史新页。②

---

① 〔清〕赵翼著，王树民校证：《廿二史札记校证》（订补本），第36页。
② 王子今：《"造反"的词汇史》，《历史学家茶座》2008年第4辑，山东人民出版社2008年12月版。

四、"帝"与"皇帝"

关心秦汉时期历史文化的朋友都知道,自"秦并天下,立号为皇帝"①,新的政治格局出现,政治史也进入了新的阶段。而秦人作为皇帝制度的发明者,是特别重视"帝"这一名号的。秦昭襄王十九年(前288),"王为西帝,齐为东帝,皆复去之"。②《史记》卷一三《赵世家》说:"秦自置为西帝。"③ 当时还有"秦为西帝,燕为北帝,赵为中帝,立三帝以令于天下"的说法。④ 秦、齐不久即放弃"帝"号,《史记》卷四四《魏世家》的说法是:"秦昭王为西帝,齐湣王为东帝,月余,皆复称王归帝。"⑤ 所谓"归帝",即废止了"帝"的称号。黄歇上书说秦昭襄王,有"迟令韩、魏归帝重于齐,是王失计也"语。司马贞《索隐》:"谓韩、魏重齐,令归帝号,此秦之计失。"⑥ 可知"齐湣王为东帝",是秦的策略。"帝号"使用尽管短暂,却标示了政治史的转换。正如柳诒徵所说:"周赧王二十七年十月,秦昭王称西帝。十二月,齐湣王称东帝。虽皆复称

---

① 《史记》卷八六《刺客列传》,第2536页。司马迁笔下"秦并天下"之说,又见于《史记》卷二八《封禅书》,第1366、1371页;《史记》卷三七《卫康叔世家》,第1605页。
② 《史记》卷五《秦本纪》,第212页。《史记》卷七二《穰侯列传》:"昭王十九年,秦称西帝,齐称东帝。"第2325页。
③ 《史记》,第1816页。
④ 《史记》卷六九《苏秦列传》,第2270页。
⑤ 《史记》,第1853页。
⑥ 《史记》卷七八《春申君列传》,第2392页。

王，天下已非周有矣。"①

虽秦、齐"皆复称王归帝"，然而司马迁在称颂秦昭襄王的政治成功时使用了"昭襄业帝"的话语方式。"业帝"的说法，又见于《史记》同一篇章，用来肯定汉高祖刘邦于秦王朝之后继续皇帝制度的功业："诛籍业帝，天下惟宁，改制易俗。"②

秦始皇在确定"皇帝"名号时，是特别在意这个"帝"字的。《史记》卷六《秦始皇本纪》写道："秦初并天下，令丞相、御史曰：'……寡人以眇眇之身，兴兵诛暴乱，赖宗庙之灵，六王咸伏其辜，天下大定。今名号不更，无以称成功，传后世。其议帝号。'"于是，丞相王绾、御史大夫冯劫、廷尉李斯等皆曰："昔者五帝地方千里，其外侯服夷服，诸侯或朝或否，天子不能制。今陛下兴义兵，诛残贼，平定天下，海内为郡县，法令由一统，自上古以来未尝有，五帝所不及。臣等谨与博士议曰：'古有天皇，有地皇，有泰皇，泰皇最贵。'臣等昧死上尊号，王为'泰皇'。命为'制'，令为'诏'，天子自称曰'朕'。"然而秦王赵政决定："去'泰'，著'皇'，采上古'帝'位号，号曰'皇帝'。他如议。"于是，"制曰：'可。'"③

不知道秦始皇"其议帝号"的指示当时是否如此明

---

① 柳诒徵撰，蔡尚思导读：《中国文化史》，上海古籍出版社2001年10月版，第328页。
② 《史记》卷一三〇《太史公自序》，第3302页。
③ 《史记》，第235—236页。

确。既然"其议帝号"已经明说"帝号",王绾、冯劫、李斯这些秦始皇最亲近的助手为什么会忽视"其议帝号"的"帝"字,以"泰皇"为"尊号"。然而秦王政本人"号曰'皇帝'"的决断,形成了影响中国历史两千多年的定制。

从"帝"到"皇帝",不仅是一种政治理念的继承,也有政治发明的意义。"皇帝"制度与官僚制度及郡县制度的结合,形成了全新的政治体制。"业帝"的成功,不仅仅是一人一姓的政治暴发,也宣示了国家制度、行政格局与管理方式新形势的出现。

五、帝·帝制·帝国:不仅仅是政治文化符号

称"秦并天下"①之后的秦制为"帝制"②,称秦始皇创立的秦王朝为"秦帝国",似乎不存在什么异议。瞿兑之《秦汉史纂》著于1944年,是一部问世较早的秦汉史研究专著,其中总结秦始皇统一后的政治建设,即题"帝国之新制"。③张春树《汉代边疆史论集》是学界公认的体现出很高学术质量的论著,其"导言"开篇就写道:"汉帝国于

---

① 《史记》卷三〇《封禅书》,第1366、1371页。
② 南越王赵佗"自尊号为南越武帝","乃乘黄屋左纛,称制,与中国侔"。与中央王朝和解后,宣布"去帝制黄屋左纛"。《史记》卷一一三《南越列传》,第2969—2970页。《三国志》卷二一《魏书·傅嘏传》载傅嘏政论所谓"帝制宏深,圣道奥远"也可以参考。第622—623页。
③ 瞿兑之:《秦汉史纂》,第43页。

西元前二〇二年成立后问题重重……"①

有学者不赞同以"帝国"指称中国古代帝制时期政治实体。持此观点的学者,有时在表达中提示古来中国没有后世西方"帝国主义"这种政治存在。有论者指出,"在研究中,尤其是在与'疆域''国家的构成方式'等问题有关的研究中,将王朝称为'帝国'是错误的";"在清代晚期之前的中文文献中,几乎从未将历代王朝以及本朝称为'帝国'"。论者以为,"在很多研究中使用的'中华帝国''帝国''清帝国'等语词,实际上只是一种时间和空间的界定,即王朝存在的时间和王朝直接控制的空间,因此对这些研究本身不会产生太大的影响,如'中华帝国晚期的城市'等。不过这些研究中,完全可以用'王朝时期''清朝直接统治的地域'等语词",于是,"建议今后在有关'王朝'时期的研究中都应当避免使用'帝国'一词,且要慎用'国家'一词";"在分析时尽量不使用'帝国''国家'这类具有近现代西方涵义的词语"。②

有关"帝国"的不同意见,似乎是围绕中国帝制时代晚期的历史评价而生成的。③ 也有欧洲学界"16世纪初"即"尝试用欧洲的帝国观来识别中国"的说法。"帝国"

---

① 张春树:《汉代边疆史论集》,食货出版社1977年4月版,第1页。
② 成一农、陈涛:《王朝是"帝国"吗?》,《云南大学学报》(社会科学版)2022年第1期。
③ 欧立德:《传统中国是一个帝国吗?》,《读书》2014年第1期;曹新宇、黄兴涛:《欧洲称中国为"帝国"的早期历史考察》,《史学月刊》2015年第5期。

"带着军事暴力的意涵"。"帝国和王国都是君主政体,但二者处于不同的级别。帝国或帝王涉及更大的地域空间,视野更广阔,而王国或国王涉及的要有限、狭窄得多。"① 而门多萨《中华大帝国史》则以为黄帝(Vitey)"使他们的国家成为一个帝国"。② 这当然符合秦始皇"上古""五帝"之说。而《史记》卷一《五帝本纪》"太史公曰":"学者多称五帝,尚矣。"司马贞《索隐》:"尚,上也,言久远也。然'尚矣'文出《大戴礼》。"③

其实,中国古代文献可见使用"帝国"名号的实例。

汉代严遵著《道德指归》卷五《为无为》有这样的内容:"是以圣人,不为有,不为亡,不为死,不为生,游于无、有之际,处于死、生之间,变化因应,自然为常。故不视而明,不听而聪,扶安天地,饰道养神。提挈万物,帝国治民,解情释意,俱反始真。"④ 这里的"帝国","帝"应当理解为动词。《道德指归》所见"帝国"与我们这里讨论的"帝国"并不完全相同。但是既然存在这一文献遗存,似乎并不能说"在清代晚期之前的中文文献中,几乎从未将历代王朝以及本朝称为'帝国',检索《四库全书》电子版,也基本没有'帝国'一词"。也并非如有的学者所说:"虽然以'帝国'作为关键词进行检索,能检索到

---

① 陈波:《现代早期欧洲认定"中华帝国"的进程:以内外路径的交互影响为重点》,《社会科学研究》2017年第5期。
② 门多萨撰,何高济译:《中华大帝国史》,中华书局1998年7月版,第16页。
③《史记》,第46、47页。
④〔汉〕严遵著,王德有点校:《道德指归》,中华书局1994年3月版,第77页。

318条记录，但其中绝大部分结果实际上都不是'帝国'一词，而是由于古汉语缺乏标点形成的类似于'皇帝国号'这样的检索结果。"①

稍晚还有其他例证。比如，《艺文类聚》卷五一引梁任昉《初封诸功臣诏》："自非群才并轨，文武宣翼，将何以启兹景祚，弘此帝国。"② 所谓"弘此帝图"，有的版本作"弘此帝国"。③ "图""国"字形相近，容易错讹。但是言"弘此帝国"，上下文义也是合理的。还有其他一些文例，都确实使用"'帝国'一词"。

如《唐开元占经》卷一五《月占五·月晕列宿同占六》："石氏曰：月晕房心，帝国有兵庙堂……"④ 又如王勃《江宁吴少府宅饯宴序》："遗墟旧壤，百万里之皇城；虎踞龙盘，三百年之帝国。"蒋清翊注："《隋书·薛道衡传》，郭璞云：'江表偏王三百年，还与中国合。'"⑤ 此外，又有张何《早秋望海上五色云赋》："壮瑞图之旧箓，应乐府之新声。似帝乡之迢遰，冀有司而见行。悠悠帝国三千里，不托先容谁衔美。希君顾盼当及时，无使霏微散成绮。"⑥ 所谓"三百年之帝国""悠悠帝国三千里"等，

---

① 成一农、陈涛：《王朝是"帝国"吗？》。
② 〔唐〕欧阳询撰，汪绍楹校：《艺文类聚》，上海古籍出版社1965年11月版，第916页。
③ 〔唐〕欧阳询撰：《艺文类聚》，宋绍兴刻本，第1368页。
④ 〔唐〕瞿昙悉达编，李克和校点：《开元占经》，岳麓书社1994年12月版，第181页。
⑤ 〔唐〕王勃著，〔清〕蒋清翊注：《王子安集注》，上海古籍出版社1995年11月版，第246页。
⑥ 〔宋〕李昉等编：《文苑英华》，中华书局1966年5月版，第57页。

都是唐人使用"帝国"一语的典型文例。宋人言及"帝国"者，则有《黄氏日钞》卷五五《读诸子·文中子》："若夫帝国战德，皇国战无为，德与无为，而以战言，虽老子未尝道。"① 这里又出现了"帝国""皇国"这样等级有异的不同说法。

看来，古代文献"基本没有'帝国'一词"之说，并不是确实的。

考察分析西方学界称中国为"帝国"的历史与因由是必要的。② 但是同时也应当关注中国传统文献曾经出现"帝国"字样的语文现象。

六、《剑桥中国秦汉史》并用"王朝""帝国"两说

英国学者崔瑞德、美国学者费正清主编的《剑桥中国史》的第 1 卷，即《剑桥中国秦汉史》，1986 年由剑桥大学出版社出版，中译本由中国社会科学出版社于 1992 年 2 月首先推出。

这部秦汉史研究专著的完成，目的在于"为西方的历史读者提供一部有内容的基础性的中国史著作"③，编写

---

① 〔宋〕黄震撰：《黄氏日钞》，元后至元刻本，第 1066 页。
② 曹新宇、黄兴涛：《欧洲称中国为"帝国"的早期历史考察》，《史学月刊》2015 年第 5 期。
③ 费正清、崔瑞德：《〈剑桥中国史〉总编辑序》，崔瑞德、鲁惟一编，杨品泉等译：《剑桥中国秦汉史 公元前 221 年至公元 220 年》，中国社会科学出版社 1992 年 2 月版（2007 年 12 月第 4 次印刷），第 2 页。

"集中了西方研究中国史的许多学者的力量"①,理所当然地受到学界重视。

秦汉时期,是中国大一统政体成立并得以巩固的历史时段。而《剑桥中国秦汉史》在对当时政治体制、政治格局、政治形式的表述中,并用"王朝"和"帝国"两种说法。

由剑桥大学鲁惟一执笔的《导言》,第四部分题为"秦汉两个早期帝国的特有的发展"。宾夕法尼亚大学荣誉教授卜德执笔的第一章,主题即"秦国和秦帝国",其中第七节为"秦帝国:改革,成就和暴政(公元前221—前210年)",第八节为"帝国时期的思想潮流"。鲁惟一撰写的第二章《前汉》,第三节即"汉帝国的巩固(公元前195—前141年)"。苏黎世大学罗伯特·P. 克雷默撰写的第十四章"儒家各派的发展",第四节题"秦帝国的知识分子政策"。而台湾译本则作"秦帝国的思想政策"。②

在《剑桥中国秦汉史》其他部分的论述中,作者使用了"王朝"这一在某种意义上与"帝国"表现内涵大致相当的语词。如莱顿大学汉学院 B. J. 曼斯维尔特撰写的第五章在"汉代的灭亡"主题之下,第三节为"王朝权力的崩溃",第五节为"对汉工朝灭亡的剖析"。鲁惟一在《导言》

---

① 李学勤:《〈剑桥中国秦汉史〉译序》,《剑桥中国秦汉史 公元前221年至公元220年》,第1页。
② Denis Twitchett·Michael Loewe 编,韩复智主译:《剑桥中国史》第1册《秦汉篇,前221—220》,南天书局1996年1月版,第859页。

和第二章《前汉》中习用"秦帝国""汉帝国",在第十三章《主权的概念》中,却使用了"秦王朝和王莽对后世的影响"这样的说法,以"秦王朝"替换了"秦帝国"的表述。这一节的内容中,说到"秦王朝粗暴地坚持公民要服从",以及"王朝历史的复杂性",亦使用"王朝"一语。然而台湾译本这一部分的标题则作"秦代和王莽对后世的影响",与大陆译本"秦王朝和王莽对后世的影响"有所区别。大陆译本所谓"秦王朝粗暴地坚持公民要服从",译作"自秦朝开始要求人民绝对服从","王朝历史的复杂性"译作"随着时间的流逝,朝代史也愈来愈复杂"。[①]"王朝"的使用,还有颇多文例。如:"每个王朝各在五行中某一行的力量下进行统治,当这一行依次被下一行取代时,王朝就衰亡。"又有"一个王朝第一个成功的君主""后汉王朝的创建者"等说法。[②] B.J. 曼斯维尔特执笔的第五章下面各节不言"帝国",有两个标题言及"王朝""汉王朝",但是在论述中依然出现"曹操对帝国官僚制度的上层结构进行了根本性的改变"这样的说法(仍言"帝国"。而台湾译本则写作"皇室官僚体系的上层结构")。[③]

现在看来,汉译本所见"王朝""帝国"等语词的使用,或许也与译者的理解及行文习惯相关。例如,莱顿大

[①]《剑桥中国秦汉史 公元前221年至公元220年》,第792—793页;《剑桥中国史》第1册《秦汉篇,前221—220》,第846—847页。
[②]《剑桥中国秦汉史 公元前221年至公元220年》,第211、231、240页。
[③]《剑桥中国秦汉史 公元前221年至公元220年》,第331页;《剑桥中国史》第1册《秦汉篇,前221—220》,第408页。

学荣誉教授何四维撰写的第九章《秦汉法律》中的第一部分"史料",在台湾译本中可见这样的论述:"将法典编纂与中央集权的大帝国联想在一起,似乎是很合理的,这些大帝国后来逐渐取代了拥有一小部分人民的古国,并发展出真正的官僚制度。然而,除了个显著的例外,这些法典及后代帝国的法典大部分已经遗失。"而大陆译本则作:"把编纂法典与大而集权的国家——它逐渐取代了一大批小而陈旧的国家——的成长和与在这些新政治体制中一个真正官僚政治的发展联系起来,看来是合乎逻辑的。但除了一个值得注意的例外以外,这些法典以及后来的帝国的法典大部分都不存在了。"① 所谓"后代帝国"与"后来的帝国"译笔大致相同。但是"大帝国"和"大而集权的国家"的不同表述,体现出译者的政治史理念似存在差异。

除了第九章《秦汉法律》的这处译文外,读者还可以看到,《剑桥中国秦汉史》执笔者在其他标题并不直接使用"帝国"一语的内容中,有时仍表现出这一概念影响着他们对汉代历史中政治实体性质的理解。例如,在哥伦比亚大学毕汉斯撰写的第三章《王莽,汉之中兴,后汉》中,标题虽然没有出现"帝国"一词,但是在第四部分"后汉"中,在"边境与邻邦"标题下写道:"……但帝国的所有部分并不都在同样牢固的控制之下……"② 所论即"后汉"

---

① 《剑桥中国史》第1册《秦汉篇,前221—220》,第593页;《剑桥中国秦汉史 公元前221年至公元220年》,第494页。
② 《剑桥中国秦汉史 公元前221年至公元220年》,第242页。

"帝国"的"边境与邻邦"。言及"中国政府和南匈奴之间的外交关系"时,有这样的内容:"匈奴使者到洛阳进行新年朝贺。然后他们由中国官员领路,带了帝国送给南单于、他的母亲、他的几个正妻、他的儿子和高级匈奴显贵的礼品返回美稷。"同时又使用"匈奴朝廷""中国朝廷"的说法。① 鲁惟一在第四章《政府的管理与存亡攸关的问题(公元57—167年)》中写道:"关于汉代政府为了保持对帝国西北地区的控制而花费这么大的资源是否值得的问题被提了出来。"② 则又言"汉代政府"。

在第三章《王莽,汉之中兴,后汉》第二节"王莽的统治,公元9—23年"题下可见这样的文句:"在北方,中国与匈奴大帝国毗邻,后者是统治今外蒙古和内蒙古的部落联合体。"③ 从译文表述形式看,似乎"大帝国",即"部落联合体"。然而这段文字台湾译本的表述是:"在北方,中国与现今统治内外蒙古的匈奴相交接……"④ 未见"大帝国"亦未见"部落联合体"之说。当然,其中"现今统治内外蒙古"的说法是明显错误的。

关于汉家"王朝"的叙述,有时又写作"汉朝"。如第三章写道:"王莽的传记带有无情的偏见和捍卫汉朝的情绪……"台湾译本作:"由于无情的偏见与倾向汉朝的观

---

① 《剑桥中国秦汉史 公元前221至公元220年》,第245页。
② 《剑桥中国秦汉史 公元前221至公元220年》,第279页。
③ 《剑桥中国秦汉史 公元前221至公元220年》,第216页。
④ 《剑桥中国史》第1册《秦汉篇,前221—220》,第273页。

点,《汉书·王莽传》以轻视之眼光叙述……"① 鲁惟一撰写的第四章"政府的管理与存亡攸关的问题,公元57—167年"中有这样的话:"凉州当地的居民长期以来对汉帝国怀有好感;汉朝如果放弃他们居住的土地,让他们迁居,将会难以抗拒他们的敌意。"②"汉帝国"和"汉朝"在同句中并出,可知"汉帝国"与"汉朝"近义。又如 B. J. 曼斯维尔特在第五章"对汉王朝灭亡的剖析"部分,于"王朝与形而上学"题下写道:"和罗马帝国的情况一样,关于汉王朝也有人提出帝国为什么衰落的问题。"③"帝国"与"王朝"的概念是混用的。

在《剑桥中国秦汉史》的文字中,可以看到"朝廷""汉朝""汉王朝""汉政府""汉代政府"并行出现的例证。④"帝国""汉帝国"的使用,语义与此相互接近。"王朝"与"帝国"同时使用这一现象的出现,重要原因应当在于李学勤先生《译序》所指出的情形:"需要说明的是,本卷虽有《导论》讨论了一些具有理论性或方法性的问题,但各章节由于执笔者各异,不能有彼此呼应的一贯理论。""这是按本书这种方式组织写作的学术著作常见的现象。"⑤

---

① 《剑桥中国秦汉史 公元前221至公元220年》,第207页;《剑桥中国史》第1册《秦汉篇,前221—220》,第263页。
② 《剑桥中国秦汉史 公元前221至公元220年》,第280页。
③ 《剑桥中国秦汉史 公元前221至公元220年》,第335页。
④ 《剑桥中国秦汉史 公元前221至公元220年》,第346—347页。
⑤ 李学勤:《〈剑桥中国秦汉史〉译序》,《剑桥中国秦汉史 公元前221至公元220年》,第3页。

也许,"秦帝国"或"秦王朝","汉帝国"或"汉王朝",论说者可以选用自认为合适的表达方式。杨振红著《出土简牍与秦汉帝国》一书的"后记",就"秦汉帝国"的使用作了这样的说明,我认为是得体的:"本书采用了'秦汉帝国'一词。学界对'帝国'概念有着不同诠释,对秦统一以后国家是否可以称之为'帝国'也存在着很多争议。这里无意对此进行解析、讨论,只想对本人采用这一概念作一点说明。本书所使用的'帝国'是'帝制国家'的简称,旨在将秦始皇统一中国后所建立的以皇帝为核心的专制主义中央集权郡县制国家体制,与夏商周三代以'王'为共主的宗法分封制的'王制国家'体制相区别。"①

---

① 杨振红:《出土简牍与秦汉帝国》,中国社会科学出版社 2023 年 5 月版,第 384 页。

第三章 "秦汉"最突出的历史标志

一、一统:"秦汉之所赐"

瞿兑之就"统一""一统"政治格局的创立评价秦汉的地位:"六国不能统一之业,而秦卒能成之者,秦之处心积虑,自强而力征。其政策相传,绵延不懈,而前后一致,非诸国所能及也。""中国成为一统国,自秦启之,而汉承之,虽遇乱世,终犹心焉一统,人人皆拭目翘足以为庶几复见太平。二千年来如一日,此又秦汉之所赐也。"① 吕思勉则就"民族关系"言秦汉历史特征:"战国之世,我与骑寇争,尚不甚烈,秦以后则不然矣。秦、汉之世,盖我恃役物之力之优,以战胜异族,自晋以后,则因社会之病状日深,而转为异族所征服者也。故曰:以民族关系论,汉、晋之间,亦为史事一大界也。"②

田昌五、安作璋指出:"秦汉是中国封建社会奠基的

---

① 瞿兑之:《秦汉史纂》,第318、327页。
② 吕思勉:《秦汉史》,商务印书馆2010年12月版(以下未另注出版信息者,皆为此版),第4页。

时代，后代的许多社会制度都渊源于秦汉，特别是秦到西汉时期。因此，秦汉史历来都是学者所重视和研究的领域。新中国建立以后，史学界讨论的五个重大历史问题，即：古史分期问题、封建土地制度问题、农民战争问题、汉民族形成问题、资本主义萌芽问题，有四个涉及到秦汉时期。此外，还有学者认为中国资本主义萌芽于战国秦汉时期。由此可见秦汉史受重视的程度。所以，在以往的断代史研究中，秦汉史的文章和论著也是比较多的。"①

林剑鸣《秦汉史》第一章《绪论》第一节讨论"秦汉时期在中国历史上的地位"，讲了三个方面：第一，封建土地所有制的确立；第二，专制制度的形成和文化思想的统一；第三，文明的发展和阶级斗争的基本规律。最后一点，论者是这样阐述的："秦汉时期所表现出的重要特点和规律，在以后的历史发展时期一再反复出现。换句话说，在秦汉以后两千年封建社会中，文明的发展和阶级斗争所表现出的主要特点和规律，在秦汉时期就已经出现了。所以，研究秦汉时期文明发展的特点和阶级斗争的规律，对理解和研究中国封建社会全部历史都具有重要作用。"② 对于"封建社会"的概念，我们已经有了新的认识。而对于简单生硬地以"阶级斗争"为历史主线的观察和思考，新的史学家已经有所超越。

---

① 田昌五、安作璋主编：《秦汉史》，第1页。
② 林剑鸣：《秦汉史》，上海人民出版社1989年10月版，第1—11页。

秦汉时期的历史特征主要有如下表现：

1. 高度集权的"大一统"的政治体制基本形成，并且经历了多次社会动荡的历史考验而愈益完备。以丞相为统领的中央王朝百官公卿制度和以郡县制为主体的地方行政管理形式逐渐完善。选官制度的进步，满足了行政体制的人才需求，也促进了社会不同等级的流动。社会各阶层的国家意识有鲜明的文化表现，特别是士人的参政议政热情有新的提高。

2. 以农耕经济和畜牧经济为主体形式，包括渔业、林业、矿业及其他多种经营结构的经济形态逐步走向成熟，借助交通和商业的空前发展，各个基本经济区互通互补，共同抵御灾变威胁，共同创造社会繁荣，物质文明的进步取得了空前的成就。人们的物质生活水平有所提高。

3. 秦文化、楚文化和齐鲁文化等区域文化因子，在秦汉时期经长期融汇，形成了具有统一风貌的汉文化。儒学正统地位的建立和巩固，国家教育体制的逐步健全，成为适应专制主义政治需要的文化建设成就的重要标志。社会普遍的文化资质有所改善。儒学道德倾向在民间形成了普及性的影响。

经过这一时期，以"汉"为标志的民族文化共同体已经初步形成。当时以"大汉""皇汉""圣汉""强汉"自称的民族对于世界文明进步的贡献，保留了光荣的历史记录。

正是因为秦汉时期历史文化贡献的丰富，使得"秦"和"汉"、"秦人"和"汉人"都长期成为代表我们国家、我们民族的公认的文化符号。

秦汉历史，是我们了解中国历史时应当首先熟悉的内容。我们还应当看到，这一时期的文化创获和历史经验，对于后世所提供的可贵的启示，是千百年来始终受到重视的。

二、 政制新创："秦汉之典"与"秦汉之规摹"

秦汉行政制度、司法制度、礼仪制度、文化制度对后世的长久影响为史家所肯定。如《晋书》卷二四《陆机传》记载，陆机著《五等论》，其中写道："夫体国经野，先王所慎，创制垂基，思隆后叶。然而经略不同，长世异术。五等之制，始于黄唐，郡县之治，创于秦汉，得失成败，备在典谟，是以其详可得而言。"陆机以为"圣王经国，义在封建"，《五等论》"采其远指"，批评"亡秦""弃道任术"以致"速亡趋乱"，"颠沛之衅，实由孤立"。而"汉矫秦枉"，"过正之灾，而非建侯之累也"。"逮至中叶，忌其失节，割削宗子，有名无实，天下旷然，复袭亡秦之轨矣。""光武中兴，纂隆皇统，而由遵覆车之遗辙，养丧家之宿疾。"他说："前人欲以垂后，后嗣思其堂构……然则八代之制，几可以一理贯；秦汉之典，殆可以一言蔽也。"① 陆机倾向"封建",批评"郡县之治",然而也承认"秦汉之典"其实已经实现了"垂后"的影响。

陆机说"郡县之治,创于秦汉",《周书》卷一三《文闵明武宣诸子传》所谓"郡县之设,始于秦汉之后"②,《北史》卷一二《恭帝纪》所谓"狭殷周之制度,尚秦汉之规摹"③,都指出了秦汉郡县制度对后世的影响。《旧唐书》又有"循秦、汉之规"④,"因秦、汉之制"⑤ 的说法,后世或言"依秦汉之制"⑥,"摹秦汉之规"⑦,也都指出了秦汉制度对后世的长久影响。

自秦开始的专制政体,其深刻的历史作用也为人们所重视。李约瑟说:"(法家)以编订'法律'为务,并认为自己主要的责任是以封建官僚国家来代替封建体制。他们倡导的极权主义颇近于法西斯,正如我们在前面〔第六章(b)〕已经提到的,后来当秦朝因做得过头而为汉朝所取代时,法家遭到了失败。"⑧ 谭嗣同《仁学》写道:"二千

---

① 《晋书》,第 1475—1479 页。
② 《周书》,中华书局 1971 年 11 月版,第 209 页。
③ 《北史》,中华书局 1974 年 10 月版,第 475 页。又见《隋书》卷四《炀帝杨广纪下》:"狭殷、周之制度,尚秦、汉之规摹。"中华书局 1973 年 8 月版,第 95 页。
④ 《旧唐书》卷二〇下《哀帝纪下》,中华书局 1975 年 5 月版,第 804 页。
⑤ 《旧唐书》卷一六〇《李翱传》,第 4207 页。
⑥ 〔唐〕杜佑撰:《通典》卷八二《礼二十三·嘉八·天子诸侯玉佩剑绶玺印》,中华书局 1984 年 2 月版,第 356 页。〔宋〕郑樵撰:《通志》卷四七《器服略第一·天子诸侯玉佩剑绶玺印》,中华书局 1987 年 1 月版,第 614 页。
⑦ 〔清〕毛奇龄:《封禅巡狩不相袭议》,《西河集》卷七《议二》,文渊阁《四库全书》本。
⑧ 李约瑟著,王铃协助:《中国科学技术史》第 2 卷《科学思想史》,科学出版社、上海古籍出版社 1990 年 8 月版,第 1 页。

年来之政,秦政也,皆大盗也。"① 这些持批判态度的评价,也指出了由秦创建并为汉王朝所继承的制度的久远影响。

三、"战胜异族":汉晋之间,"为史事一大界"

吕思勉则就"民族关系"言秦汉历史特征:"战国之世,我与骑寇争,尚不甚烈,秦以后则不然矣。秦、汉之世,盖我恃役物之力之优,以战胜异族,自晋以后,则因社会之病状日深,而转为异族所征服者也。故曰:以民族关系论,汉、晋之间,亦为史事一大界也。"② 这是对秦汉民族史的概括性总结。当然,也涉及军事史、战争史。

吕思勉说"秦、汉之世""战胜异族",而与"晋以后""转为异族所征服者"大为不同。他认为:"以民族关系论,汉、晋之间,亦为史事一大界也。"指出了民族史进程中"汉、晋之间"之"大界",突出说明了"秦、汉之世""战胜异族"的重要意义。

战国时期燕国、赵国、秦国在北边对草原民族强势武装的抗御,在秦统一之后演变为中原民族集中军力的有力

---

① 〔清〕谭嗣同:《仁学·仁学一》二十九:"悲夫,悲夫! 民生之厄,宁有已时耶! 故常以为二千年来之政,秦政也,皆大盗也……"岳麓书社2012年5月版,第357页。
② 吕思勉:《秦汉史》,第4页。

反击。《史记》卷六《秦始皇本纪》："始皇乃使将军蒙恬发兵三十万人北击胡，略取河南地。"又引贾谊《过秦论》："乃使蒙恬北筑长城而守藩篱，却匈奴七百余里，胡人不敢南下而牧马，士不敢弯弓而报怨。"① 《史记》卷一一〇《匈奴列传》："后秦灭六国，而始皇帝使蒙恬将十万之众北击胡，悉收河南地。"张守节《正义》引服虔曰："《史记》以为秦始皇遣蒙恬斥逐北胡，得肥饶之地七百里，徙内郡人民皆往充实之，号曰新秦中也。"② 一说"三十万人"，一说"十万之众"，应当都并非确数。《史记》卷一一三《平津侯主父列传》："（秦皇帝）使蒙恬将兵攻胡，辟地千里，以河为境。""欲肆威海外，乃使蒙恬将兵以北攻胡，辟地进境，戍于北河，蜚刍挽粟以随其后。""朔方地肥饶，外阻河，蒙恬城之以逐匈奴，内省转输戍漕，广中国，灭胡之本也。"③ 都指出蒙恬"北攻胡""北击胡""击匈奴"，是倾全国之力进行的军事动作。这在统一实现之前是难以进行的。所谓"广中国"，所谓"得肥饶之地七百里，徙内郡人民皆往充实之"，说明战争的胜利也增益了统一王朝的国力。

汉武帝时代，以军事成功为条件实现了汉帝国的疆域扩张，其最重要的成就是北边军事形势的改变。匈奴游牧部族联盟的军事力量长期以来压迫着中国北边，使农耕生

---

① 《史记》，第 252、280 页。
② 《史记》，第 2886、2909 页。
③ 《史记》，第 2954、2958、2961 页。

产的正常经营受到严重威胁。在形势最严峻的时期，匈奴骑兵甚至曾经侵扰长安邻近地区。与匈奴的关系，成为汉武帝时代在对外关系方面所面临的最为严重、最为困难的问题。汉武帝作为具有非凡胆识的帝王，克服各种困难，发动了对匈奴的反侵略战争。由于对战争主动权的牢固把握，这一战争后来又具有了以征服匈奴为目的的战争性质。

基于霍去病在河西的战功，汉武帝在休屠王、浑邪王故地设置酒泉（郡治在今甘肃酒泉）、武威（郡治在今甘肃武威）、张掖（郡治在今甘肃张掖西北）、敦煌（郡治在今甘肃敦煌西）四郡，从关东地区徙置数十万移民充实这一地区。河西地区的安定，不仅断绝了匈奴人与羌人的联系，同时使西北地方的开发进入了新的纪元，打通了中原文化与西域文化交往的通路。正如有学者所指出的，这一举措，"不仅对于中国的历史，具有重大意义，即对于整个东方的历史，亦具有重大意义"。[①]

汉王朝对匈奴作战的连续胜利，使得西北边境上的威胁基本解除。但匈奴主力退居大漠以北，以其具有飘忽若飞、出没无常的高度机动性方面的优势，依然威胁着汉王朝北部边地的正常农耕生活。元狩四年（前119），汉武帝又发动了规模空前的远征匈奴的战略大决战。卫青率军从定襄出发，向北直进一千余里，战胜匈奴伊稚斜单于的主力，推进到位于阗颜山（在今蒙古杭爱山南端）的

[①] 张维华：《论汉武帝》，上海人民出版社1957年11月版，第152页。

赵信城。霍去病率军从代郡（郡治在今河北蔚县东北）出发，轻装疾进，长趋二千余里，在大漠击溃匈奴左贤王的主力，进军至狼居胥山（一说即今蒙古克鲁伦河之北的都图龙山），祭姑衍山（在今蒙古乌兰巴托东南）而还。

这次战役的胜利，使汉王朝在与匈奴的军力对比上占有了优势，一百多年来匈奴骑兵肆虐边地、对中原北边农耕经济造成严重破坏的局面得以扭转。匈奴在军队主力以及人畜资产受到严重损失的情况下继续向北远遁，形成了漠南无王庭的形势。① 汉军占领了从朔方至张掖、居延间的大片土地，保障了河西走廊的安全。此后相当长的一段时间内，匈奴已经无力向汉王朝发动大规模的军事进攻，汉与匈奴军事冲突的重心地域，也由东而西，转移到西域方向。②

史书中有所谓"外事四夷"、"役费并兴"③、"外事四夷之功"、"征伐频发"④、"伐四夷，百姓劳于兵革"⑤、"兵诛四夷，连数十年"⑥，甚至有"征伐四夷，师出三十余年，天下户口减半"的政治批评。⑦ 然而，也可以看到如"征伐四夷而天下和平"⑧这样肯定性的语言表达。以往政

---

① 《史记》卷一一〇《匈奴列传》："是后匈奴远遁，而幕南无王庭。"第2911页。
② 宋超：《汉匈战争三百年》，华夏出版社1996年12月版，第63页。
③ 《汉书》卷二四上《食货志上》，第1137页。
④ 《汉书》卷二三《刑法志》，第1101页。
⑤ 《汉书》卷二六《天文志》，第1306页。
⑥ 《汉书》卷二七下之下《五行志下之下》，第1517页。
⑦ 《汉书》卷二七中之下《五行志中之下》，第1427页。
⑧ 《汉书》卷六《武帝纪》颜师古注引应劭曰，第208页。

第三章 "秦汉"最突出的历史标志

治宣传所谓"德被蛮貊四夷"①、"泽及四夷"② 等说法依然在发生文化效应。汉武帝时代民族关系方面的努力，或称之为"招怀四夷"③，或称之为"外攘四夷"④，"招怀"和"外攘"方向不同，但都说用心经营民族关系的努力。"四夷和，海内平"的说法⑤，是接近"天下和平"的。

昭宣时代，史称"中兴"。⑥ 汉王朝处理民族关系的成功，达到了新的境界。史籍有"四夷宾服"的记载。⑦ 汉光武帝时代，据说亦"四夷宾服"。⑧ 内蒙古包头出土"四夷尽服"瓦当，可以作为民族关系史这一页的文物证明。

---

① 《汉书》卷四八《贾谊传》，第 2253 页。
② 《汉书》卷四九《晁错传》，第 2290 页。
③ 《汉书》卷五〇《汲黯传》，第 2319 页。原句作"是时，汉方征匈奴，招怀四夷"。《汉书》卷五〇《郑当时传》则有"汉征匈奴，招四夷"之说。第 2324 页。
④ 《汉书》卷五六《董仲舒传》，第 2525 页。关于秦始皇时代的回忆，也有"外攘四夷"的说法，见《汉书》卷六三《武五子传·昌邑哀王刘髆》，第 2771 页。亦有秦"威服四夷"之说，见《汉书》卷六三《武五子传·燕刺王刘旦》，第 2754 页。
⑤ 《汉书》卷六〇《杜延年传》，第 2666 页。
⑥ 《汉书》卷八《宣帝纪》："赞曰：孝宣之治，信赏必罚，综核名实，政事文学法理之士咸精其能，至于技巧工匠器械，自元、成间鲜能及之，亦足以知吏称其职，民安其业也。遭值匈奴乖乱，推亡固存，信威北夷，单于慕义，稽首称藩。功光祖宗，业垂后嗣，可谓中兴，侔德殷宗、周宣矣。"第 275 页。《汉书》卷七四《魏相丙吉传》"赞曰"也说"孝宣中兴"。第 3151 页。《汉书》卷八九《循吏传》赞美汉宣帝时的政治成功："汉世良吏，于是为盛，称中兴焉。"第 3624 页。连称"昭宣中兴"似较晚。如袁枚《读左传国策》，〔清〕袁枚著：《小仓山房文集》续文集卷三一，浙江古籍出版社 2015 年 10 月版，第 606 页。王利器《盐铁论校注》附录三"论人"引"焦循《里堂书品》"中"读《史记·平准书》一"，亦言"昭宣中兴"，然文句与袁枚全同。王利器校注：《盐铁论校注》（定本），中华书局 1992 年 7 月版，第 768 页。
⑦ 《汉书》卷六八《霍光传》，第 2936 页。
⑧ 《汉书》卷二二《礼乐志》，第 1035 页。

四、秦汉：中华文化实体的出现及其世界史意义

从战国至秦汉，文化的同一趋势有行政力量"一法度衡石丈尺"以及"车同轨。书同文字"①的政策助力，形成了新的面貌。秦人特有的屈肢葬在汉武帝时代消失，说明民俗文化中最顽固的葬俗方面所表现的区域个性也逐渐归于一统。汉代社会"大汉""皇汉""强汉"等观念的形成，体现为以"汉"为标识的文化实体出现于世界东方。②而中原文明的影响也向世界扩展。

秦始皇"使徐福入海求神异物"，"得平原广泽，止王不来"。③顾颉刚在总结秦汉"方士"的文化表现时写道："鼓吹神仙说的叫做方士，想是因为他们懂得神奇的方术，或者收藏着许多药方，所以有了这个称号。《封禅书》说'燕、齐海上之方士'，可知这班人大都出在这两国。当秦始皇巡狩到海上时，怂恿他求仙的方士便不计其数。他也很相信，即派韩终等去求不死之药，但去了没有下文。又派徐市（即徐福）造了大船，带了五百童男女去，花费了好几万斤黄金，但是还没有得到什么。反而同行嫉妒，互

---
① 《史记》卷六《秦始皇本纪》，第239页。
② 王子今：《大汉·皇汉·强汉：汉代人的国家意识及其历史影响》，《南都学坛》2005年第6期；《"汉朝"的发生：国家制度史个案考察的观念史背景》，《中国史学》第18卷，朋友书店2008年12月版。
③ 《史记》卷一一八《淮南衡山列传》，第3085—3086页。

相拆破了所说的谎话。"① 《史记》卷六《秦始皇本纪》说"发童男女数千人"②，《汉书》卷四五《伍被传》则说赍"童男女三千人"："使徐福入海求仙药，多赍珍宝、童男女三千人、五种百工而行。徐福得平原大泽，止王不来。"③又有说"童男童女各三千人"的。④ 而顾颉刚所谓"带了五百童男女去"，与《史记》《汉书》中的记载不相合。⑤《说郛》卷六六下题东方朔《海内十洲记》也说徐福带走的是"童男童女五百人"。⑥ 虽然正史的记录都是"数千人""三千人"，但是"五百人"的数字其实可能更接近历史真实。《剑桥中国秦汉史》取用了"数百名"的说法，表述如下："公元前219年当秦始皇首幸山东海滨并在琅邪立碑时，他第一次遇到术士。其中的徐市请求准许他去海上探险，寻求他说是神仙居住的琼岛。秦始皇因此而耗费巨资，派他带'数百名'童男童女进行一次海上探险，但徐一去

---

① 顾颉刚：《秦汉的方士与儒生》，上海古籍出版社1978年2月版，第11页。
② 《后汉书》卷八五《东夷列传》："又有夷洲及澶洲，传言秦始皇遣方士徐福将童男女数千人入海求蓬莱神仙，不得，徐福畏诛，不敢还，遂止此洲。世世相承，有数万家。人民时至会稽市。会稽东冶县人有入海行遭风流移至澶洲者，所在绝远，不可往来。"也说"童男女数千人"。
③ 《前汉纪》卷一二也说"童男女三千人"。
④ 如《太平广记》卷四"徐福"条录《仙传拾遗》及《广异记》。
⑤ 元人于钦《齐乘》卷一又有"童男女二千人"的说法。
⑥ 《说郛》卷六六下题东方朔《海内十洲记》："祖洲近在东海之中，地方五百里，去西岸七万里。上有不死之草，草形如菇苗，长三四尺，人已死三日者，以草覆之，皆当时活也。服之令人长生。昔秦始皇大苑中多枉死者横道，有鸟如乌状，衔此草覆死人面，当时起坐而自活也。有司闻奏，始皇遣使赍草以问北郭鬼谷先生。鬼谷先生云：'此草是东海祖洲上有不死之草，生琼田中，或名为养神芝。其叶似菰苗，丛生，一株可活一人。'始皇于是慨然言曰：'可采得否？'乃使者徐福发童男童女五百人，率摄楼船等，入海寻祖州，遂不返。福，道士也，字君房，后亦得道也。"

不复返,传说他们在日本定居了下来。"①

张骞出使西域之后,汉与西域的通使往来十分频繁,民间商贸也得到发展。张骞因远行出使的经历,在西域地区享有很高的威望。后来的汉使,多称"博望侯"以取信于诸国。传说许多西域物产,如葡萄、苜蓿、石榴、胡桃、胡麻等,都是由张骞传入中土的。这样的说法未必完全符合史实,但是张骞对正式开通丝绸之路的首功,却是永远不能磨灭的。唐人诗作中,"博望侯"已经成为英雄主义的文化象征,并且被看作当时时代精神的典型代表。②

元封三年(前108),汉王朝出军击破受匈奴控制的楼兰和车师。此后,又以和亲方式巩固了和乌孙的联系。太初元年(前104)和太初三年(前102),为了打破匈奴对大宛的控制并取得优良马种"汗血马",汉武帝又派遣贰师将军李广利率军两次西征,扩大了汉王朝在西域地区的影响。

《史记》卷一二三《大宛列传》记载,汉武帝曾经以《易》书卜问,看到"神马当从西北来"的兆示。他接受张骞出使乌孙之后,乌孙王献良马,命名为"天马"。后来又

---

① 卜德:《秦国和秦帝国》,《剑桥中国秦汉史 公元前221年至公元220年》,第95页。台湾的译本大体与此一致:"在西元前219年,秦始皇首度巡视了山东沿海并立了琅邪刻石,此时是他第一次遇到方士。其中一人,徐市,请求至海外寻访三个神仙之岛;据说那儿有神仙长住。秦始皇因此耗费巨资,派他带着数百童男女至海外寻访仙岛;但徐市却没有返回,据说他们后来在日本定居。"方俐懿、许信昌译,《剑桥中国史》第1册《秦汉编,前221—220》,第94页。
② 王子今:《博望:中原西望中亚的视窗》,《南都学坛》2019年第1期;《张骞"浮槎"故事的生成与传播》,《文史哲》2023年第1期。

得到更为骠壮的大宛"汗血马",于是称乌孙马为"西极",称大宛马为"天马"。① 据说汉武帝为了追求西方的良马,使者往来西域,络绎不绝。他在获取西域宝马之后,曾经作《天马歌》,欢呼这一盛事。② "伐大宛得千里马","歌诗曰:'天马来兮从西极,经万里兮归有德。承灵威兮降外国,涉流沙兮四夷服。'"③《汉书》卷二二《礼乐志》:"天马徕,从西极,涉流沙,九夷服。天马徕,出泉水,虎脊两,化若鬼。天马徕,历无草,径千里,循东道。天马徕,执徐时,将摇举,谁与期?天马徕,开远门,竦予身,逝昆仑。天马徕,龙之媒,游阊阖,观玉台。太初四年诛宛王获宛马作。"④

"天马"远来的汉武帝时代,正是当政者积极开拓中西交通、取得空前成功的历史时期。新疆罗布泊地区出土的汉代锦绣图案中"登高明望四海"的文字,正体现了当时汉文化面对世界的雄阔胸襟。

东京大学考古学研究室收藏了一枚1923年9月在城岳贝冢遗址调查时发现的明刀,桥本增吉曾经有所报告,引起学界重视。李学勤指出,这件明刀的发现,"说明古代自辽东向南应有一条交通路线,以航运与冲绳相连"。⑤ 1992

---

① 《史记》,第3170页。
② 《汉书》卷六《武帝纪》,第184页。
③ 《史记》卷二四《乐书》,第1178页。《汉书》卷六《武帝纪》:"(太初)四年春,贰师将军广利斩大宛王首,获汗血马来。作《西极天马之歌》。"第202页。
④ 《汉书》,第1060页。
⑤ 李学勤:《海外访古续记·日本》,《四海寻珍》,清华大学出版社1998年9月版,第29页。

年初，日本冲绳又于岛尻郡具志头村出土了一件明刀。①李学勤认为："两枚明刀类型相同，出土地点相近，表明它们应存在于传入的场所，时间当在战国末年。战国时燕国全盛，境至辽东一带，详见《史记·朝鲜列传》。明刀系燕国主要货币，除在辽东出土外，朝鲜半岛北起慈江道、平安东道、平安南道，南至全罗南道均有发现……"② 据说在日本本州南部的广岛县三原市及九州佐贺县唐津市也出土明刀。③ 李学勤指出："假定将这些点连起来，就构成向南指向冲绳的交通路线，很值得从考古学角度进一步探究。"④ "战国末年"即已通行的中国大陆辽东地方"指向冲绳的交通路线"，在秦汉时期应当有更充备的使用条件。

据《汉书》卷二八下《地理志下》记载，自汉武帝时代起，汉帝国开始打通东南海上航路，推进了南洋交通的发展。南洋海上交通的发展，在东南亚及南亚诸国留下了大量来自中原的文化遗物。除出土地域分布甚广的五铢钱而外，在印度尼西亚苏门答腊、爪哇和加里曼丹的一些古墓中曾出土中国汉代陶器。苏门答腊还曾出土底部有汉元帝初元四年（前45）纪年铭文的陶鼎。

有迹象表明，南洋航路最初开通的时代可能早至秦代或者西汉初期。斯里兰卡出土的半两钱，是值得重视的文

---

① 当真嗣一：《论具志头城东北崖下洞穴发现的明刀钱》，《冲绳县立博物馆纪要》第23号，1997年，第97—110页。
② 李学勤：《冲绳出土明刀论介》，《中国钱币》1999年第2期。
③ 上村俊雄：《论冲绳出土的明刀钱》，《鹿大史学》第39号，1991年。
④ 李学勤：《冲绳出土明刀论介》，《中国钱币》1999年第2期。

物证据。汉代南洋海路的开通，亦多有中国沿海地方出土的文物资料以为证明。广州汉墓还曾出土陶制象牙、犀角模型等随葬品。这些随葬品的象征意义，也体现出南洋贸易对当时社会意识的普遍影响。广州地区西汉中期以后的墓葬中还常常出土玻璃、水晶、玛瑙、琥珀等质料的装饰品，并曾出土叠嵌眼圈式玻璃珠和药物蚀花的肉红石髓珠。经过化验的 4 个玻璃珠样品，含钾 5％—13.72％，而铅和钡的成分仅有微量或根本没有，这与中国古代铅钡玻璃系统制品截然不同，应是由南洋输入。[1]

中原文明在这一时期接受外来精神文化最显著的表现，是通过佛教的传入，实现了与世界其他文化系统的沟通。

---

[1] 广州市文物管理委员会、广州市博物馆：《广州汉墓》，文物出版社 1981 年 12 月版，第 477 页。

第四章　秦汉的时代精神

一、"闳放""雄大"

鲁迅曾经面对铜镜这样的文物盛赞汉代社会的文化风格："遥想汉人多少闳放，新来的动植物，即毫不拘忌，来充装饰的花纹。"还就汉唐历史进行总体评价："汉唐虽然也有边患，但魄力究竟雄大，人民具有不至于为异族奴隶的自信心，或者竟毫未想到，绝不介怀。"他热情肯定当时民族精神的所谓"豁达闳大之风"。[①] 对于汉代艺术品质，鲁迅也曾经有"惟汉人石刻，气魄深沈雄大"的评价。[②]

所谓"闳放"和"雄大"，其实既可以看作对秦汉时期社会文化风格的总结，也可以看作对当时我们民族性格、民族精神的表述。

《汉书》卷七〇《陈汤传》记载，西汉晚期，甘延寿、陈汤经营西域，克敌立功，有"犯强汉者，虽远必诛"的

---

① 鲁迅：《坟·看镜有感》，《鲁迅全集》，第1卷第209页。
② 鲁迅：《书信·1935年9月9日致李桦》，《鲁迅全集》，第13卷第539页。

壮语。① 这种强烈的国家意识，应当是在汉武帝发动大规模对外战争时开始形成。这种意识的心理基础，是民族自尊、民族自信、民族自强的理念。不过，我们在进行相应的心理分析时，应当考虑到当时的历史背景，注意与民族沙文意识和军事霸权主义划清界限。我们看到，汉武帝决定发起对匈奴的远征，有足够的雄心和魄力，但是他本人的民族情结，其实一点儿也不狭隘。比如匈奴贵族子弟金日䃅受到信用，甚至受顾命、辅幼主，就是明显的例子。著名秦汉史学者劳榦在为《创造历史的汉武帝》一书所作的序言中说："旧说'非我族类，其心必异'，然自武帝托孤于休屠王子，天下向风，共钦华化，而金氏亦历世为汉忠臣，虽改朝而不变。"② 这样的历史事实，值得我们深思。当时长安左近有整个建制均为"胡骑"的近卫部队。"巫蛊之祸"时，和政府军抗争的太子刘据争取"长水胡骑"和"宣曲胡骑"的支持未遂，是其失败的主要原因之一。汉人私自越境前往匈奴地区的诸多"亡人"，也把中原先进技术带到了草原地区。而张骞和苏武都曾娶匈奴女子为妻，也体现当时民族关系中，在战争的怒涛之下，也有亲和的缓流。当时汉人的民族意识，有"毫不拘忌""绝不介怀"的气派，确实体现出"魄力究竟雄大"。

---

① 《汉书》，第3015页。
② 金惠：《创造历史的汉武帝》，台湾商务印书馆1984年6月版，第4页。

二、"奔扬""驰骛"

一个民族的精神风貌在不同的历史时期有所不同,这种变化往往也是与文化节奏的历史差异有关的。汉武帝生活的历史时期,社会有一种积极进取的时代精神。借用当时人的表述习惯,这种时代精神表现出"鼓"、"奋"①、"驰骋"②、"奔扬"③、"驰骛"④ 的节奏特征。汉武帝执政,用事四夷,以武力拓边,尚武之风益起,影响到社会生活节奏转而更为骤急。战国秦汉时期人们热心一种飞车竞驱的"驰逐"运动,《史记》卷二八《五宗世家》、卷六五《孙子吴起列传》、卷一二九《货殖列传》和《汉书》卷二七上《五行志上》、卷六五《东方朔传》、卷六八《霍光传》、卷九八《元后传》等都有反映。⑤ 被《淮南子·说林》称作"追速致远"⑥ 的这种追求高速度的竞技形式,

---

① 《史记》卷二四《乐书》:"鼓之以雷霆,奋之以风雨。"张守节《正义》:"万物虽以气生,而物未发,故雷霆以鼓动之,如乐用钟鼓以发节也。大雷曰霆。"裴骃《集解》:"郑玄曰:'奋,迅也。'"张守节《正义》:"万物皆以风雨奋迅而出,如乐用傛奋迅以象之,使发人情也。"第 1195 页。
② 《淮南子·修务》:"身若秋药被风,发若结旌,骋驰若骛。"高诱注:"骋驰,言其疾也。"何宁撰:《淮南子集释》,中华书局 1998 年 10 月版,第 1367 页。通常或作"驰骋",如《史记》卷二三《礼书》,第 1173 页;《史记》卷六〇《三王世家》,第 2116 页;《史记》卷一一二《平津侯主父列传》,第 2957 页。
③ 《史记》卷一一七《司马相如列传》,第 3013、3017 页。
④ 《史记》卷一一七《司马相如列传》,第 3017、3051 页。
⑤ 《史记》,第 2105、2162、3271 页;《汉书》,第 1335—1336、2855、2858、2950、4023 页。参看王子今:《战国秦汉"驰逐"竞技浅说》,《简牍学报》第 15 期,兰台出版社 1993 年 12 月版。
⑥ 《淮南子·说林》:"造父之所以追速致远者,非辔衔也。"第 1192 页。

为社会上下所普及。①

汉武帝喜好亲手击杀熊和野猪，挽弓纵马，追逐野兽，也可以看作这一时期相关社会风尚的表现。

三、中国文化的少年时代

进取意识、务实态度、开放胸怀，也是这一时期社会文化的基本风格。当时的人们，比后来一些时代有更多的率真，更多的勇敢，更多的质朴，更多的刚强。而我们国民性中为近代激进学者所深恶痛绝的虚伪与懦弱、曲折与阴暗，在当时还并不明显。有人说，当时是中国文化的少年时代，是有一定道理的。

《太平御览》卷七七四引《汉武故事》记录了以"郎"的身份服务于宫廷的颜驷的事迹："上尝辇至郎署，见一人老郎，须眉皓白。"此人名颜驷，江都人。"上问：公何时为郎，何其老也？对曰：臣文帝时为郎。上曰：何其不遇也？驷曰：文帝好文，而臣好武。景帝好老，而臣尚少。陛下好少，而臣已老。是以三世不遇。"②

汉武帝时代"好少"，如果超越帝王个人情趣，理解为

---

① 王子今：《两汉人的生活节奏》，《秦汉史论丛》第5辑，法律出版社1992年8月。
② 〔宋〕李昉等撰：《太平御览》，中华书局用上海涵芬楼影印宋1960年2月复制重印版；第3433页。

当时的社会习尚，可能也是适宜的。

四、"事态百变，人才辈出，令人喜读"

青年毛泽东《〈伦理学原理〉批注》多有关于历史意识的表达。其中曾经谈到自己读史的情趣倾向："吾人揽（览）史，恒赞叹战国之时，刘项相争之时，汉武与匈奴竞争之时，三国竞争之时，事态百变，人才辈出，令人喜读。至若承平时代，则殊厌弃之，非好乱也，安逸宁静之境，不能长处，非人生之所能堪，而变化倏忽，乃人性之所善也。"[①]

他所说的四个历史阶段，从秦走向统一到东汉末年的社会动荡，可以说，都在我们通常理解的"秦汉"的历史大框架之内。所谓"事态百变，人才辈出，令人喜读"，是秦汉时期的时代特征，也体现了秦汉史的文化魅力。

---

① 《毛泽东早期文稿》，湖南出版社1990年7月版，第186页。

第五章　史家对"秦汉"的特殊重视

一、《读书杂志》《廿二史札记》《二十五史补编》

前引田昌五、安作璋论"秦汉史受重视的程度",说到"在以往的断代史研究中,秦汉史的文章和论著也是比较多的"。我们可以举几个例证。

王念孙《读书杂志》内容包括《逸周书杂志》《战国策杂志》《史记杂志》《汉书杂志》《管子杂志》《晏子春秋杂志》《墨子杂志》《荀子杂志》《淮南内篇杂志》《汉隶拾遗》《读书杂志余编》等11种,其中,直接的秦汉历史文献《史记杂志》《汉书杂志》《淮南内篇杂志》《汉隶拾遗》等4种,篇幅占全书的54.44%。[①]

赵翼的《廿二史札记》是研究22部正史的著作,但是其中涉及秦汉史的内容形成重心,也是全书比较精彩的部分。[②]

[①]〔清〕王念孙撰:《读书杂志》,江苏古籍出版社1985年7月版。
[②]〔清〕赵翼著,王树民校证:《廿二史札记校证》(订补本)。

王伯祥等完成编集、顾颉刚1935年为之作序的《二十五史补编》，共有22个部分，所采录的著作：一"史记部分"8种；二"汉书部分"28种；三"后汉书部分"27种；四"三国志部分"20种；五"晋书部分"45种；六"宋书部分"9种；七"南齐书部分"4种；八"梁书部分"3种；九"陈书部分"3种；十"魏书部分"12种；十一"北齐书部分"3种；十二"周书部分"3种；十三"隋书部分"7种；十四"南北史部分"7种；十五"两唐书部分"14种；十六"两五代史部分"16种；十七"宋史部分"7种；十八"辽史部分"9种；十九"金史部分"6种；二十"元史部分"5种；二十一"宋辽金元四史部分"3种；二十二"明史部分"6种；另有附录"增补史目表"。所列244种中，"前四史"83种，占总种数的34.02%。然而就篇幅计，"前四史"3300页，占总页数8866页的37.22%。而"前四史"从数量说，是"二十五史"的16%；秦汉时期441年，只占秦统一至明末前后合计1865年的23.65%。由此可以知道顾颉刚所称"今昔诸贤为学术工作之苦心"体现的对不同断代关注度的学术取向。顾颉刚说："有宋以还，治史者多殚心《史》《汉》，表志补正之作，以《史》《汉》为最富。此自个人工作言之，固为美满之成就，而自史界全体观之，则颇违于详近略远之旨。此后要当留心近古诸史，毋使数十年后，书肆赓续编辑，仍有材料不平均之憾……"①其实我们知

---

① 顾颉刚：《二十五史补编序》，二十五史刊行委员会编：《二十五史补编》，中华书局用开明书店原版1955年2月重印版，第3页。

第五章 史家对"秦汉"的特殊重视 057

道,这种"不平均",与秦汉的历史地位与历史影响有关。

二、 史坛通学名家的秦汉史学术基础: 吕思勉·郭沫若·顾颉刚·侯外庐

近世为一些史学进步做出突出贡献的学术名家,因为其主要成就的覆盖广度远远超出秦汉时期,人们并不认定他们是秦汉史学者,然而他们的学术建树,是以对秦汉历史文化的广博知识和高明判断为基础的。

吕思勉著作等身。他的论著包括:两部中国通史,即《白话本国史》和《吕著中国通史》;四部断代史,即《先秦史》《秦汉史》《两晋南北朝史》《隋唐五代史》;五部专史,即《中国国体制度小史》《中国政体制度小史》《中国宗族制度小史》《中国婚姻制度小史》《中国阶级制度小史》,后除《中国阶级制度小史》以外的四种收入《中国制度史》。此外,《理学纲要》《宋代文学》《先秦学术概论》《中国民族史》《中国民族演进史》等,也可以看作专史。吕思勉就史学方法的探讨,也见于专著《史通评要》《历史研究法》等。关于史学研究工具的研究,他又著有《中国文字变迁考》《章句考》《字例略说》等。

吕思勉著《秦汉史》,是秦汉史断代研究比较早面世、学术等级亦非常高的学术论著。读者可以体会到,他对于中国历史文化宏观的了解和全面的说明,是以对秦汉史的

深刻认识为基础的。

郭沫若写就《甲骨文字研究》《殷周青铜器铭文研究》《金文丛考》《两周金文辞大系考释》《卜辞通纂》等名著，主编《中国史稿》。他的《中国古代社会研究》被称作"中国第一部运用马克思主义观点解释中国历史的著作"。① 郭沫若著《石鼓文研究》涉及秦的早期历史。《〈盐铁论〉读本》是秦汉史研究者应当参考的论著。

他的《十批判书》，最后两篇为《韩非子的批判》《吕不韦与秦王政的批判》。前者与秦汉政治的文化渊源密切相关，后者直接属于秦汉史的研究范畴。《吕不韦与秦王政的批判》提出了若干以细致考察为基础的论点。例如，关于秦王政的血统与身世的问题，他写道："秦始皇是吕不韦的儿子，这个传说只见于《史记》。""这传说虽然得到了久远而广泛的传播，但其本身实在是可疑的。第一，仅见于《史记》而为《国策》所不载，没有其他的旁证。第二，和春申君与女环的故事，如像一个刻板印出的文章，情节大类小说。第三，《史记》的本文即互相矛盾而无法说通。""而且既是'大期生子'，那还有什么问题呢？'大期'据徐广说是大过十二月，据谯周说是大过十月。要说不足期还有问题，既是大过了十二月或十月，那还有什么问题呢？所以旧时的学者对于这一事也就早有人怀疑，明时的汤聘尹认为是'战国好事者为之'（《史稗》）。又如梁玉绳的

---

① 周自强：《郭沫若》，《中国大百科全书·中国历史》I，中国大百科全书出版社1994年版，第279页。

《史记志疑》认为是司马迁有意将'大期'字样写出,以'别嫌明微',表示传说的不可靠。司马迁有没有这样微妙的用意不得而知,然而传说的不可靠倒是千真万确的。"郭沫若注意到,关于"传说产生"的由来,王世贞的《读书后记》有两种说法:"第一种认为是吕不韦自己有意编造","第二种认为是吕氏的门客们泄愤,骂秦始皇是私生子,并使天下的人知道秦国是比六国先亡"。郭沫若则"另外提出一种推测":"我认为是西汉初年吕后称制的时候,吕氏之族如吕产、吕禄辈仿照春申君与女环的故事编造的。"

郭沫若分析:"据《史记·高祖纪》,吕后之父,'单父人吕公,善沛令,避仇,从之客,因家焉'。单父在汉为河内郡山阳县(今河南修武县),与吕不韦所食邑'河南洛阳十万户'在秦同属三川郡。汉初之河南洛阳郡仅为三川郡之一部分,其'户五万二千八百三十九'(《汉书·地理志》),仅及吕氏户口之一半而已。故吕后父吕公可能是吕不韦的族人。即使毫无族姓关系,吕后党人为使其称制临朝的合理化,亦宜认吕不韦为其族祖,秦始皇为其族父,这样便可对刘氏党人说:天下本是我吕家的天下,你刘家还是从我吕家夺去的。"他写道:"我这自然也只是一种揣测,尚无直接证据,但是至少我们可以断言:秦始皇是吕不韦的儿子的话,确实是莫须有的事。"① 郭沫若的"推

---

① 郭沫若:《十批判书》,人民出版社1954年6月版,第344—345页。今按:郭说据《汉书·地理志》以为"汉初之河南洛阳郡仅为三川郡之一部分",不确。《汉书》卷二八上《地理志上》:"河南郡,故秦三川郡,高帝更名。"第1555页。并无"河南洛阳郡"行政区设置。

测""揣测",是值得重视的意见。

我们还可以举一个具体的例子,用以说明郭沫若对秦汉历史文物遗存的熟悉,以及对秦汉文化微观考察的重视。他在《十批判书》中的《古代研究的自我批判》中,首先"谴责""检讨""清算"了自己在"处理材料"方面的问题。他深有体会地说:"无论作任何研究,材料的鉴别是最必要的基础阶段。材料不够固然大成问题,而材料的真伪或时代性如未规定清楚,那比缺乏材料还要更加危险。因为材料缺乏,顶多得不出结论而已,而材料不正确便会得出错误的结论。这样的结论比没有更要有害。"① 然而实际上,从他对秦汉史的关注可以得知,"材料"相当零散者,也受到重视。据报道,曹操高陵出土石牌有铭刻"黄豆二升"字样者。有人提出质疑,以为曹操墓"黄豆二升"石牌涉假,"黄豆"一词最先在唐代文献出现。宋超著文《"黄豆二升"小考》,讨论曹操高陵出土石牌文字"黄豆二升"的历史学价值。其中写道:"'黄豆'一词除见'曹操墓'中出土的石牌外,亦见池田温先生《中国历代墓券略考》所录熹平二年'张叔敬墓券'中:'熹平二年十二月乙巳朔十六日庚申、天帝使者、告张氏之家……今日吉良、非用他故,但以死人张叔敬,薄命蚤死,当来下归丘墓。黄神生五岳,主生人禄(生,一作死),召魂召魄,主死人

---

① 郭沫若:《十批判书》,第1页。林甘泉:《从〈十批判书〉看郭沫若的史学思想》,《郭沫若百年诞辰纪念文集》,社会科学文献出版社1994年12月版,第204页。

籍。生人筑高台，死人归，深自狸。眉须以落（须以、须已），下为土灰。今故上复除之药，欲令后世无有死者。上党人参九枚，欲持代生人。铅人，持代死人。黄豆瓜子，死人持给地下赋……勿复烦扰张氏之家。急急如律令。'熹平（172—177）是东汉灵帝年号。如果池田氏录文无误，'墓券'中的'黄豆'一词，应是我们所能见到最早的关于'黄豆'的记录。"① 这件所谓《张叔敬墓券》，刘昭瑞《汉魏石刻文字系年》附录《汉魏镇墓文》中收录，题《张叔敬镇墓文》，定名显然更为准确。陈直有《汉张叔敬朱书陶瓶与张角黄巾教的关系》一文，收入《文物考古论丛》。其中说到这件朱书陶瓶出土情形："1935年春间，晋省修筑同蒲路工程中，掘得熹平二年张叔敬陶缶，朱书二十三行，共二百一十九字，不但文字最多，书法最精，且每字皆清朗，不啻一块汉碑石刻。可谓朱书陶瓶中之王。"② 与"黄豆"相关的文字，刘昭瑞据陈氏所录并参照郭氏录文及标点，写作："上党人参九枚，欲持代生人；铅人，持代死人；黄豆瓜子，死人持给地下赋。"③ 而郭沫若《奴隶制时代》已经引用过这一资料。④

顾颉刚作为"古史辨"派的创始人，继承和发展了前

---

① 宋超：《"黄豆二升"小考》，《曹操高陵——中国秦汉史研究会、中国魏晋南北朝史学会两会会长联席会议》，浙江文艺出版社2010年10月版，第57—62页。
② 陈直：《文史考古论丛》，天津古籍出版社1988年10月版，第390—391页。
③ 刘昭瑞：《汉魏石刻文字系年》，新文丰出版公司2001年9月版，第202—203页。
④ 郭沫若：《奴隶制时代》，人民出版社1973年5月版，第92—93页。

人的"疑古"思想。他继承了郑樵的思想，主张治学要融会贯通；继承了崔述的思想，主张"传""纪"不可信；继承了姚际恒的思想，主张"经"不可尽信。顾颉刚用历史进化论寻求事物演变线索的治学方法则由自胡适的影响，对今、古文家的看法又与钱玄同的论述有关。王国维用实物材料研究古史所取得的成就，也给予他十分深刻的影响，王氏考定古史所得出的真知，被用以检核此前所有的古史体系。顾颉刚学术思想体系的基本支柱，是建立在对传统文献的认真审核和科学认识的基础上的。他明确提出了"层累地造成的古史"观。顾颉刚的生平著述，有《中国上古史研究讲义》《孟姜女故事研究集》《中国历史地图集》《妙峰山》《西北考察日记》等。

"古史辨"派发起的"疑古"运动，是与当时社会文化进步的历史方向一致的。"五四"以来进步的社会文化力量强调"科学"与"民主"，历史文献研究领域的"疑古"运动，是科学精神的文化实践。而其中扫除迷信、冲决禁锢的意义，也与民主自由的追求有内在的联系。正如魏建功所说："生当学术自由发展之世，若不免除民贼专制时被压迫的思想，反或受其拘执，信史何年何日可以实现啊？假使你想私淑清儒的治学方法，你就该知道怎样去辨伪，去正讹！"[①] 徐旭生在《中国古史的传说时代》一书中，是这

---

① 魏建功：《新史料与旧心理》，《北京大学国学门周刊》第 15、16 合期，1926 年 1 月 27 日；《古史辨》第一册，上海古籍出版社 1982 年 3 月版，第 259 页。

样评价"古史辨"派当时的学术气势的:"近三十余年(大约自1917年蔡元培长北京大学时起至1949年全国解放时止),疑古学派几乎笼罩了全中国的历史界,可是它的大本营却在《古史辨》及其周围。""当日在各大学中的势力几乎全为疑古派所把持。"① 这样的分析,流露出某种情绪,但是大体反映了当时历史学界的真实状况。

顾颉刚对"层累地造成的中国古史"理论之精要概括,说到他对战国秦汉思想史和学术史的思考:"周代人心目中最古的人是禹,到孔子时有尧舜,到战国时有黄帝神农,到秦有三皇,到汉以后有盘古等。"② 他的《汉代学术史略》,后改题《秦汉的方士和儒生》,是非常重要的秦汉史研究论著。

侯外庐的《中国思想通史》,是中国思想史研究的标志性名著。关于和秦史有密切关系的《吕氏春秋》,《中国思想通史》是这样评价的:《吕氏春秋》被称为杂家著述,但是,"在这书里于调和折衷之中,是不是也有所偏爱呢?如果有的话,与其说是偏爱儒家,毋宁说是兼畸儒、道。在吕不韦的主观上,比较是有意畸重于道家"。③ 关于《淮南子》的思想源流,侯外庐等通过书中对诸子的评价进行了分析,指出:"(《淮南子·要略》)所述的诸子要略,是就

---

① 徐旭生:《中国古史的传说时代》(增订本),文物出版社1985年10月版,第23、26、27页。
② 《古史辨》第一册,第60页。
③ 侯外庐、赵纪彬、杜国庠:《中国思想通史》第1卷,人民出版社1957年3月版,第658页。

时代取舍和地理形势,而说明各家的起源。在叙述中含着议论的是,各家都是因了时势变迁,乘机而兴,由孔而墨,由墨而纵横名法,时移世迁,人心亦向背不同,地异势别,好恶亦南北殊途,因此,各家的真理价值亦是相对的,不足以称为大道。""在叙述中含着贬抑的是,各家的主张都是因了机会的适应,没有真正的创义,例如儒者之重衣冠篇籍,墨者之重节俭薄葬,没有'统天下、理万物、应变化、通殊类'的内容,因此,各家的主张更是形式的。""这里面所以未述阴阳家与道家,是因为他们的道术可以'接径直施,以推本朴,而兆见得失之变,利病之反,所以使人不妄没于势利,不诱惑于事态,有符曒晲兼稽时势之变,而与化推移者也'。刘安在主观上用阴阳五行之说合配于道家,以总统百家自居,《文心雕龙》所谓'淮南有倾天折地之说',盖指其主观高傲一切,有皇帝学者的势派。因此,他讲的诸子要略比司马谈的总结,从历史价值上来说,是不能相提并论的。"①

侯外庐等注意到,《淮南子》中,"每多评讥孔墨,这是由《庄子》中剽窃来的,连文句也相似,但附有他自己的意见",例如《俶真》:"周室衰而王道废,儒墨乃始列道而议,分徒而讼。于是博学以疑圣,华诬以胁众,弦歌鼓舞,缘饰诗书,以买名誉于天下。繁登降之礼,饰绂冕之服,聚众不足以极其变,积财不足以赡其费,于是万民乃

---

① 侯外庐、赵纪彬、杜国庠、邱汉生:《中国思想通史》第2卷,人民出版社1957年3月版,第71—72页。

始憯觟离跂，各欲行其知伪以求凿枘于世而错择名利，是故百姓曼衍于淫荒之陂，而失其大宗之本。夫世之所以丧性命，有衰渐以然，所由来者久矣！"又《主术》："孔墨博通，而不能与山居者人榛薄险阻也……而欲以遍照海内，存万方，不因道之数，而专己之能，则其穷不达矣。"又《氾论》："逮至高皇帝……天下雄俊豪英暴露于野泽……出百死而绐一生，以争天下之权，奋武厉诚，以决一旦之命。当此之时，丰衣博带而道儒墨者，以为不肖。逮至暴乱已胜，海内大定……履天子之图籍，造刘氏之貌冠，总邹鲁之儒墨，通先圣之遗教，戴天子之旗，乘大路，建九斿，撞大钟，击鸣鼓，奏咸池，扬干戚，当此之时，有立武者见疑一世之间，而文武代为雌雄，有时而用也。"侯外庐等认为，在这样的文字中，反对儒墨，甚为露骨。而这里说的"儒墨"，实际上乃指儒法。

从淮南王的主观主张方面寻索他的理论，可以看到，《淮南子》"把儒者形容得言语无味，面目可憎，成了一群僧道，专门替主人设计富贵，装饰门面，这指的正是叔孙通到董仲舒的行径"，"显然，淮南王刘安的'招致天下诸儒方士，讲论道德，总统仁义'，和汉廷法度之下的独尊儒术，形成两极。因此，他才指出儒者之出卖六艺，荒淫无耻，专己之能，苟取名誉"（《淮南子·泰族训》），甚至更说："行货赂，趣势门，立私废公，比周而取容，曰孔子之术也！"对于《淮南子》中"表现的自己的思想"，侯外庐等指出："这部杂家之言，间有儒者六艺与法家术势诸说，而主要篇幅则为阴阳五行家与老庄道家的混血种。"他们重视分析《淮南子》中"道家与阴阳家的传统及其宗教化庸俗化的思想",认为"汉代从武帝待诏司马门、宣帝正五经同异于石渠阁,都是在国教的形式之下把古代的思想加以庸俗化宗教化,刘安的野心也不例外"。《淮南子》取用儒学思想,有时又"杂揉了老庄,故对于仁义之言有道家意",有时则"似乎又是阴阳家与儒者的混合"。例如在《淮南子·泰族》中有阴阳之说与社会等级和政治秩序相应,可以以此"制君臣之义、父子之亲、夫妇之辨、长幼之序、朋友之际"的内容。侯外庐等指出:"这种阴阳五行配合社会制度的不轨之言,在后来白虎观奏议更表示得完整。这种思想是利用诸子思想的没落倾向,而引入中世纪的灾异迷信思想之中,所谓'优天地而和阴阳,节四时而调五行'。"① 对秦汉思想史料的熟悉把握和透彻剖析,使得《中国思想通史》表现出非常高上的学术质量和特别雅逸的学术风格。

三、其他著名史学大家的秦汉史学术实践:
周谷城·白寿彝·吴晗·杨向奎

其他一些著名的史学大家,虽然并非专门的秦汉史研

---

① 侯外庐、赵纪彬、杜国庠、邱汉生:《中国思想通史》第2卷,第80—81页。

究者，但是论著中也有涉及秦汉史的内容。例如周谷城《评斯坦因的〈古代中亚之遗迹〉》①、白寿彝《说秦汉到明末官手工业和封建制度的关系》②、吴晗《西汉经济状况》③ 等。

杨向奎先生曾任中国社会科学院历史研究所清史研究室主任，然而学术涉猎面非常广，绝不限止于清史。有学者评价："他兴趣广泛，在自然科学的修养方面超过了他的一切史学同辈。""他写的对墨子科学成就的评论，可能达到了中国学者的最高水平。"④ 由于学术幅面甚宽，突破点亦多，对秦汉史的关注似受到忽略。1998 年选编的由 16 篇论文组成的《杨向奎学术文选》中未见与秦汉相关的文字。⑤ 然而，他自己 1980 年编定的收入 30 篇论文的《绎史斋学术文集》中所收录《试论东汉北魏之际的中国封建社会的特征》《汉武帝与董仲舒》《司马迁的历史哲学》《论刘歆与班固》《〈白虎通义〉的思想体系》《论何休》等论文，均明确以秦汉史为研究主题。⑥ 篇目占到全书的 20%，比例应当说是比较高的。

---

① 《周谷城史学论文选集》，人民出版社 1983 年 10 月版，第 203—213 页。
② 白寿彝、王毓铨合署，白寿彝著：《学步集》，生活·读书·新知三联书店 1962 年 1 月版，第 35、73 页。
③ 《吴晗史论集》，光明日报出版社 1987 年 8 月版，第 1—55 页。
④ 孟祥才：《历史所的几位老先生》，《历史学家茶座》2011 年 1 辑，第 97—107 页。
⑤ 杨向奎：《杨向奎学术文选》，人民出版社 2000 年 1 月版。
⑥ 杨向奎：《绎史斋学术文集》，上海人民出版社 1983 年 5 月版，第 46—63、98—173 页。

四、主攻其他方向学者的秦汉史学术贡献：
谢国桢·孙毓棠·漆侠·宁可·王思治

我们在这里还可以介绍其他几位史坛名家，以及以其他断代史作为主要研究方向的著名学者在秦汉史方面的学术成就。他们虽并非因秦汉史研究成名，然而在这一方向的实践，为学术史提供了辉煌的具有纪念意义的论著。

谢国桢，明清史大家，毕业于清华大学国学研究院，后来在梁启超的指导下研究明末清初的学术思想。有《晚明史籍考》《明清之际党社运动考》《明清笔记谈丛》《清初东北流人考》等名著。晚年著有《两汉社会生活概述》。①

孙毓棠，经济史大家，对于中国近代史贡献突出，他编辑的《中国近代工业史资料（第一辑）》是中国近代经济史资料中较早出版的一种，在国内外产生过很大影响。也曾致力于秦汉史研究，担任《中国大百科全书·中国历史》秦汉史部分主编。吴树平编定的《孙毓棠学术论文集》收入论文 20 篇，其中 14 篇是秦汉史论作。②他的《汉代的财政》《战国秦汉时代的纺织业》有重要的学术影

---

① 谢国桢：《两汉社会生活概述》，陕西人民出版社 1985 年月版，北京出版社 2014 年 4 月版。
② 孙毓棠：《孙毓棠学术论文集》，中华书局 1995 年 3 月版。

响。他创作的近800行的诗作《宝马》,被称为现代诗中第一首叙事长诗,是描写汉武帝时代远征大宛战争的名作。①

漆侠作为宋史大家,是现今宋史研究队伍形成的学术领路人,然而也有《秦汉农民战争史》②传世,被看作农民战争史研究的经典。

有学者评价宁可的学术成就,以为"仅就史学而言,曾在史学理论、中国古代经济史、敦煌学和隋唐五代史等学术领域发表过比较重要的研究成果"③,他以"敦煌学和隋唐五代史"闻名海内外。然而其"中国古代经济史"研究的成就,多有秦汉史方面的学术贡献。一些具体的研究,至今仍被看作经典。④他还曾经担任《中国大百科全书·中国历史》秦汉史部分副主编。

王思治先生是治清史的著名学者。然而他的《两汉社会性质问题及其他》⑤,是以两汉社会性质研究为主题的。

一些并不以秦汉史为基本专业方向的中青年学者,也就秦汉史发表过重要的、有影响的论著。

---

① 孙毓棠:《宝马》,上海文艺出版社1989年12月版。
② 漆侠:《秦汉农民战争史》,生活·读书·新知三联书店1962年6月版。
③ 郝春文:《庆祝宁可先生八十华诞论文集》序,中国社会科学出版社2008年10月版,第1页。
④ 如《汉代农业生产漫谈》,《光明日报》1979年4月10日;《有关汉代农业生产的几个数字》,《北京师范学院学报》1980年2期;《汉代的社》,《文史》第9辑(1980年);《关于〈汉侍亭里父老僤买田约束石券〉》,《文物》1982年12期;《五斗米道、张鲁政权和"社"》,《中国文化与中国哲学》(1987),生活·读书·新知三联书店1988年3月版。
⑤ 王思治:《两汉社会性质问题及其他》,生活·读书·新知三联书店1980年3月版。

五、严耕望《中国地方行政制度史》

在中国古代政治通史研究方面，严耕望《中国地方行政制度史》选取地方行政制度为考察视角，有比较透彻的剖析。作者对秦汉制度的重视，值得我们注意。

《中国地方行政制度史》甲部《秦汉地方行政制度》是这项研究的中心。严耕望先生回忆："民国二十九年春，余偶然选择'秦汉地方行政制度'作毕业论文题。研索逾年，发现中国地方行政制度史之研究尚为一材料丰富而草莱未辟之园地，遂决意为之。二十年来，虽兼作中央制度、政治人物、历史地理之研究，然民国三十六年以前之八年时间，中心工作固在此也。近十年来，研索范围愈扩愈广，对于此一工作之兴趣渐见冲淡。"最终推出的成果，自"秦汉地方行政制度"起始，亦以"秦汉地方行政制度"为考察重心。他写道："盖春秋之际，中国官僚行政组织始见萌芽。至秦汉形成大一统中央集权式之新政府，是为中国政制一大典型。魏晋南北朝时代，一切制度皆在转变中，大体言之，其意义只在说明如何由秦汉型转变为隋唐型，是为过渡时代，非典型时代，故言制度者得以'汉唐'该之。观于地方行政制度之萌芽、发展、定型、蜕变之迹，尤见其然，故欲举汉唐典型以名之耳。"严耕望先生又有所说明："然中卷魏晋南北朝之部复分上下，都四十万言，分量逾于秦汉远甚，而其制亦固有其特点，又似不能尽以过渡时代目之,则汉唐之名亦未未妥。不得已仍采用大名,命曰上编,后有作者,其或绪诸!"

虽然他后来以为魏晋南北朝"其制亦固有其特点,又似不能尽以过渡时代目之",这一阶段的论述,篇幅"分量逾于秦汉远甚",但是"秦汉形成大一统中央集权式之新政府,是为中国政制一大典型"的认识并没有变更。从他的工作计划起先作"中国地方行政制度史",后来"欲举汉唐典型以名之",最后仍取《中国地方行政制度史》甲部《秦汉地方行政制度》和《中国地方行政制度史》乙部《魏晋南北朝地方行政制度》名义。对于魏晋南北朝的研究,作者注意"承袭或模仿汉人制度而建置者",以及"适应军事需要,参合胡汉屯营制度而创置者"。[①] 则秦汉制度,仍然是考察的基础。

对于秦汉制度,严耕望先生指出:"秦之与汉虽未两代,而论其制度,则为一体,固不待言。大抵自秦至汉武中叶,百余年间,地方统治政策与制度,由剧变趋于定型,其后三百年间,甚为稳定。此一类型之地方行政制度,颇多可述……"他总结了这一地方行政制度"典型"的特点,指出:"凡此诸端,皆见其美。而谛思其故,盖在折衷霸王,以法治之体制,寓儒家之精神,精思密划,不失厥中;兼以作制未远,机构犹新,故得运用灵活,无因累之

---

① 严耕望撰:《中国地方行政制度史》乙部《魏晋南北朝地方行政制度》"引言","中央研究院"历史语言研究所专刊之四十五B,1990年5月三版,第2、3页。

弊耳。"①

秦汉地方行政制度引其"典型"性，在严耕望"中国地方行政制度史之研究"这一宏大计划中，成为得以优先考论并深刻说明的学术主题。

严耕望又有《两汉太守刺史表》，也是地方行政制度研究的重要成果。据严耕望"增订版序言"的说明："我读武汉大学的后期，择定'两汉地方行政制度'为毕业论文题。在搜录史料期间，顺便写录各郡国守相与司隶刺史任职者之姓名、籍贯与任职约略时代。一九四一年夏毕业，进入齐鲁大学国学研究所，从先师钱宾四先生研习，续成论文全稿后……乃利用休养时间，整理这批材料，稍加诠次，编成此表，作为《制度》一书之附录。"②从《两汉太守刺史表》成书的方式，也可以得知《中国地方行政制度史》甲部《秦汉地方行政制度》对于"中国地方行政制度史之研究"的意义。

六、傅筑夫《中国封建社会经济史》

中国古代经济通史研究对秦汉经济的重视，可以取傅

---

① 严耕望撰：《中国地方行政制度史》甲部《秦汉地方行政制度》"序言"，"中央研究院"历史语言研究所专刊之四十五A，1990年5月三版，第3、5页。
② 严耕望辑：《两汉太守刺史表》"增订版序言"，"中央研究院"历史语言研究所专刊之三十，1993年4月二版，第1页。

筑夫《中国封建社会经济史》为例。

作为一部多卷本的中国社会经济通史,"原拟根据中国社会科学院所订八年经济科学研究规划所列项目命名为《中国古代经济史》,内容包括原始公社、奴隶制度、封建制度三种生产方式。全书分为八卷:原始公社和奴隶制生产方式合编为一卷,时间包括从远古到殷代末年。第二卷起自西周初年,到东周末年止"。"战国以后,不宜根据不同的生产方式分卷。但是社会经济在其整个发展过程中经历过几次巨大的经济波动,从而形成了几个盛衰起伏的自然段落。这几个段落大体上可分为:秦汉到三国时期、两晋南北朝时期、隋唐五代时期、两宋时期、辽金元时期、明至鸦片战争时期。""从秦汉到鸦片战争时期,分作六卷。""全书共为八卷。"后来,"对原定的八卷本写作计划略作修订。"① 是书五卷,先后面世如下:

《中国封建社会经济史(第一卷)》,人民出版社 1981年12月版,282千字;

《中国封建社会经济史(第二卷)》,人民出版社 1982年12月版,517千字;

《中国封建社会经济史(第三卷)》,人民出版社 1984年10月版,342千字;

《中国封建社会经济史(第四卷)》,人民出版社 1986年6月版,441千字;

---

① 傅筑夫:《中国封建社会经济史》第一卷,人民出版社 1981 年 12 月版,第 1 页。

《中国封建社会经济史（第五卷）》，人民出版社1989年6月版，481千字。

可以清楚地看到，第二卷以秦汉经济为主题，是分量最重的一卷。远远超过了先秦时期和两晋南北朝时期、隋唐五代时期、两宋时期。

《中国封建社会经济史（第二卷）》初版即题"第二卷"，原来计划是总结"秦汉到三国时期"经济史，全书分十章，各章标题为：第一章"秦汉时代的经济区及其变化和发展"；第二章"秦汉时期的土地制度和土地问题"；第三章"秦汉时代的劳动制度"；第四章"农业"；第五章"手工业"；第六章"商业"；第七章"秦汉时代的货币经济与货币制度"；第八章"货币财富的形成与积累"；第九章"秦汉时代的经济波动"；第十章"秦汉的经济政策"。第四、五、六、八章，章题不出现时段标志，其余六章均题"秦汉时代"或"秦汉时期"，也并没有说到"三国"时期。只有第七章第四节题"东汉和三国的货币制度"。然而，后来首都经济贸易大学出版社2023年4月版则题"《中国封建社会经济史（秦汉三国卷）》"。

傅筑夫、王毓瑚编《中国经济史资料·秦汉三国编》，中国社会科学出版社1982年6月出版，是一部非常好的经济史资料。史料内容以"秦汉三国"为择选对象。1990年8月由中国社会科学出版社出版的傅筑夫编《中国经济史资料·先秦编》的学术质量，应当说不如《中国经济史资料·秦汉三国编》。而以后《中国封建社会经济史》第三至五卷总结了两晋南北朝时期、隋唐五代时期、两宋时期,但没有出版同时段的《中国经济史资料》。

从傅筑夫著《中国封建社会经济史(第二卷)》或题《中国封建社会经济史(秦汉三国卷)》,以及傅筑夫、王毓瑚编《中国经济史资料·秦汉三国编》的内容看,全面把握中国经济通史学术大局的经济史大家傅筑夫对秦汉经济史,是予以特殊重视的。

第六章　中国文化基因的秦汉形成期

一、秦汉研究对于中国文化基因考察的意义

关于中国文化基因问题的讨论，是涉及中国历史研究的重要主题。我们对中国文化基因的思考，有必要注意"基因"之形成以及产生的影响，是值得深思的历史现象。对于其动态的过程，不宜作简单的、凝定的、偏执的理解。考察中国文化基因的历史形成，应当注意秦汉时期的文化样态及其主要特征和基本风格对此后文化史的前导性及规范性作用。

秦汉时期是中国文化基因的形成期。在这一过程中，可以看到区域文化、民族文化以及外来文化等多种文化元素的作用。而大一统政治格局对中国文化基因的大致构成及其历史作用的实现，有重要的意义。由于历史文化条件的复杂，文化基因的变易是可能的。

二、秦文化、楚文化和齐鲁文化的融并

新石器时代遗存的考古收获，使得我们对于远古文化的多元及多源的复杂性有所认识。《禹贡》"九州"说，是对不同风格区域文化的体现。李学勤《东周与秦代文明》划分了七个"文化圈"：中原文化圈，北方文化圈，齐鲁文化圈，楚文化圈，吴越文化圈，巴蜀滇文化圈，秦文化圈。经历战国时期的兼并战争后，这些"文化圈"的形态和规模有所变化，区域文化风格也发生了历史演进。例如，秦占有巴蜀，巴蜀实现了对秦文化的认同。而楚人征服吴越，在客观上也实现了楚文化的扩张。"楚文化的扩展，是东周时代的一件大事。""说楚文化影响所及达到半个中国，并非夸张之词。"李学勤还指出："随之而来的，是秦文化的传布。秦兼并列国，建立统一的秦王朝，使秦文化成为后来辉煌的汉代文化的基础。"① 汉武帝"罢黜百家，表章六经"②，"推明孔氏，抑黜百家"③，儒学成为意识形态的主导。齐鲁文化因行政力量的作用形成了非常广泛而深刻的影响。大致在汉武帝时代，秦文化、楚文化和齐鲁文化融并而一。以"汉"为代表性符号，以"辉煌的汉代文化"为时代标志的文化体系出现在世界东方，并显现了长久影响后世的基本风格。在汉武帝时代大体形成的政治格局、

---

① 李学勤：《东周与秦代文明》，上海人民出版社 2007 年 11 月版（以下未另注出版信息者，皆为此版），第 10、11 页。
② 《汉书》卷六《武帝纪》，第 212 页。
③ 《汉书》卷五六《董仲舒传》，第 2525 页。

经济生活、文化风貌的同一，在民间礼俗方面也有所表现。秦文化典型葬式屈肢葬的消失，可以提供考古学的证明。

三、北胡南越及其他民族文化的历史作用

秦始皇实现统一，有北河经营和南海置郡的重要战略动作，使得帝国版图超过了兼并六国的空间规模。而北胡和南越及其他非中原民族的文化因子，也因统一政治格局的形成，影响了中土文化。西汉长安宫廷生活中有"胡巫""越巫"的活跃表现。"胡骑""越骑"也成建制地编列在汉家主力部队甚至近卫部队中。金日䃅这样的匈奴王族子弟在汉武帝身边得到信用。克劳塞维茨曾经说："战争是一种人类交往的行为。"[1] 马克思和恩格斯也曾经指出："战争本身""是一种经常的交往形式"。[2] 中原王朝与匈奴的战争，与南越的战争，与羌的战争，与乌桓的战争，都实现了这种"交往"。霍去病所谓"匈奴未灭，无以家为也"[3]，是体现英雄气概的名言。但战争对手的骑射技术、进攻节奏和机动性也对汉朝军团产生了积极的影响。马政，也是由于匈奴骑兵军事压力的刺激而兴起的。《汉书》卷一四上

---

[1] 克劳塞维茨著，中国人民解放军军事科学院译：《战争论》，解放军出版社1964年2月版，第1卷第179页。
[2] 马克思、恩格斯：《德意志意识形态》，《马克思恩格斯选集》，人民出版社2012年9月版，第1卷第206页。
[3]《史记》卷一一一《卫将军骠骑列传》，第2939页。

《食货志上》说汉景帝"始造苑马以广用",颜师古注:"苑马,谓为苑以牧马。"① 《汉书》卷五《景帝纪》记载匈奴"入上郡,取苑马"。颜师古注引如淳曰据《汉仪注》,说到"苑马"经营的规模:"太仆牧师诸苑三十六所,分布北边、西边。""养马三十万匹。"② 谢成侠《中国养马史》写道:"像这样国家大规模经营养马,至少在公元前的世界史上是罕闻的先例。虽然在公元前500年波斯王大流士时代,曾在小亚细亚的美几亚及亚美尼亚设立牧场养马达五万匹,但后者已成为世界文化史上常被引用的重要资料,而未闻汉帝国大举养马的史迹。"③ 在物质文化层面,胡越及其他民族的影响也介入了中原民族的生产和生活。④

四、丝绸之路交通与东西文化交流

在张骞西使之前,已经有草原和海洋两条主要路径沟通了中原文化与域外的联系。⑤ 经秦而汉,"张骞凿空"⑥,丝绸之路得以正式开通。简牍资料多有汉王朝使团远行及来

---

① 《汉书》,第1135页。
② 《汉书》,第150页。
③ 谢成侠:《中国养马史》,科学出版社1959年4月版,第95页。
④ 王子今:《肩水金关简"马祺祝"祭品用"乳"考》,《金塔居延遗址与丝绸之路历史文化研究》,甘肃教育出版社2014年12月版;《汉代中原的"胡笳":民族文化交融的见证》,《中华文化论坛》2022年第4期。
⑤ 王子今:《前张骞的丝绸之路与西域史的匈奴时代》,《甘肃社会科学》2015年第2期。
⑥ 《史记》卷一二三《大宛列传》,第3169页。

自西方诸国的"使"与"客"入境的记录。① "驰命走驿，不绝于时月；商胡贩客，日款于塞下。"② "在中西交通开通之后，西域贾胡迅即登场。"③ 胡贾、胡商的活跃，对于激活中国内地市场，同时加强社会经济生活中商品流通的意义，也更为显著。外域文化影响中国最为典型的例证，是佛教的传入和普及。佛教自此全面影响了中国的社会意识。

前引鲁迅曾经发表的"遥想汉人多少闳放"，"气魄深沈雄大"的盛赞，虽是从艺术史展开的论说，其实也涉及我们民族文化基因的一种主流特征。在秦汉时期表现非常突出的这一文化风格，使得社会意识、社会心理、社会风尚都出现了具有时代个性的积极进取与宽怀包容的特点。汉代瓦当文字"屯（纯）美流远""屯（纯）泽流远"④，可以看作典型象征。这使得其他文化系统若干因子也融汇入中国文化的历史壮流之中，成为这条浩荡长河中奔涌的浪花。

五、 大一统格局与中国文化基因的主要特征

秦汉大一统政体确定之后，在所谓"天下和平""各安

---

① 参看郝树声、张德芳：《悬泉汉简研究》第五、六章《西域与中外关系》（上、下），甘肃文化出版社2009年8月版，第177—258页。
② 《后汉书》卷八八《西域传》，第2931页。
③ 陈连庆：《汉唐之际的西域贾胡》，《中国古代史研究：陈连庆教授学术论文集》，吉林文史出版社1991年12月版。
④ 陕西省考古研究所秦汉研究室编：《新编秦汉瓦当》，三秦出版社1986年12月版，第321—322页。

其宇"的政治格局中,"器械一量,同书文字""匡饬异俗""远迩同度"① 这种有利于经济流通和文化融合的社会生产与社会生活条件建设,成为行政目标。秦王朝继承了秦文化在西北少数民族影响下较少为礼教拘束、比较急进暴烈的特征。所谓"秦戎翟之教"②、"秦与戎翟同俗"③ 等说法,指出了这一传统。秦文化的另一特点,是实用主义的倾向。《史记》卷七四《孟子荀卿列传》言东方文化"迂大而闳辩"④,秦文化则风格大异,体现出对"功用"直接、急切的追求。秦始皇焚书,医学、数术之学以及农学等有实用价值的著作并不禁毁。事后,他就此有这样的言辞:"吾前收天下书不中用者尽去之。"⑤ 早先,秦昭襄王与荀子对话,就曾经说:"儒无益于人之国。"⑥《韩非子·问辩》说:"夫言行者,以功用为之的彀者也。"《韩非子·五蠹》说,"明主"用臣下之力行政,需要注意"所利非所用,所用非所利"情形,应当遵循"赏其功,必禁无用"的原则。《韩非子·显学》也提示关注"所养者非所用,所用者非所养"情形,强调:"明主举实事,去无用;不道仁义者故,不听学者之言。"⑦ 秦时这一鄙视理论思辨和文化

---

① 《史记》卷六《秦始皇本纪》,第247、245、250页。
② 《史记》卷六八《商君列传》,第2234页。
③ 《史记》卷四四《魏世家》,第1857页。
④ 《史记》,第2348页。
⑤ 《史记》卷六《秦始皇本纪》,第258页。
⑥ 《荀子·儒效》,〔清〕王先谦撰,沈啸寰、王星贤点校:《荀子集解》,中华书局1988年9月版,第117页。
⑦ 陈奇猷校注:《韩非子集释》,上海人民出版社1974年7月版,第898、1058、1067、1091、1102页。

教育的风格，在汉代得以拨正。但是"实用"原则的坚持，在社会文化的许多层面得以长久继承。

在汉代大一统背景下，应时代需求，对先秦文化成就进行了全面的整理和全新的解说。汉武帝与董仲舒合作，提升了儒学的地位。这一文化史走向的重大变化影响了中国社会两千年之久。东汉儒学教育的普及，强化了其社会影响。"仁义"宣传成为正统意识形态的重要内容。"学者之言"通过政论和史论的形式，在有的历史条件下曾经发生影响。儒学虽然占据了主要教育资源，但是汉代童子"入小学"，童蒙教育即包括"学六甲五方书计之事"。①顾炎武认为："六甲者，四时六十甲子之类。五方者，九州岳渎列国之名。书者，六书。计者，九数。"②"六甲"是关于天时的知识，"五方"是关于地理的知识，"书计"是文字书写能力和数学计算能力培育。《太平御览》卷三八五引《会稽典录》说王充"为儿童"时"七岁教书数"③，也包括了"数"。柳诒徵曾经说："汉时小学，兼重书算。《汉书·律历志》：'数者一、十、百、千、万也，所以算数事物，顺性命之理也……其法在算术。宣于天下，小学是则。职在太史，羲和掌之。'盖仍周代保氏教'六书九

---

① 《汉书》卷二四上《食货志上》，第1122页。
② 《日知录》卷二七《汉书注》，〔清〕顾炎武著，黄汝成集释，栾保群、吕宗力校点：《日知录集释（全校本）》，上海古籍出版社2006年12月版，第1535页。
③ 〔宋〕李昉等撰：《太平御览》，中华书局用上海涵芬楼影印宋本1960年2月复制重印版，第1781页。

数'之法。故汉人多通算学。郑玄通《九章算术》，著于史传。"① 王充等人在自然科学方面的贡献，可以说明汉代教育为中国文化基因中科学精神的形成提供了比较好的条件。

六、 文化基因变异的可能

如果说中国文化基因如英雄主义、进取精神、创新追求、平等意识、实用原则、科学思维等在战国秦汉时期大致形成，可能是符合历史真实的认识。不过，文化史进程中事态百变，曲折莫测。历史长河，有"潮平两岸阔，风正一帆悬"②的河面，也有高峡险滩，如大河砥柱"激石云洄，濆波怒溢"，"水流迅急"③的情景。有人以为，历史上的中国，统一局面远多于分裂。这样的认识可能并不符合真实的历史。④ 除了暴动、篡夺、侵灭、灾变导致的社会动荡之外，其他重大事件的发生，也可能冲击原有秩序。而文化传统，也会遭遇破除。所谓"天下风俗法度，一切颓坏"⑤，

---

① 柳诒徵：《中国文化史》，上海古籍出版社 2001 年 10 月版，上册第 366 页。
② 〔唐〕王湾：《次北固山下》，〔清〕沈德潜选注：《唐诗别裁》卷一〇，中华书局 1964 年 8 月版，第 34 页。
③ 《水经注》卷四《河水》，〔北魏〕郦道元著，陈桥驿校证：《水经注校证》，中华书局 2007 年 7 月版，第 117 页。
④ 参看葛剑雄：《统一与分裂：中国历史的启示》，中华书局 2008 年 12 月版。
⑤ 《资治通鉴长编纪事本末》卷五九载熙宁二年二月庚子王安石言，刘成国：《王安石年谱长编》卷四"熙宁二年己酉（1069），四十九岁"，中华书局 2018 年 1 月版，第 845 页。

"王风一沦变,民俗日訾窳"① 等,都是对历史文化演变的感叹。

我们注意到,鲁迅所说汉代文化的"闳放""雄大",并不是在后来许多历史时期都可以看到明显表现的。鲁迅所谓"遥想",就表达了一种历史追念,一种文化惋叹。

文化基因的变异,有些可以理解为"颓坏""沦变",有些或许也体现出历史的进步。五四运动前后较早觉醒的先进知识分子对中国国民性的反思,与积极变革以求救亡的革命意识有内在的关联。他们对专制政治的批判,对奴性心理的批判,对麻木性情的批判,也是对一些在某种意义上也可以被看作文化基因的传统的积极反抗。当然,这种以"变"适应新的世界潮流的追求,也是能够在中国文化基因最初的构成内容,如《易·乾》所谓"乾道变化"、"乾道乃革"、"天行健,君子以自强不息"② 的理念与志向表达中发现原生根由的。

考察、理解并说明中国文化基因,有必要就先秦时期、秦汉时期、魏晋南北朝隋唐时期的相关文化现象进行基础性的研究。

---

① 〔元〕王逢:《题姚实甫迁葬事后》,杨镰主编:《全元诗》第59册,中华书局2013年6月版,第282页。
② 〔清〕阮元校刻:《十三经注疏》,中华书局据原世界书局缩印本1980年10月影印版,第14、16页。

第七章　秦汉历史舞台的背景

一、秦汉社会进步的自然条件

要全面、深刻地理解秦汉历史文化，还需要真切认识当时的社会条件和社会背景。

历史演出有特定的舞台。历史舞台因剧目不同，各有不同的布景和不同的道具。要了解秦汉时期的历史背景，需要对当时的自然环境、文化基础和世界格局有所认识。

地理环境是人类社会发展的必要条件之一。生产力水平越低，地理环境对社会发展的制约作用越大。马克思曾经指出："外部自然条件在经济上可以分为两大类：生活资料的自然富源，例如土壤的肥力，鱼产丰富的水等等；劳动资料的自然富源，如奔腾的瀑布，可以航行的河流，森林，金属，煤炭，等等。在文化初期，第一类自然富源具有决定性的意义；在较高的发展阶段，第二类自然富源具有决定性的意义。"[①] 秦汉时期，各个地区经济和社会发展

---

① 马克思：《资本论》第 1 卷，《马克思恩格斯全集》第 23 卷，人民出版社 1972 年 9 月版，第 560 页。

很不平衡，但总的说来，生活资料的自然富源比起劳动资料的自然富源来，对于经济发展所起的作用更为重要。

早在史前时期，中国已经形成了黄河中下游和长江中下游两大农业经济文化区和两种农业体系。① 但是从商周到秦汉，黄河流域的经济和社会发展，却领先于长江流域。这中间除了两大地区生产工具和生产技术的使用和传播，以及人口密度都有所不同等原因之外，也与气候、地质、地形、水文、生物、土壤等自然条件的差异有一定关系。长江中下游气候曾经非常炎热潮湿，《史记》卷一二九《货殖列传》说："江南卑湿，丈夫早夭。"②《汉书》卷二八下《地理志下》写作"江南卑湿，丈夫多夭"。③ 生活环境和生产条件的差异，影响了人口构成。"江南"地区湖泊沼泽星罗棋布，在生产工具比较原始的条件下，开发起来反而比黄河流域的黄土高原和黄土冲积平原困难。成书于战国时代的《禹贡》认为荆州"厥土涂泥，田下中"，扬州"厥土涂泥，田下下"。④ 所谓"涂泥"，应指沼泽湿地黏质土壤，相对于土质疏松的黄土来说，是比较难于开垦的。所以直到秦汉时期，长江中下游还是榛莽丛生，地广人稀。而适应这种地理环境的耕作方式，则是"火耕水耨"。《史记》卷一二九《货殖列传》说："楚越之地，地广人稀，饭

---

① 白寿彝总主编《中国通史》第 2 卷，苏秉琦主编《远古时代》序言，上海人民出版社 1994 年 6 月版。
②《史记》，第 3268 页。
③《汉书》，第 1668 页。
④《汉书》卷二八上《地理志上》引《禹贡》，第 1529、1538 页。

稻羹鱼，或火耕而水耨，果隋蠃蛤，不待贾而足，地势饶食，无饥馑之患，以故呰窳偷生，无积聚而多贫。"① 所谓"地势饶食"，本来是有利的自然条件。但是，能够轻易获得生活资料，反而使人们满足于朝夕取给而不事积聚。这也是长江中下游地区虽然原始农业发生很早，但从商周到秦汉，经济与社会发展反而落后于黄河中下游地区的一个重要因素。到了东汉后期，由于与气候条件相关的移民运动，人口数量有较大增长，加上其他一些社会原因，长江中下游的经济开发才出现了一个新的局面。②

地理环境在历史时期的变化，相对于经济和社会发展来说要缓慢得多。但这种变化有时也会因人为因素的作用而变得十分明显。例如人们对黄土高原森林植被的破坏，造成水土的严重流失。黄河带来的大量泥沙，淤高了河床，下游就容易决口改道，从而地貌也发生了很大变化。秦汉时期，黄河多次泛滥。洪水和泥沙吞没了大片农田和众多村落，使土地沙碱化，改变了原来湖泊沼泽的布局。黄河的来水来沙还使得海岸也发生变化。据有的学者研究，王莽始建国三年（11）黄河改道由千乘（今山东高青县北）入海之后，经过四百多年，渤海湾的海岸向外有较大的推展。③

---

① 《史记》，第 3270 页。
② 王子今：《试论秦汉气候变迁对江南经济文化发展的意义》，《学术月刊》1994 年第 9 期；《汉代"亡人""流民"动向与江南地区的经济文化进步》，《湖南大学学报》2007 年第 5 期。
③ 参看中国科学院《中国自然地理》编辑委员会：《中国自然地理·历史自然地理》，科学出版社 1982 年 1 月版。

从文献记载和考古资料可以看到,秦汉时期的总体生态状况与现今有不少差异,秦汉前后400余年间的生态状况也有所变化。

竺可桢在《中国近五千年来气候变迁的初步研究》一文中指出:"在战国时期,气候比现在温暖得多。""到了秦朝和前汉(前221—23)气候继续温和。""司马迁时热带植物的北界比现时推向北方。""到东汉时代即公元之初,我国天气有趋于寒冷的趋势。"据竺可桢绘制的《五千年来中国温度变迁图》,秦及西汉时,平均气温较现今大约高1.5℃左右,东汉时平均气温较现今大约低0.7℃左右。[①]平均气温上下摆动的幅度超过2℃。尽管这个结论在一些学者中间还有不同的认识,但是许多资料表明,秦汉时期的气候条件确实与现今不同,在两汉之际,确实也发生了由暖而寒的变化。

西汉时期,关中地区有繁茂的竹林,与现今自然植被景观形成强烈的对照。《汉书》卷二八下《地理志下》说,当时关中以竹林与其他资源之富足,"号称'陆海',为九州膏腴"。[②]《汉书》卷六五《东方朔传》也说,当时人曾以关中有"竹箭之饶"而称之为"天下陆海之地"。[③]《汉书》卷一七《景武昭宣元成功臣表》记述,杨仆"坐为将

[①] 竺可桢:《中国近五千年来气候变迁的初步研究》,《考古学报》1972年第1期。
[②] 颜师古注:"言其地高陆而饶物产,如海之无所不出,故云陆海。"《汉书》,第1642页。
[③] 颜师古注:"高平曰陆,关中地高故称耳。海者,万物所出,言关中山川物产饶富,是以谓之陆海也。"《汉书》,第2849页。

军击朝鲜畏懦,入竹二万个,赎完为城旦"①,说明当时关中曾经生长经济价值较高的竹种。司马相如奏赋描述关中风景,有"览竹林之榛榛"的辞句②。班固《西都赋》也写道:"源泉灌注,陂池交属,竹林果园,芳草甘木,郊野之富,号曰近蜀。"③ 1975 年,西汉薄太后南陵 20 号从葬坑中曾经发现大熊猫头骨。④ 2021 年 8 月至 2022 年 8 月,在汉文帝霸陵的"动物殉葬坑"中又发现了大熊猫骨骼。或许也可以看作当时关中地区竹林繁茂的例证之一。而貘、印度野牛、绿孔雀等生存于"热带亚热带"的野生动物的发现,"为研究当时的气候、环境和生态提供了宝贵的实物资料"。⑤

不仅关中竹林之饶负有盛名,当时的黄河中下游地区大体都属于同样的植被类型。《史记》卷一二九《货殖列传》分析各地出产,"竹"居于山西物产前列,却不列于江南物产之中。由此可以推断当时黄河流域"竹"的分布,其社会经济意义甚至超过江南。汉武帝发卒数万人塞黄河瓠子决口,"自临决河","薪柴少,而下淇园之竹以为楗"。⑥ 汉光武帝北征燕、代,也曾经"伐淇园之竹,为矢

---

① 《汉书》,第 655 页。
② 《史记》卷一一七《司马相如列传》,第 3055 页。
③ 《后汉书》卷四〇上《班固传》,第 1338 页。
④ 王学理:《汉南陵从葬坑的初步清理——兼谈大熊猫头骨及犀牛骨骼出土的有关问题》,《文物》1981 年第 11 期。
⑤ 胡松梅、曹龙、张婉婉:《令人叹为观止的西汉皇家苑囿——霸陵与南陵出土珍禽异兽及其意义》,《中国社会科学报》2023 年 8 月 4 日 6 版"考古与博物"。
⑥ 《史记》卷二九《河渠书》,第 1413 页。

百余万","转以给军"。① 东汉初，郭伋任并州牧，"始至行部，到西河美稷，有童儿数百，各骑竹马，道次迎拜"。② 美稷，地在今内蒙古准格尔旗西北。现今华中亚热带混生竹林区的北界，在长江中下游地区，大致位于长沙、南昌、宁波一线。而华中亚热带散生竹林区的北界，则大致与北纬35°线重合。东汉初竹类生长区的北界，已几近今内蒙古沙漠地区的边缘。戴凯之《竹谱》写道："竹虽冬蒨，性忌殊寒，九河鲜育，五岭实繁。"③ 竹类作为适宜温湿环境的植物，其生长地域的分布可以大致说明当时的气候条件。

二十四节气是传统农业气候条件决定农时的重要依据。但从历史文献载录的信息中可以发现，二十四节气的次序在秦汉时期曾经发生过变化。

《礼记·月令》写道，孟春之月，"蛰虫始振"，仲春之月，"始雨水"。郑玄注："汉始亦以惊蛰为正月中。""汉始以雨水为二月节。"④ 这就是说，现今二十四节气中"雨水—惊蛰"的次序，在汉代起初是"惊蛰—雨水"。说明在当时的气候条件下，初春气温回升至于"蛰虫始振"时，要较后世为早。据《汉书》卷二一下《律历志下》所列二

---

① 《后汉书》卷一六《寇恂传》，第621页。
② 《后汉书》卷三一《郭伋传》，第1093页。
③ 〔宋〕陈景沂编辑，〔宋〕祝穆订正：《全芳备祖》卷一六《后集·木部·竹·事类祖·杂著》，浙江古籍出版社2014年11月版，第974页。
④ 〔清〕阮元校刻：《十三经注疏》，中华书局据原世界书局缩印本1980年10月影印版，第1355、1361页。

十四节气和相应星度的关系，涉及"清明""谷雨"时序："大梁，初胃七度，谷雨。今曰清明。中昴八度，清明。今曰谷雨，于夏为三月，商为四月，周为五月。终于毕十一度。"① 可以知道现今二十四节气中"清明—谷雨"的次序，在汉代起初是"谷雨—清明"。而《续汉书·律历志下》"历法"条刘昭注补引《月令章句》则以"清明、谷雨"为序。②《礼记集解》引孔氏曰："汉初惊蛰为正月中，雨水为二月节，至后来改雨水为正月中，惊蛰为二月节，由气有参差故也。"③ 西汉中期节气序次更动的原因，所谓"由气有参差故也"，也就是气候条件之变化使然。

多年科学考察所获取的资料，也可以印证秦汉气候与现在的差异。主要根据我国东部平原及海区构造沉降量的估算所绘制的中国东部的海面升降曲线表示，距今 2000 年前后，海面较现今高 2 米左右。海面升降是气候变迁的直接结果。根据植被、物候等资料试拟的华北平原古气温曲线，表明当时气温大约高于现今 1℃左右。根据同类资料试拟的上海、浙北古气温曲线，表明当时气温大约高于现今 2℃左右。根据海生生物群试拟的东海与黄海古水温曲线，表明当时东海和黄海水温大约高于现今 3℃左右。④ 通

---

① 《汉书》，第 1005 页。
② 《后汉书》，第 3079 页。
③ 《礼记集解》引孔氏曰："汉初惊蛰为正月中，雨水为二月节，至后来改雨水为正月中，惊蛰为二月节，由气有参差故也。"〔清〕孙希旦撰，沈啸寰、王星贤点校：《礼记集解》，中华书局 1989 年 2 月版，第 421 页。
④ 王靖泰等：《中国东部晚更新世以来海面升降与气候变化的关系》，《地理学报》第 35 卷第 4 期，1980 年 4 月。

过对沪杭地区具有代表性的钻井岩心全新世沉积孢粉组合的分析，研究者将全新世以来的气候史划分为4个凉期和4个暖期。与秦汉时期相应的阶段为：第3暖期，距今2500年，气候温暖湿润；第5凉期，距今2000—1650年，气候温凉。①

自汉武帝时代起，史籍已经多见关于气候严寒的记录。如《汉书》卷六《武帝纪》记载，元光四年（前131）"夏四月，陨霜杀草"，元狩元年（前122）"十二月，大雨雪，民冻死"，元鼎二年（前115）"三月，大雨雪"。②《汉书》卷二七中之下《五行志中之下》记载："元鼎三年三月水冰，四月雨雪，关东十余郡人相食。"③自西汉末年到东汉初年，有关严寒的历史记载更为集中。汉元帝元光元年（前43），有三月"陨霜杀桑"，九月"陨霜杀稼"，以致"天下大饥"的记载。建昭二年（前37），"齐楚地大雪，深五尺"。④王莽时代严重低温的气候反常记录更为频繁。例如，天凤三年（16）二月，"大雨雪，关东尤甚，深者一丈，竹柏或枯"。⑤天凤四年（17）八月，"大寒，百官人马有冻死者"。⑥东汉初年，仍然多见严寒的历史记录。据《后汉书》卷三六《郑兴传》记载，建武七年（31）"正月

---

① 干开发等：《根据孢粉分析推论沪杭地区1万多年来的气候变迁》，《历史地理》创刊号，上海人民出版社1981年11月版。
② 《汉书》，第164、174、182页。
③ 《汉书》，第1424页。
④ 《汉书》卷二七中之下《五行志中之下》，第1427、1425页。
⑤ 《汉书》卷九九中《王莽传中》，第4141页。
⑥ 《汉书》卷九九下《王莽传下》，第4151页。

繁霜，自尔以来，率多寒日"。李贤注："正月，夏之四月。"①郑兴因"三月晦，日食"上疏，所言似可理解为"正月繁霜"之后连续严寒近三个月，直至"夏之四月"即"孟夏"之时。《续汉书·礼仪志中》刘昭注补引《古今注》说，永平元年（58）六月乙卯"白幕皆霜"。②乙卯日为六月三十日，即公元58年8月8日，这一极端初霜记录早于现今洛阳地区平均初霜日竟达82日。③据《北堂书钞》卷七九引《录异传》，大致在公元1世纪60年代，洛阳甚至曾经出现"大雪积地丈余"的情形，居民门前甚至"无有行路"。④

在公元前50年至公元70年这120年间，有关气候异常严寒的记载多达20余起。元、成时代较为集中的23年中，计6起。王莽专政时最为集中的10年中，大约有7年发生严寒导致的灾害。"自王莽末"至汉光武帝建武四年（28），"天下旱霜连年，百谷不成"。⑤此外，汉光武帝及汉明帝在位时关于严寒的记载也可见6起。此后，汉章帝建初八年（83）至元和元年（84）前后，又有所谓"盛夏

---

① 《后汉书》，第1222页。
② 《后汉书》，第3123页。
③ 据1962—1982年期间洛阳自然历，平均初霜日为10月29日，最早初霜日为1981年的10月15日，最晚初霜日为1977年的11月16日。参见何光祥：《河南省洛阳的四季划分与自然历》，《中国自然历选编》，科学出版社1986年6月版。
④ 〔唐〕虞世南编撰：《北堂书钞》，中国书店据光绪十四年南海孔氏刊本1989年7月影印版，第290页。
⑤ 《东观汉记》卷一《世祖光武帝纪》，〔东汉〕刘珍等撰，吴树平校注：《东观汉记校注》，中州古籍出版社1987年3月版，第8页。

多寒""当暑而寒"的记载。① 东汉中晚期，更多见"季夏大暑，而消息不协，寒气错时"②，"当温而寒，违反时节"③，"当暖反寒，春常凄风，夏降霜雹"④ 等异常气候。当时最为突出的气候异象，是所谓"庶征之恒寒"。⑤《续汉书·五行志二》列举了这样两则关于冬、夏两季气候异常的典型史例："灵帝光和六年冬，大寒，北海、东莱、琅邪井中冰厚尺余。""献帝初平四年六月，寒风如冬时。"⑥气候"大寒"，往往"杀鸟兽，害鱼鳖"，致使"竹柏之叶有伤枯者"⑦，于是黄河流域原先繁茂的竹林遭到破坏。《水经注》卷九《淇水》在说到"汉武帝塞决河，斩淇园之竹木以为用；寇恂为河内，伐竹淇川，治矢百万以输军资"之后，又指出，"今通望淇川，无复此物"。⑧

根据历史水文资料，研究者认为秦及西汉时期的气候条件，是致使长江水位上升的因素之一，当时长江以南的洞庭湖、鄱阳湖、太湖等，水面都在不断扩大。⑨ 当时黄河流域的湖泊，数量和水面也都曾经达到历史的高峰。但黄河流域的大泽，如今都已经难寻旧迹。古言"九泽""九

---

① 《后汉书》卷二六《韦彪传》，第918页。
② 《后汉书》卷四六《陈忠传》，第1559页。
③ 《后汉书》卷三〇下《郎𫖮传》，第1055页。
④ 《后汉书》卷一六《寇荣传》，第631页。
⑤ 《晋书》卷二九《五行志下》："庶征之恒寒，刘歆以为大雨雪，及未当雨雪而雨雪，及大雨雹，陨霜杀菽草，皆恒寒之罚也。"第872页。
⑥ 《续汉书·五行志三》"大寒"条，《后汉书》，第3313页。
⑦ 《后汉书》卷三〇下《襄楷传》，第1076页。
⑧ 〔北魏〕郦道元著，陈桥驿校证：《水经注校证》，第236页。
⑨ 中国科学院地理研究所等：《长江中下游河道特性及其演变》，科学出版社1985年版，第64页。

薮",都是说九州的九大湖泊。其名称与所在,古籍记载不一。一般认为,九大湖泊中七处在北方,汉代人甚至有说"九泽"就是特指北方湖泊的。《淮南子·时则》:"北方之极,自九泽穷夏晦之极,北至令正之谷。"高诱注:"'九泽',北方之泽。"① 然而后来,这些大泽大都在北方土地上消失了。以"九薮"位于关中地区者为例,《吕氏春秋·有始》:"何谓'九薮'?……秦之'阳华'。"高诱注:"'阳华'在凤翔,或曰在华阴西。"② 俞樾《诸子平议》卷二三《吕氏春秋二》说,高诱两说,"当以华阴之说为是"。③ 郑玄注《周礼·夏官·职方氏》说:"'杨纡'所在未闻。"④ 而《尔雅·释地》郭璞注则说杨陓"在扶风汧县西"。⑤ 看来,东汉以来的博学之士们竟然都已经弄不清楚这一《吕氏春秋》成书前后作为秦地湖泊之首的泽薮的方位了。很可能在东汉中期前后,这个湖泊就完全湮灭了。当时北方湖泊的缩小和消失,绝不仅此一例。应劭在《风俗通义·山泽》中对《尔雅·释地》"十薮"作说明时写道,今汉有九州之薮,然而,"其一薮推求未得其处"。这就是:"青州曰'孟诸',不知在何处。"⑥《汉书》卷二八上《地理志上》"河南郡"

---

① 刘文典撰,冯逸、乔华点校:《淮南鸿烈集解》,中华书局1989年5月版,第186页。
② 许维遹撰,梁运华整理:《吕氏春秋集释》,中华书局2009年9月版,第279页。
③〔清〕俞樾著:《诸子平议》,浙江古籍出版社2016年7月版,第503页。
④〔清〕孙诒让撰,王文锦、陈玉霞点校:《周礼正义》,中华书局1987年12月版,第3223页。
⑤〔清〕邵晋涵撰:《尔雅正义》,中华书局2017年12月版,第571页。
⑥〔汉〕应劭撰,王利器校注:《风俗通义校注》,中华书局1981年1月版,第474页。

"荥阳"条写道:"卞水、冯池皆在西南。"① 谭其骧先生认为:"古代中原湖泊,大多数久已淤涸成为平地。冯池在《水经注》中叫做李泽,此后即不再见于记载。"② 湖泊逐渐淤为平地,是历史时期惯见的地貌变迁形式,而秦汉时期如"阳华薮"这种迅速消失的情形,尤其引人注目。湖泊池沼淤堙的一个重要原因,当是严重的水土流失。

当时,农耕经济的发展,刺激了垦荒事业的兴起。土地占有状况的不合理,使得没有土地和只有少量土地的农民到处开垦。滥垦的土地产量不会很高,于是又导致了进一步扩大的滥垦。这种人为因素的影响,造成了生态平衡的失调。森林、草原及其他植被被破坏,使得水土流失越来越严重。史念海先生曾经指出,黄河原来并不以"黄"相称,到西汉初年才有"黄河"的名称③,"这应该和当时森林遭受破坏和大量开垦土地有关"。④ 泾河清浊的变化就可以作为说明。泾河本来是一条相当清澈的河流,战国后期开始变浊。⑤ 这正是秦国疆土达到泾河上游的时

---

① 《汉书》,第 1555 页。
② 谭其骧:《〈汉书·地理志〉选释》,《长水集》下册,人民出版社 1987 年 7 月版,第 367 页。
③ 今按:《史记》正文没有出现"黄河"。《汉书》二见"黄河"。《汉书》卷一六《高惠高后文功臣表》最初出现"黄河":"封爵之誓曰:'使黄河如带,泰山若厉,国以永存,爰及苗裔。'"第 527 页。又《汉书》卷二八上《地理志上》:"元氐,沮水首受中丘西山穷泉谷,东至堂阳入黄河。"第 1575 页。而前一例"使黄河如带,泰山若厉",《史记》卷一八《高祖功臣年表》作"封爵之誓曰:'使河如带,泰山若厉。……'"第 877 页。并没有出现"黄"字。则以为"黄河"名称西汉初年出现,尚未可确定。
④ 史念海:《论历史时期黄土高原生态平衡的失调及其影响》,《河山集》三集,人民出版社 1988 年 1 月版,第 151 页。
⑤ 《汉书》卷二九《沟洫志》:"泾水一石,其泥数斗。"第 1685 页。

候。泾河的主要支流马连水，西汉时称作"泥水"。[①]"泥水"的名称显示水中多含泥沙。支流如此，无怪乎原来清可见底的泾河，这时竟被说成"泾水一石，其泥数斗"了。[②]

秦汉时代在北边地区的大规模屯垦，也导致了当地生态条件的变化。《汉书》卷九四下《匈奴传下》记载，"北边塞至辽东，外有阴山，东西千余里，草木茂盛，多禽兽"，匈奴"依阻其中"，"是其苑囿也"。[③]秦汉经营北边，动员军屯与民屯，移民规模有时一次就数以十万计。于是北边出现了"人民炽盛，牛马布野"的景象。[④] 当时水土保持条件远较现今为好，山泉流量也很可观，因而"朔方、西河、河西、酒泉"新垦区"皆引河及川谷以溉田"。[⑤] 可是不考虑保护生态环境的垦殖却带来了消极的后果。两汉之际，自然条件和人文条件都发生了变化，王莽时"北边虚空，野有暴骨"[⑥]，东汉初年，北边屯垦形势曾有反复，但是不久又出现"城郭丘墟，埽地更为"的情形。[⑦] 侯仁之、俞伟超、李宝田先生经过对乌兰布和沙漠北部汉代朔

---

① 《汉书》卷二八下《地理志下》，第1616页。陕西省考古研究所1990年秦始皇直道考察，在陕西旬邑转角发现汉墓出土陶文"泥亭"，或许与"泥水"有关。
② 《汉书》卷二九《沟洫志》，第1685页。
③ 《汉书》，第3803页。
④ 《汉书》卷九四下《匈奴传下》，第3826页。《汉书》卷九四下《匈奴传下》还写道："是时边城晏闭，牛马布野。"第3832页。
⑤ 《史记》卷二九《河渠书》，第1414页。
⑥ 《汉书》卷九四下《匈奴传下》，第3826页。
⑦ 《后汉书》卷一下《光武帝纪下》李贤注引《东观记》，第78页。

方郡垦区遗址的实地考察后指出："随着社会秩序的破坏，汉族人口终于全部退却，广大地区之内，田野荒芜，这就造成了非常严重的后果，因为这时地表已无任何作物的覆盖，从而大大助长了强烈的风蚀终于使大面积表土破坏，覆沙飞扬，逐渐导致了这一地区沙漠的形成。""现在这一带地方，已经完全是一片荒漠景象"，"绝大部分地区都已为流动的以及固定或半固定沙丘所覆盖"。个别地方，"沙山之高竟达 50 米左右"。时至今日，只有垦区遗址中汉代故城的废墟，以及分布甚广的汉墓群，成为汉代这一地区曾经有过大规模农业垦殖的历史见证。①

据史念海先生分析，西汉一代在鄂尔多斯高原所设的县多达 20 多个，这个数字尚不包括一些未知确地的县。当时的县址，有 1 处今天已经在沙漠之中，有 7 处接近沙漠。"应当有理由说，在西汉初在这里设县时，还没有库布齐沙漠。至于毛乌素沙漠，暂置其南部不论，其北部若乌审旗和伊金霍旗在当时也应该是没有沙漠的。"土壤大面积沙化的情形各有其具体的原因，农林牧分布地区的演变至少是一个重要的因素。除了可以防风防沙的森林被破坏，沙漠由此因风扩展而外，草原也有减低风蚀的作用，"可是草原的载畜量过高，也会促使草原的破坏。草原破坏，必然助长风蚀的力量，促成当地的沙化"。②

---

① 侯仁之、俞伟超、李宝田：《乌兰布和沙漠北部的汉代垦区》，《治沙研究》第 7 号，科学出版社 1965 年 11 月版。
② 史念海：《两千三百年来鄂尔多斯高原和河套平原农林牧地区的分布及其变迁》，《河山集》三集，人民出版社 1988 年 1 月版，第 99—100、103 页。

生态环境的变迁，可以对经济生活产生重要的影响。西汉时期，稻米曾经是黄河流域的主要农产。《汉书》卷六五《东方朔传》说到"关中天下'陆海'之地"，物产"又有秔稻、梨栗、桑麻、竹箭之饶"。① 稻米生产列为经济收益第一宗。西汉总结关中地区农耕经验的《氾胜之书》曾经详尽记述了稻作技术。《汉书》卷七《昭帝纪》说到"稻田使者"，反映黄河流域的稻作经济当时受到中央政府的直接关注。东汉初年，渔阳太守张堪曾经"于狐奴开稻田八千余顷，劝民耕种，以致殷富"②，这也是有关两汉之际稻区北界的史料。狐奴，地在今北京密云、顺义间。林甘泉先生主编《中国经济通史·秦汉经济卷》的以下论述应当是正确的："考古发现的汉代稻谷有22处，出于长江流域及其以南地区12处，淮河流域1处，黄河流域8处，北京1处。在北方地区，随着农田水利的发展，水稻的种植也在扩大。记述北方耕作技术的农书《氾胜之书》把种稻列为重要的一章，介绍其耕种方法，可见当时在黄河流域种稻已经相当普遍。"该章执笔者杨振红在引述张堪"于狐奴开稻田八千余顷"事后接着写道："北京植物园所藏北京黄土岗的汉代稻谷遗存是这一地区种稻的有利佐证。河南、河北、陕西、苏北等地均发现了稻谷的遗存。洛阳汉墓出土的稻谷经鉴定为秔稻。"③ 显然，在汉代黄河流

---

① 《汉书》，第2849页。
② 《后汉书》卷三一《张堪传》，第1100页。
③ 林甘泉主编：《中国经济通史·秦汉经济卷》上册，经济日报出版社1999年8月版，第229页。

域，水稻确实曾经是"主要物产"，至少应当承认是"主要物产"之一。① 当时稻米种植区的分布形势，是和气候较为温湿的条件相适宜的。《汉书》卷二四上《食货志上》记载，董仲舒上书说："今关中俗不好种麦"，"愿陛下幸诏大司农，使关中民益种宿麦，令毋后时"。"宿麦"，据颜师古的解释，"谓其苗经冬"②，应当就是冬小麦。《汉书》卷六《武帝纪》元狩三年（前120）："遣谒者劝有水灾郡种宿麦。"③ 据《史记》卷三〇《平准书》，是年"山东被水菑，民多饥乏"。④ 然而以行政力量大规模推广冬小麦种植，又很可能与气候寒温的变化有关。元狩元年（前122），"十二月，大雨雪，民冻死"。⑤ 冬寒对次年种植水稻的不利影响，自然很可能成为第三年决策号召"益种宿麦"的原因。

有学者曾经指出："我国北部地区三四千年以来气候变化而引起的植物带的移动，也就是农耕区的扩大和缩小，正同历史记载中农、牧业民族势力的消长情况相契合。"⑥ 有的学者甚至断言气候变化与民族迁徙之间存在着必然的联系："中原汉族向北扩张拓边的时候几乎都在温暖期，而北方少数民族'窥边候隙''入居中壤'的时候则多

---

① 干子今：《关于〈中国历史〉秦汉三国部分若干问题的说明》，《中国大学教学》2003年第9期。
② 《汉书》，第1137页。
③ 《汉书》，第177页。
④ 《史记》，第1425页。
⑤ 《汉书》卷六《武帝纪》，第174页。
⑥ 俞伟超、张爱冰：《考古学新理解论纲》，《中国社会科学》1992年第6期。

在寒冷期。"① 应该指出,民族迁移与相应的社会震荡和经济波动,有十分复杂的因素,气候环境的变化或许只是诸多因素之一。不过,我们注意到,汉武帝太初元年(前104),"其冬,匈奴大雨雪,畜多饥寒死","国人多不安",执政贵族于是有"降汉"之意。② 汉宣帝本始三年(前71),"会天大雨雪,一日深丈余,人民畜产冻死,还者不能什一","匈奴大虚弱","兹欲乡和亲"。③ 类似的记载还有许多。《史记》卷一一〇《匈奴列传》又说,匈奴当"秋马肥"时,则校阅兵力,有"攻战"之志。《后汉书》卷八九《南匈奴传》写道,汉军卫护内附之南匈奴单于,亦"冬屯夏罢"。④ 这些历史事实告诉我们,考察机动性甚强的草原游牧族的活动,确实不能忽视气候因素的作用。⑤ 如果考虑到在农耕区的北界向南退缩的同时,江南地区反而出现了中原人南下的移民热潮,从而推动了当地经济文化的跃进,这一历史变化恰与气候逐渐干冷的趋向一致,其间关系也是发人深思的。⑥

黄河在西汉时期决溢频繁,对下游地区经济的破坏十分严重。而东汉时期河患明显减轻。自汉明帝永平十二年

---

① 朱立平、叶文宪:《中国历史上民族迁徙的气候背景》,《华东师范大学学报》1987年第4期。
② 《史记》卷一一〇《匈奴列传》,第2892页。
③ 《汉书》卷九四上《匈奴传上》,第3787页。
④ 《后汉书》,第2945页。
⑤ 王子今:《西汉时期匈奴南下的季节性进退》,《秦汉史论丛》第10辑,内蒙古大学出版社2009年8月版。
⑥ 王子今:《秦汉气候变迁与江南经济文化的进步》,《秦汉史论丛》第6辑,江西教育出版社1994年12月版。

(69)王景主持治河之后,黄河水害威胁有所缓和,出现了长期安流的局面。对于其原因,论者或以为王景的工程技术措施深合治导之原理,或以为东汉以后黄河中游地区的土地利用方式改为以畜牧为主,从而使水土流失程度大大减缓。① 其实,除了充分重视人文因素之外,还应当看到以气候变迁为重要标志的生态条件的作用。黄河中游地区土地利用方式的变化原本就与以气候变迁作为条件的民族迁徙有关,而气候转而干燥寒冷对洪水流量大小的直接影响,更是不应当忽视的。②

通过总体观察,可以发现秦汉时期的气候较现今更温暖湿润。当时的水资源比较充备,野生动物分布以及植被状况也与今天不同。当时的自然条件尚没有因承载过多的人口而遭到严重破坏。这些因素,都对秦汉历史文化的走向和进程产生了影响。

二、 秦汉文明创造的知识基点

秦汉文明是在春秋战国时期文明空前繁荣的基础上得到了良好发育的。东周数百年间,诸子百家在相对自由的

---

① 谭其骧:《何以黄河在东汉以后会出现一个长期安流的局面》,《学术月刊》1962年第2期;任伯平:《关于黄河在东汉以后长期安流的原因》,《学术月刊》1962年第9期;邹逸麟:《读任伯平〈关于黄河在东汉以后长期安流的原因〉后》,《学术月刊》1962年第11期。
② 王子今:《秦汉时期气候变迁的历史学考察》,《历史研究》1995年第2期。

文化环境中取得辉煌创获并产生广泛影响。在战国晚期的文化地图中,东方诸国成为"谈说之士"即所谓"游士"们畅放思想、激扬文字、交流学识、碰撞政见的绝好空间。① 而秦始皇实现统一,全面推行"书同文字"②的政策,为知识普及提供了更好的条件。然而焚书坑儒举措,却造成了文化积累的破坏与文化传承的断裂。秦始皇事后对于焚书事件有这样的言辞:"吾前收天下书不中用者尽去之。"③ 所谓六国史书以及"《诗》、《书》、百家语",或说"文学、《诗》《书》、百家语"。所谓"不中用",后来成为民间俗语。"不中用",也就是"无用"。《韩非子·五蠹》说,"明主"用臣下之力行政,应当遵循"赏其功,必禁无用"的原则。④《韩非子·显学》又提出明确的主张:"明主举实事,去无用;不道仁义者故,不听学者之言。"⑤ 所谓"举实事,去无用",体现出后世称之为"实用"的文化特色。⑥ 而"禁无用""去无用"的"禁"与"去",后来在秦始皇的政治实践中是表现为血与火的残暴手段予以推行的。秦文化高度务实的倾向在特定历史条件下的积极作用得以突出显现。但是另一方面,推崇"实用"之学至于

---

① 《史记》卷四六《田敬仲完世家》裴骃《集解》引刘向《别录》:"齐有稷门,城门也。谈说之士期会于稷下也。"司马贞《索隐》引刘向《别录》:"齐有稷门,齐城门也。谈说之士期会于其下。"第 1895 页。
② 《史记》卷六《秦始皇本纪》,第 239 页。
③ 《史记》卷六《秦始皇本纪》,第 258 页。
④ 陈奇猷校注:《韩非子集释》,上海人民出版社 1974 年 7 月版,第 1067 页。
⑤ 陈奇猷校注:《韩非子集释》,第 1102 页。
⑥ 王子今:《秦文化的实用之风》,《光明日报》2013 年 7 月 15 日;《秦"功用"追求的极端性及其文化影响》,《陕西历史博物馆馆刊》第 20 辑,三秦出版社 2013 年 12 月版。

极端，自然不利于理论思考和思辨提升，这也是秦轻视文化与教育建设的重要根由。《史记》卷八《高祖本纪》说"周秦之间，可谓文敝矣"，继战乱导致的文化破坏之后，而"秦政不改"，司马迁以"岂不缪乎"予以批评。他说"汉兴，承敝易变"，方使得文化的进程转而走向健康正常。① 这样的文化史评价，是符合秦汉转折时代的真实境况的。

秦汉时期是中国教育史发展的重要阶段。就儿童启蒙而言，这一时期的教育形式和教育内容都已经实现了重要的历史进步。就未成年人教育而言，秦汉童蒙教育的进步，是当时文化成就的突出内容之一。秦汉童蒙教育在中国古代教育史上也有特别值得重视的地位。有学者总结说："蒙养教育在秦汉以后便进入有教材有组织形式的阶段。"② 就家庭教育而言，有学者认为，这一时期是中国传统"家庭教育框架定型时期"，"以后的家教发展都是在此框架内丰富完善而已"。③

《四民月令》被看作反映东汉洛阳地区农耕生活秩序的论著，其中有关于乡村学校的内容。有研究者分析《四民月令》提供的资料，指出："汉代教育制度，八九岁的小孩入小学识字和计数；十二三岁的大小孩进一步学《孝经》

---

① 《史记》，第394页。
② 乔卫平、程培杰：《中国古代幼儿教育史》，安徽教育出版社1989年7月版，第15页。
③ 马镛：《中国家庭教育史》，湖南教育出版社1997年5月版，第43—44页。

《论语》，仍在小学；成童以上则入太学学五经。"① 乡村学校的作用，对于教育普及和文化传播，意义十分显著。②

"学书"，是当时启蒙教育的初级阶段。项羽最初步的学习就是"学书"。《史记》卷七《项羽本纪》云："项籍少时，学书不成，去学剑，又不成。项梁怒之。籍曰：'书足以记名姓而已。剑一人敌，不足学，学万人敌。'于是项梁乃教籍兵法。""学书"是最基本的识字过程，项羽"书足以记名姓而已"的消极态度，可能使得他无法真正进入"小学"的学习阶段。于是后人对他有"元来不读书""原来不读书""从来不读书"的评价。③ 王国维《观堂集林》卷四《汉魏博士考》说："汉人就学，首学书法。""汉时教初学之所，名曰'书馆'，其师名曰'书师'，其书用《仓颉》《凡将》《急就》《元尚》诸篇。其旨在使学童识字习字。"④ 项羽少时"学书"的故事，说明这一情形在战国末年至于秦代就已经形成。据《后汉书》卷五《安帝纪》："（汉安帝刘祜）年十岁，好学《史书》，和帝称之，数见禁中。"李贤注："《史书》者，周宣王太史籀所作之书也。凡

---

① 缪启愉：《四民月令辑释》，农业出版社1981年5月版，第105页。
② 张保同：《世家大族与东汉乡村教育》，《南都学坛》2010年第3期。
③ 〔唐〕章碣《焚书坑》诗："竹帛烟销帝业虚，关河空锁祖龙居。坑灰未冷山东乱，刘项元来不读书。"〔五代〕韦縠编：《才调集》卷八，中华书局2014年11月版，第1150页。〔五代〕王定保《唐摭言》卷一〇引作"刘项从来不读书"。清嘉庆十年虞山张氏照旷阁刻《学津讨原》本，第267页。《全唐诗话》卷五引作"刘项原来不读书"。〔清〕何文焕辑：《历代诗话》，中华书局2004年9月版，第205页。
④ 王国维：《王国维遗书》，上海古籍书店1983年9月版，第1册第7页。

五十五篇，可以教童幼。"① 如果李贤对《史书》的解释不误，则这种"可以教幼童"的启蒙教育形式，就有非常久远的传统。

《汉书》卷二四上《食货志上》说到传统农耕社会的生产和生活秩序的基本原则，即所谓"先王制土处民富而教之之大略"，其中是包括如何"教之"的内容的："是月，余子亦在于序室。八岁入小学，学六甲、五方、书计之事，始知室家长幼之节。十五入大学，学先圣礼乐，而知朝廷君臣之礼。其有秀异者，移乡学于庠序；庠序之异者，移国学于少学。诸侯岁贡少学之异者于天子，学于大学，命曰造士。行同能偶，则别之以射，然后爵命焉。"对于所谓"余子"，颜师古注引苏林的解释："余子，庶子也。或曰，未任役为余子。"对于这两种理解，颜师古自己的解说，倾向于"未任役者"的说法，而不赞同"庶子"的说法："未任役者是也。幼童皆当受业，岂论嫡庶乎？"② 所谓"未任役者"，类同汉代通行称谓"未使男""未使女"。③ 可见，当时教育的对象，首先是儿童。

"八岁入小学"，"十五入大学"，"小学"是指初级教育。

对于"学六、甲五、方书计之事"，颜师古注："苏林曰：'五方之异书，如今秘书学外国书也。'臣瓒曰：'辨五

---

① 《后汉书》，第203页。
② 《汉书》，第1122页。
③ 王子今：《秦汉儿童的世界》，中华书局2018年5月版，第427—430页。

方之名及书艺也。'师古曰：'瓒说是也。'"① 瓒说较苏林说更为接近事实，但是并没有完整说明《食货志》的意思。"六甲、五方""之事"并不仅仅是"辨五方之名"，"书计之事"也不仅仅是"书艺"。所谓"学六甲、五方、书计之事"，应是指基本知识和书写计算的技能。顾炎武说："'六甲'者，四时六十甲子之类；'五方'者，九州岳渎列国之名；'书'者，六书；'计'者，九数。瓒说未尽。"周寿昌说："此《礼记·内则》之言。礼，'九年教之数日'，郑注，'朔望与六甲也'，犹言学数干支也。'六年教之数与方名'，郑注，'方名，东西'，即所云'五方'也。以东西该南北中也。'十年出就外傅，居宿于外，学书记'，即'书计'也。'书'，文字；'计'，筹算也。六书九数，皆古人小学之所有事也。"② "数"学，是当时"小学"的重要内容之一。③《论衡·自纪》中，王充自述"六岁教书"，《太平御览》卷三八五引《会稽典录》作"七岁教书数"，也包

---

① 《汉书》，第1122页。
② 金少英：《汉书食货志集释》，中华书局1986年10月版，第37页。
③ 《汉书》卷二一上《律历志上》："数者，一、十、百、千、万也，所以算数事物，顺性命之理也。《书》曰：'先其算命。'本起于黄钟之数，始于一而三之，三三积之，历十二辰之数，十有七万七千一百四十七，而五数备矣。其算法用竹，径一分，长六寸，二百七十一枚而成六觚，为一握。径象乾律黄钟之一，而长象坤吕林钟之长。其数以《易》大衍之数五十，其用四十九，成阳六爻，得周流六虚之象也。夫推历生律制器，规圜矩方，权重衡平，准绳嘉量，探赜索隐，钩深致远，莫不用焉。度长短者不失豪厘，量多少者不失圭撮，权轻重者不失黍絫。纪于一，协于十，长于百，大于千，衍于万，其法在算术。宜于天下，小学是则。职在太史，羲和掌之。"其中"小学是则"语，值得重视。所谓"探赜索隐，钩深致远，莫不用焉"，告知人们，当时的开明士人对于数学的认识，不仅重视其"算法"，也注意到这种"算术"训练对于开发智力和培养正确思想方法的意义。

括了"数"。《四民月令》说"正月"事："研冻释，命幼童入小学，学书《篇章》。"据原书本注，《篇章》包括《九九》之属。

所谓"六甲、五方"，"六甲"是关于时间的知识，"五方"是关于空间的知识。"书计"二字，"计"是不可以省略的。柳诒徵曾经说："汉时小学，兼重书算。《汉书·律历志》：'数者一、十、百、千、万也，所以算数事物，顺性命之理也……其法在算术。宣于天下，小学是则。职在太史，羲和掌之。'盖仍周代保氏教'六书九数'之法。故汉人多通算学。郑玄通《九章算术》，著于史传。"[①] 指出了算术受到重视的事实。汉代简牍资料中《九九表》和字书往往同出，表明算术教育的重要性。而据《史记》卷三〇《平准书》"（桑）弘羊，雒阳贾人子，以心计，年十三侍中"，也说明"计"在行政操作中的意义。桑弘羊能够迅速上升，终于成为理财名臣，就是儿童数学教育成就的标志。[②]

"始知室家长幼之节"在"学六甲、五方、书计之事"之后，可知当时的教育理念里，道德教育似乎是寓于知识教育之中的。对于当时蒙学的这一特点，有教育史家分析说："启蒙教育犹重品德伦常和日常行为规范的培养，并且寓于

---

① 柳诒徵：《中国文化史》，上海古籍出版社 2001 年 10 月版，上册第 366 页。
② 西汉另一位"以心计"入官的实例，是《汉书》卷八八《儒林列传·梁丘贺》："梁丘贺字长翁，琅邪诸人也。以能心计，为武骑。"第 3600 页。

第七章　秦汉历史舞台的背景

书算教材和教学之中,以收课程简、重点突出之效。"①

《汉书》卷三〇《艺文志》中"小学"专为一种,列于《易》《书》《诗》《礼》《乐》《春秋》《论语》《孝经》之后。班固总结"六略三十八种"文献学成就中,对于"小学"一种的综合分析,是字数最多的。"小学"起初是与"大学"对应的,指初级教育。王国维《观堂集林》卷四《汉魏博士考》写道:"刘向父子作《七略》,'六艺'一百三家,于《易》《书》《诗》《礼》《乐》《春秋》之后,附以《论语》、《孝经》、'小学'三目,'六艺'与此三者,皆汉时学校诵习之书。以后世之制明之:'小学'诸书者,汉小学之科目;《论语》《孝经》者,汉中学之科目,而'六艺'则大学之科目也。"②

王国维"汉小学之科目""汉中学之科目"与"大学之科目"之说,认识基础应与西方近代教育体系对中国教育的影响有关。大致在西汉时期,"小学"又专门指称文字学。有学者指出:"以'小学'指称文字学,始于西汉,具体说,始于刘向、刘歆父子。他们在那部可称为世界上第一个图书分类目录的《七略》里,第一次把周秦以来的字书及'六书'之学,称为'小学'。小学的创始人,便是扬雄、杜林、许慎、郑玄。"③

---

① 毛礼锐、沈灌群主编:《中国教育通史》,山东教育出版社1986年4月版,第2卷第112—113页。
② 王国维:《王国维遗书》,第1册第7页。
③ 胡奇光:《中国小学史》,上海人民出版社1987年11月版,第1、2页。

《汉书》卷一二《平帝纪》记录了汉平帝元始五年（5）宣布的最后一道政令："征天下通知逸经、古记、天文、历算、钟律、小学、《史篇》、方术、《本草》及以《五经》《论语》《孝经》《尔雅》教授者，在所为驾一封轺传，遣诣京师。"据说响应征召前来长安的学者多达数千人。① 李约瑟说，这是在王莽的倡议下召开的"中国历史上第一次科学专家会议"。② 当时，"小学"俨然已经成为一个学科专业了。

罗振玉、王国维在简牍学名著《流沙坠简》的《小学术数方技书考释》中，已经就"斯坦因博士所得古简"中的"字书"有所讨论。他列入"小学类"的出土文献，有《苍颉》和《急就篇》。③ 陈直亦曾经著文《苍颉急就篇的残简》，就居延汉简和敦煌汉简中发现的《苍颉篇》《急就篇》的遗存有所讨论。④

1977年安徽阜阳双古堆1号汉墓发掘获得《苍颉篇》遗存124枚残简。现存完整的字有541字，"包括《苍颉》《爱历》《博学》三篇。四字为句，有韵可寻。现存成句后不成句的不足二百，按照汉代《苍颉篇》八百二十五句计算，还不到全篇的四分之一。文中避秦王政讳"。⑤

---

① 《汉书》卷一二《平帝纪》记载："至者数千人。"第359页。《汉书》卷九九上《王莽传上》说："至者前后千数。"这里没有说到"小学"，但是言及"《史篇》文字"。第4069页。
② 李约瑟：《中国科学技术史》第1卷《导论》，科学出版社、上海古籍出版社1990年7月版，第112页。
③ 罗振玉、王国维：《流沙坠简》，中华书局1993年9月版，第75—82页。
④ 陈直：《居延汉简综论》，《居延汉简研究》，天津古籍出版社1986年5月版，第144—148页。
⑤ 骈宇骞：《简帛文献概述》，万卷楼2005年4月版，第269页。

李学勤《新发现简帛与秦汉文化史》一文对"双古堆竹简"中的"重要的小学书《仓颉篇》"有所分析。李学勤写道:"众所周知,秦代李斯作《仓颉篇》,赵高作《爰历篇》,胡毋敬作《博学篇》,是当时学习文字的读本。汉代学师把三篇合在一起,仍以《仓颉篇》为题。这是一部中国文字学上有很大意义的书,可惜久已佚失。古书中仅保存了零星几句引文,敦煌、居延汉简曾发现此书,也不过少数几条。双古堆汉简《仓颉篇》文字较多,而且有些文句和汉以后流传的不同,很可能还是秦代的原貌。"①

居延汉简和敦煌汉简提供了反映当时西北边塞军事生活的丰富信息。我们看到的军队基层组织关于戍卒日常劳作的记录《日迹簿》,关于武器装备的登记《守备器簿》,粮食发放的记录、衣物存放的记录、个人债务的记录,等等,应当多是出自普通军人之手。在基层烽燧承担后世称作"文书"责任的士兵们,保留了书体精美的作品,今天的书法研究者仍然视为珍宝。而烽燧一般值勤人数不过数人,能够识字书写者所占比率是惊人的。《史记》卷一二三《大宛列传》说,张骞通西域之后,其随从吏卒多上书求使:"自博望侯开外国道以尊贵,其后从吏卒皆争上书言外国奇怪利害,求使。"② 是"卒"也可以上书的实例。《汉书》卷六一《张骞传》说:"自骞开外国道以尊贵,其吏士

---

① 李学勤:《新发现简帛与秦汉文化史》,《李学勤集——追溯·考据·古文明》,黑龙江教育出版社1989年5月版,第313页。
②《史记》,第3171页。

争上书言外国奇怪利害，求使。"《史记》"吏卒"，此称"吏士"。然而下文依然说到"吏卒"："其吏卒亦辄复盛推外国所有，言大者予节，言小者为副，故妄言无行之徒皆争相效。"① 据《汉书》卷七四《魏相传》，河南太守魏相得罪霍光，受到迫害，"事下有司，河南卒戍中都官者二三千人，遮大将军，自言愿复留作一年以赎太守罪．河南老弱万余人守关欲入上书"。② 则是内地可以看作与"卒""上书"类同的史例。通过许多简牍资料可以得知，汉王朝军队中"卒"的文化素质，有些是在服役期间形成的。

居延汉简中关于西北边塞守备部队军人学习风习的资料，有蒙学书如《仓颉篇》《急就章》等以及"九九表"的实物遗存。数量颇多的习字简，则是边塞军事人员书写练习的遗存。

《苍颉篇》《急就篇》和《九九术》这类"书数""书计""书算"的初级文化教材，为什么能够在西北边地军事营区频繁发现？有学者曾经提供了研究汉代边塞军人的文化学习的收获。③ 我们更为注意的是，数量颇多的成年士卒在应用蒙学课本提高自己的文化素质。

面对这种现象，也许我们应当以更为宽广的视角理解

---

① 《汉书》，第 2695 页。
② 《汉书》，第 3134 页。
③ 邢义田：《汉代边塞吏卒的军中教育——读〈居延汉简〉札记之三》，《大陆杂志》1993 年 3 期；陈晓鸣：《由汉简"方"与"幡"看汉代边卒的文化学习》，《史学月刊》2004 年第 6 期；肖从礼：《评〈由汉简"方"与"幡"看汉代边卒的文化学习〉——兼与陈晓鸣先生商榷》，《甘肃社会科学》2006 年第 6 期；沈刚：《居延汉简中的习字简述略》，《古籍整理研究学刊》2006 年第 1 期。

第七章　秦汉历史舞台的背景

当时文化教育与文化学习的社会基础。当时在戍守西北边防的军队中，这些教材承担了成人扫盲和传播初级文化知识的作用。

《史记》卷四八《陈涉世家》记载，陈胜、吴广策划起义时曾经"行卜"。卜者暗示"卜之鬼"，"陈胜、吴广喜，念鬼，曰：'此教我先威众耳。'乃丹书帛曰'陈胜王'，置人所罾鱼腹中。卒买鱼烹食，得鱼腹中书，固以怪之矣。又间令吴广之次所旁丛祠中，夜篝火，狐鸣呼曰'大楚兴，陈胜王'。卒皆夜惊恐。旦日，卒中往往语，皆指目陈胜"。[①] 所谓"丹书帛曰'陈胜王'"是秘密行动，可推知陈胜、吴广这样的普通戍卒，其中至少有一位是可以写字的。而陈胜"少时尝与人佣耕"的经历，是大家都熟悉的。他们虽然在戍卒中身为"屯长"，但应当仍然是平民身份。

汉代普通人识字的例证，则有《史记》卷四九《外戚世家》记载的窦少君故事。汉文帝窦皇后的弟弟窦广国，字少君。窦少君"年四五岁时，家贫，为人所略卖，其家不知其处"。此后相继"传十余家，至宜阳，为其主入山作炭，暮卧岸下百余人，岸崩，尽压杀卧者，少君独得脱，不死"，听说窦皇后新立，出身观津，姓窦氏，"广国去时虽小，识其县名及姓，又常与其姊采桑堕，用为符信"，于是"上书自陈"。"窦皇后言之于文帝，召见，问之，具言其故，果是"，又以回忆分别时细节，得以证实身份。

[①]《史记》，第1950页。

"于是窦后持之而泣，泣涕交横下。侍御左右皆伏地泣，助皇后悲哀。乃厚赐田宅金钱，封公昆弟，家于长安。"①这位幼年就被拐卖，以奴隶身份承担伐薪烧炭艰苦劳作且九死一生的窦少君，竟然是能够识字、可以"上书自陈"的。

《汉书》卷七四《丙吉传》记载汉宣帝亲政，"掖庭宫婢则令民夫上书，自陈尝有阿保之功"。②所谓"民夫"，显示其身份低下。又《汉书》卷九九上《王莽传上》记载，汉平帝元始五年（5）正月，"吏民以莽不受新野田而上书者前后四十八万七千五百七十二人"。③"上书者"人数统计至个位，或可取信。这些上书者中，应当有相当数量是普通百姓。

刘秀成功建国，他的主要战友都是儒生。清代史学家赵翼注意到这一点，说"帝本好学问"。在他的功臣集团中，儒生也发挥着重要作用，甚至军事领袖也"皆有儒者气象"。"诸将之应运而兴者，亦皆多近于儒。""东汉功臣多近儒"的情形，与西汉王朝所谓"布衣将相之局"，即开国功臣往往出于亡命无赖明显有别。刘秀身边的主要将领，确实多有儒学资质。赵翼所举邓禹、寇恂、冯异、贾复、耿弇、祭遵、李忠、朱佑等凡十四例，都具有一定的儒学

---

① 《史记》，第1973页。
② 《汉书》，第3144页。
③ 《汉书》，第4070页。

修养。所谓"光武诸功臣,大半多习儒术"的说法①,是大体符合实际的。

建武五年(29),天下未定,刘秀即"修起太学","起太学博士舍,内外讲堂",吸引诸多学士云集京师,一时形成了"诸生横巷,为海内所集"的文化盛况。② 能通晓《春秋》和《尚书》大义的汉明帝,永平二年(59)曾经亲自到太学讲经,《后汉书》卷七九上《儒林列传上》记载当时情形:"帝正坐自讲,诸儒执经问难于前,诸儒执经问难于前,冠带缙绅之人,圜桥门而观听者盖亿万计。"旁听围观的群众多至以十万计。可见儒学隆赫一时的盛况。又为功臣贵族后代别立校舍,择选其中有才能者入学,并要求近卫武士都应通《孝经》章句。永平十五年(72),汉明帝又亲御讲堂,命皇太子、诸王解说儒家经典。汉和帝曾经"数幸东观,览阅书林"。③ 汉顺帝永建六年(131),又重修太学,扩建二百四十房,一千八百五十室,令公卿子弟为诸生。汉质帝时,临朝执政的梁太后颁布诏书,令秩级在六百石以上的官员都遣子就学。太学生人数增加到三万多人。关于东汉洛阳的人口数字,学界存在不同看法。有人提出"东汉洛阳城内人口为 20 万,洛阳地区人口为 40 万左右"的认识。或推断"洛阳人口处在动态变化之中",

---

① 《廿二史札记》卷四"东汉功臣多近儒"条,〔清〕赵翼著,王树民校证:《廿二史札记校证》,第 90、91 页。
② 《后汉书》卷四八《翟酺传》,第 1606 页。
③ 《后汉书》,第 2545、2546 页。

"东汉洛阳地区人口约为50万"。洛阳"城市人口构成"中的"太学生来自全国不同的郡县",有些年长者"甚至同家人一同来到洛阳并居住在此"。① 也有东汉洛阳人口为"19.3万多人"的估算。② 无论取哪种数据,当时太学生群体在洛阳城区居民数量中所占比例都是惊人的。就全国而言,有学者测算,东汉后期每万人中即有太学生六人。③ 顶级学历的知识人在社会总人口中的比率如此之高,也是历史上罕见的。

当时郡国官学得到优越发展条件,东汉私学也繁盛一时。社会上出现了一些累世专攻一经的士大夫家族。他们世代相继,广收门徒。许多名师教授的弟子,往往多至数百人乃至数千人。《后汉书》卷七九上《儒林列传下》说,学者所在,求学者往往不远万里之路,担负口粮前往就读者动辄千百。而著名的经学大师开门受徒者,名籍往往不下万人。陈留雍丘(今河南杞县)人楼望,诸生著录九千余人。汝南南顿(今河南项城西)人蔡玄,门徒常千人,先后注册的学生多达一万六千人。"负笈"千里求学,成为社会生活中的习见现象。

---

① 方原:《东汉洛阳历史地理若干问题研究》,西北大学硕士学位论文,2008年;方原、徐卫民:《东汉洛阳人口问题初探》,《河南科技大学学报》(社会科学版)2010年第1期。
② 王子今:《秦汉区域文化研究》,四川人民出版社1998年10月版,第125页。
③ 郝建平:《论汉代教育对社会的影响》,《阴山学刊》1993年第3期。

三、秦汉人面对的世界格局

大致在秦帝国兴起的同时,南亚次大陆出现了孔雀帝国。与西汉帝国崛起于东方大致同时,罗马帝国开始称霸地中海,并逐步向东发展。公元前2世纪,安息帝国占有了伊朗高原西部、两河流域和中亚南部。东进的罗马远征军与安息多次发生战争较量,相持于两河流域与叙利亚地区。公元前2世纪至公元前1世纪,在纬度相当的古文明带上先后有汉帝国、安息帝国和罗马帝国自东而西成为当时的文明中心。公元1至2世纪欧亚大陆由西而东并列着四个帝国:罗马帝国,安息帝国,贵霜帝国,东汉帝国。其中以罗马帝国和东汉帝国在历史上的地位最为重要。[①]

秦汉时期周边地区的国家和民族,《史记》《汉书》《后汉书》和《三国志》中的相关部分都有记录。秦帝国和汉帝国通过陆路和海路与外部世界实现了联系。[②]

实现这种文化联系的交通路线,有学者称之为"丝绸之路"。当前秦汉时期丝绸之路交通史研究成为学术热点,这一主题研究的深化,因学术力量的集中投入,将获得丰厚的收获。

秦汉人对于世界探索的进取实践,也许超过了对于世

[①] 刘家和:《秦汉时期的中国在世界上的地位》,白寿彝总主编《中国通史》,上海人民出版社1995年11月版,第5卷第450—458页。
[②] 王子今:《秦汉时期的东洋与南洋航运》,《海交史研究》1992年第1期;《海西幻人来路考》,《秦汉史论丛》第8辑,云南大学出版社2001年9月版。

界知识的理性总结。

秦汉人的世界意识,由"天下""四海"或"天下""海内"的语式有所表现。"天下""四海"的文字组合形式,有所谓"席卷天下""囊括四海"①,以及"鞭笞天下,威振四海"。②《史记》文字所见"天下"和"海内"的习惯性对应,起初即用以评价秦统一天下的事业:"皆识秦之欲无穷也,非尽亡天下之国而臣海内,必不休矣。"③"非尽天下之地,臣海内之王者,其意不厌。"④"昔秦皇帝任战胜之威,蚕食天下,并吞战国,海内为一。""及至秦王,蚕食天下,并吞战国,称号曰皇帝,主海内之政。"⑤"天下"和"海内",都指当时人心理中最宏大的政治空间。

在《史记》卷六《秦始皇本纪》中又可以看到"平定天下,海内为郡县"的说法。这是"丞相绾、御史大夫劫、廷尉斯等",也就是王绾、冯劫、李斯等重臣奉命上书"议帝号"时说的话。正式官方政治宣言中的这种说法,又如琅邪刻石:"今皇帝并一海内,以为郡县,天下和平。"秦二世仿效秦始皇出巡,说:"朕年少,初即位,黔首未集附。先帝巡行郡县,以示强,威服海内。今晏然不巡行,

---

① 〔汉〕贾谊《过秦论》:"有席卷天下,包举宇内,囊括四海之意,并吞八荒之心。"《史记》卷四八《陈涉世家》,第1962页。
② 〔汉〕贾谊:《过秦论》,《史记》卷六《秦始皇本纪》,第280页;《史记》卷四八《陈涉世家》,第1963页。
③ 《史记》卷四四《魏世家》,第1861页。
④ 《史记》卷八六《刺客列传》,第2531页。
⑤ 《史记》卷一一二《平津侯主父列传》,第2954、2958页。

即见弱,毋以臣畜天下。"秦二世回应右丞相冯去疾、左丞相李斯、将军冯劫进谏,说道:"凡所为贵有天下者,得肆意极欲,主重明法,下不敢为非,以制御海内矣。"① 也说"天下""海内"。

"天下""海内"的对应,在汉代政论文字中多有继承。贾谊《过秦论》写道:"安土息民,以待其敝,收弱扶罢,以令大国之君,不患不得意于海内。贵为天子,富有天下,而身为禽者,其救败非也。"② 正是例证之一。此外,还有《史记》卷一〇《孝文本纪》:"子孙继嗣,世世弗绝,天下之大义也,故高帝设之以抚海内。"③ 有时"天下""海内"语的使用,似乎已经形成了相对比较严谨工整的对仗语式。如《史记》卷九二《淮阴侯列传》:"名闻海内,威震天下。"④《史记》卷一一八《淮南衡山列传》:"临制天下,一齐海内。"⑤《汉书》也多见这样的语例,如《汉书》卷二一上《律历志上》:"贞天下于一,同海内之归。"⑥《汉书》卷四五《伍被传》:"临制天下,壹齐海内。"⑦《汉书》卷四八《贾谊传》:"威震海内,德从天下。"⑧《汉书》卷五二《韩安国传》:"海内为一,天下同任。"⑨《汉书》卷

---

① 《史记》,第236页,第247、267、271页。
② 《史记》卷六《秦始皇本纪》,第277页。
③ 《史记》,第419页。
④ 《史记》,第2618页。
⑤ 《史记》,第3090页。
⑥ 《汉书》,第972页。
⑦ 《汉书》,第2172页。
⑧ 《汉书》,第2244页。
⑨ 《汉书》,第2399页。

六四上《吾丘寿王传》:"天下少双,海内寡二。"①《汉书》卷六五《东方朔传》:"海内晏然,天下大洽。"② 从语言形式看,都可以看作对仗句。学者或许可以将这种政治语言学的特殊现象作为关注与研究的对象。

秦汉时期中原人的世界知识是有限的。③ 这可能与域外探索的主动性和积极性不足相关。正如陈连庆先生所说:"在中西交通开通之后,西域贾胡迅即登场。"④西域商人由丝绸之路介入内地经济生活,刺激了中原市场的发育,全面影响了汉地社会生产与消费的秩序。⑤而海上丝绸之路贸易活动,也往往有所谓"蛮夷贾船,转送致之"的情形。⑥历史记忆中难以看到中国商人的活跃表演。

然而秦汉的文化影响却辗转到达远国。

斯里兰卡 Delivala Stupa 遗址出土的一件中国丝绸,年代测定为公元前 2 世纪,即这条丝绸贸易通路的文物实证。熊昭明就此指出:"斯里兰卡是汉代海上丝绸之路的贸易中心,也是汉王朝、东南亚国家与罗马贸易的中转站,这块

---

① 《汉书》,第 2795 页。
② 《汉书》,第 2872 页。
③ 王子今:《秦汉人世界意识中的"北海"与"四海"》,《史学月刊》2015 年第 3 期。
④ 陈连庆:《汉唐之际的西域贾胡》,《中国古代史研究:陈连庆教授学术论文集》,吉林文史出版社 1991 年 12 月版,第 632 页。
⑤ 王子今:《汉代的"商胡""贾胡""酒家胡"》,《晋阳学刊》2011 年第 1 期。
⑥ 《汉书》卷二八下《地理志下》,第 1671 页。

丝绸的发现为我们提供了重要的实物证据。"① 有学者论述斯里兰卡在海上丝绸之路文化格局与交通系统中的地位，指出："斯里兰卡是古代一个重要的陶器、宝石、半宝石珠饰的生产地，与古罗马帝国、印度的泰米尔纳博邦、东南亚地区都有比较广泛的贸易往来，与中国的交流不晚于汉代。"斯里兰卡许多地点的文物发现，证明了海上贸易往来中这一地方的长期活跃与繁盛。② 斯里兰卡耶波弗伐（Yapahuwa）发现的中国古代钱币有半两钱和五铢钱，应当是南洋航路通达斯里兰卡的文物实证。其中现藏于阿努拉达普拉博物馆、编号为标本 11/YA/001 的半两钱，研究者曾认为"当铸造于秦代"。③ 然而在后来发表的论文中，论者又"认为这枚'半两'当铸造于公元前 175 至公元前 150 年间"④，即汉文帝五年至汉景帝七年。这一文物，或许可以说明大致在秦至西汉前期，中国文化的影响已经到达了印度洋海域孟加拉湾西部地方。

从另一方向考察，在西汉时期称为"西北边"的方向⑤，对于中原人，曾经通行"秦人"称谓。战国至秦代，秦人在西北方向的历史文化影响，使得匈奴人、西域人习

---

① 熊昭明：《汉代合浦港考古与海上丝绸之路》，第 79 页。
② 李青会、左骏、刘琦等：《文化交流视野下的汉代合浦港》，广西科学技术出版社 2019 年 1 月版，第 18、19 页。
③ 查迪玛（A. Chandima）：《斯里兰卡藏中国古代文物研究——兼谈古代中斯贸易关系》，第 61—64 页，山东大学博士学位论文，2011 年。
④ 查迪玛·博嘎哈瓦塔，科莎莉·卡库兰达拉：《斯里兰卡藏中国古代钱币概况》，《百色学院学报》2016 年第 6 期，第 17—29 页。
⑤ 王子今：《秦汉边政的方位形势："北边""南边""西边""西北边"》，《中央民族大学学报》（哲学社会科学版）2021 年第 3 期。

称中原人为"秦人"。西汉时期西域"秦人"称谓见于《史记》《汉书》这种具有经典意义的史籍文献。从新疆拜城刘平国刻石文字看，东汉时依然使用"秦人"名号。我们不仅看到匈奴人与西域人习称中原人为"秦人"的历史语言现象，西域人指代中原人也使用"秦人"称谓的情形，尤其引人注目。这一文化现象可以说明丝绸之路的作用在秦人于西北方向形成影响的时代已经显现。作为社会称谓、民族代号和文化标识的"秦人"，是可以说明中华民族交流交往交融历史的具有典型性意义的语言标本。①

中原人对于罗马帝国的了解，正史记录见于《三国志》卷三〇《魏书·乌丸鲜卑东夷传》裴松之注引《魏略·西戎传》："大秦国一号犁靬，在安息、条支西大海之西，从安息界安谷城乘船，直截海西，遇风利二月到，风迟或一岁，无风或三岁。其国在海西，故俗谓之海西。"②《后汉书》卷八八《西域传》："大秦国一名犁鞬，以在海西，亦云海西国。"李贤注："鱼豢《魏略》曰：'大秦国俗多奇幻，口中出火，自缚自解，跳十二丸，巧妙非常。'"③《后汉书》卷七《桓帝纪》还有延熹九年（166）"大秦国王遣使奉献"的记载，李贤注："时国王安敦献象牙、犀角、玳瑁等。"④

---

① 王子今：《论西域"秦人"称谓》，《坚固万岁人民喜：刘平国刻石与西域文明学术研讨会论文集》，凤凰出版社2022年4月版，第221—228页。
②《三国志》，第860页。
③《后汉书》，第2919、2920页。
④《后汉书》，第318页。

而汉王朝使团西行罗马的试探，见于《后汉书》卷八八《西域传》的记载："（汉和帝永元）九年，班超遣掾甘英穷临西海而还。""和帝永元九年，都护班超遣甘英使大秦，抵条支。临大海欲度，而安息西界船人谓英曰：'海水广大，往来者逢善风三月乃得度，若遇迟风，亦有二岁者，故入海人皆赍三岁粮。海中善使人思土恋慕，数有死亡者。'英闻之乃止。"[①] 所谓"逢善风三月乃得度，若遇迟风，亦有二岁者"以及"数有死亡者"，与《汉书》卷二八下《地理志下》说南洋航路之艰险"苦逢风波溺死，不者数年来还"情形[②]，可以比照理解。这自然是来自中原农耕社会者"临大海欲度"时不能不心生疑惧的。"风波"一语涉及海风海浪影响航行的危害，可以参比《史记》卷一一四《东越列传》"兵至揭阳，以海风波为解，不行"[③]、《后汉书》卷三三《郑弘传》"泛海而至，风波艰阻，沉溺相系"[④] 予以理解。

汉帝国与罗马帝国的比较研究，是尚有较宽广学术空间的课题。我们进行从交通出发的较具体的片断考察，提出过这样的意见：位于世界西方与东方的罗马帝国和汉帝国作为强大的政治实体，均以交通建设的成就，实现了行政效率的提升，维护了社会经济的进步，显示出军事实力

[①]《后汉书》，第 2910、2918 页。
[②]《汉书》，第 1671 页。
[③]《史记》，第 2982 页。
[④]《后汉书》，第 1156 页。《史记》卷一二三《大宛列传》张守节《正义》引孔文祥云"言水广远，或致风波，而数败也"，第 3175 页。虽说盐泽，也可以参考。

的充备，形成了文化影响的扩张。从交通史视角进行比较，是深化如钱穆所谓"历史智识"非常必要的工作。主要交通干线往往由国家营建，政府在规划、修筑、管理、养护诸多方面起主导作用。罗马帝国的商人比较汉帝国的商人曾经有较高的地位和较活跃的表现。但是在交通建设的主动性方面，同样落后于行政力量。较高等级的道路、驿馆、车辆、船舶均优先为政治军事提供服务。海上交通方面，罗马帝国有更为优越的传统和更为先进的条件。社会普遍对海上航行予以更多的重视。但是，汉帝国统治时期在整个中国古代史进程中，海上航运开发曾经居于明显领先的地位，也体现出较好的发展前景。海盗在罗马帝国与汉帝国均曾活跃。罗马帝国与汉帝国时代，打击海盗的行动均由政府组织。注意交通条件首先作为行政基础，其次才促进经济运行的情形，有益于理解古罗马与汉代中国的历史真实。进行汉与罗马交通史及行政史相互作用的比较，还需要做进一步的工作。从交通史视角进行罗马帝国与汉帝国历史比较研究，是有重要意义的学术主题。工作的进一步深入，亦有待于考古事业的新收获。①

---

① 王子今：《汉与罗马：交通建设与帝国行政》，《武汉大学学报》（哲学社会科学版）2018 年第 6 期。

第八章 秦汉文化"海"的元素

一、海洋史关注：司马迁的启示

在二十四史和《清史稿》中，以统一王朝正史资料计，后世《旧唐书》《新唐书》《宋史》《元史》《明史》《清史稿》涉及"海"的文句逐渐增多，都超过了"前四史"的出现频次。① 这符合中华民族海洋开发逐渐进步与海洋意识逐渐觉醒的历史趋向。秦汉时期实现了统一。秦王朝与汉王朝控制的海岸线长度与后世王朝大致相当。② 秦汉在海洋资源开发方面继承战国以来的成就，已经达到相当高的水准。而东洋与南洋海上航路的开拓，在短时期内实现

---

① 利用"二十五史"检索系统查询"海"字的出现频次，《史记》及三家注805次，《汉书》及颜师古注913次，《后汉书》及李贤注1066次，《三国志》及裴松之注621次，《晋书》1249次，《旧唐书》1286次，《新唐书》1196次，《宋史》2294次，《元史》2697次，《明史》3702次，《清史稿》10096次。这一简单统计未能认真甄别，剔除内地"海"、"海子"的使用形式，如苏武牧羊的"北海"。但是历史文献中"海"这一语汇言现今"海洋"的大致情形还是可以显现的。
② 秦代与汉代，在东北朝鲜半岛方向，疆域有过变化。今越南北部和中部地方，曾经实现过行政控制。汉武帝时代在海南设置了行政管理机构，后来罢弃。对于台湾，秦汉时期还没有实际控制。而黄、淮入海地方的海岸，因千百年的河沙淤积而有所推进。

了空前的历史性进步。早期海洋学取得了突出的成就。而环渤海地区海上方士的活跃及其对海上神仙信仰与长生追求的狂热,秦始皇、汉武帝等有为帝王对"海"的关注,都是后世未能企及的。大致战国以来,"天下""四海"与"天下""海内"的文化地理意识,表现了当时社会对统一的共同追求以及对海洋的空前重视。秦汉大一统政治格局形成之后,海洋文化和内陆文化逐渐融为一体。秦汉社会对海洋的观察和理解,开启了新的更宽广的文化视界。考察秦汉文化的特质,认识秦汉文化的风貌,说明秦汉文化的地位,应当重视"海"的元素的作用。

《史记》卷一《五帝本纪》记述黄帝"迁徙往来无常处":"东至于海,登丸山,及岱宗。西至于空桐,登鸡头。南至于江,登熊、湘。北逐荤粥,合符釜山。"首先称颂黄帝至于东海的行迹。司马迁关于舜的成就,也有"四海之内咸戴帝舜之功"之说。[1] 自战国至于秦汉,"海内"已经成为与"天下"对应的语汇。所谓"尽天下之地,臣海内之王"[2]、"名闻海内,威震天下"[3]、"临制天下,一齐海内"[4]、"贞天下于一,同海内之归"[5],都是典型的例证。当时以大一统理念为基点的政治理想的表达,已经普遍取用涉及海洋的地理概念。政治地理语汇"四海"与"天

---

[1] 《史记》,第6、43页。
[2] 《史记》卷八六《刺客列传》,第2531页。
[3] 《史记》卷九二《淮阴侯列传》,第2618页。
[4] 《史记》卷一一八《淮南衡山列传》,第3090页。
[5] 《汉书》卷二一上《律历志上》,第972页。

下"、"海内"与"天下"的同时通行,在某种意义上反映了中原居民的世界观和文化观已经初步表现出对海洋的重视。司马迁在这样的文化环境中进行了有关秦汉社会海洋意识与海洋探索的历史记录。

有关秦皇汉武的政治史记忆,有非常密集的涉及"海"的信息。《史记》卷六《秦始皇本纪》中"海"字出现38次。而以汉武帝的历史表现作为记述重心的《史记》卷二八《封禅书》中,"海"字出现也多达39次。汉武帝至少10次东巡海上,超过了秦始皇的记录。他最后一次行临东海,已经是68岁的高龄。在汉武帝时代,"入海求蓬莱"的航海行为更为密集,所谓"乃益发船,令言海中神山者数千人求蓬莱神人""予方士传车及间使求仙人以千数"①,又说明其规模也超过前代。

《史记》最早、最明确地记述了对东亚史进程曾经产生积极影响的徐福东渡事迹,并以细致生动的笔调叙说了反映越人优越航海能力的史事。"至元鼎五年,南越反,东越王余善上书,请以卒八千人从楼船将军击吕嘉等。兵至揭阳,以海风波为解,不行。"② 这是有关"海风波"可以导致海上航路阻断的最早记录。司马迁又记述了闽越与汉王朝的直接军事冲突,战事包括"横海"情节。③

---

① 《史记》,第1369、1385、1393、1403、1397页。王子今:《汉武帝时代的海洋探索与海洋开发》,《中国高校社会科学》2013年第4期。
② 《史记》卷一一四《东越列传》,第2982页。王子今:《秦汉闽越航海史略》,《南都学坛》2013年第5期。
③ 《史记》卷一一四《东越列传》说到"横海将军韩说"事迹,又说到"横海校尉福",第2982、2983页。

秦始皇征服岭南，置"南海"诸郡，是统一进程中的重要战略步骤。① 汉武帝派遣楼船将军杨仆从海路出击朝鲜，是东方航海史上的一件大事。《史记》卷一一五《朝鲜列传》记载，楼船将军杨仆率军"从齐浮渤海"，"楼船将军将齐兵七千人"较"出辽东"的"左将军荀彘"的部队"先至王险"。②汉武帝进军"海东"③，置郡朝鲜，对东方史的走向形成影响。司马迁笔下中原人面对神秘的海洋所表现的英雄主义和进取精神，可以看作秦汉历史的光荣纪念。

在秦始皇之后，汉武帝基于"冀遇蓬莱"的偏执心理，多次动员数以千计的"言海中神山者"驶向波涛。虽然当时就直接目的而言"其效可睹"，但是汉武帝内心的冀望客观上刺激了航海行为的发起，促成了航海经验的积累，推动了航海能力的提升。《史记》的这些记录，成为中国航海史的重要篇章。司马迁以太史令身份从汉武帝出游，这位帝王"东巡海上""东至海上望""宿留海上""并海上"④，甚至"浮大海"⑤等交通行为，他很可能都曾亲身参与。苏辙说"太史公行天下，周览四海名山大川……故其文疏荡，颇有奇气"⑥，指出"四海"的体验成

---

① 王子今：《论秦始皇南海置郡》，《陕西师范大学学报》（哲学社会科学版）2017年第1期。
② 《史记》，第2987页，王子今：《论杨仆击朝鲜楼船军"从齐浮渤海"及相关问题》，《鲁东大学学报》（哲学社会科学版）2009年第1期。
③ 《史记》卷一三〇《太史公自序》，第3317页。
④ 《史记》卷二八《封禅书》，第1398、1397、1404、1387、1398页。
⑤ 《汉书》卷六《武帝纪》，第207页。
⑥ 〔宋〕苏辙：《上枢密韩太尉书》，《栾城集》卷二三，《四部丛刊》景明嘉靖蜀藩活字本，第200页。

就其文气之"奇"。马存所谓"尽天下之观以助吾气,然后吐而为书""见狂澜惊波,阴风怒号,逆走而横击,故其文奔放而浩漫"①,梁启超所谓"波澜壮阔""恬波不扬"② 等,也大致有同样的意思。"海洋"元素与秦汉文化之间发生与发育的关系,通过司马迁学术风格的形成可以有所发现。

二、 面向"海洋"的秦汉文化

秦始皇四次巡行海上以及南海置郡有重要的文化战略意义。汉武帝至少10次走到海滨。大一统王朝最高执政机构面临的行政任务包括对漫长海岸的控制。神秘的海域亦为秦始皇、汉武帝等有作为的帝王所关注。出于不同目的的航海行为,体现了中原居民面向海洋的积极探索。南洋航路以"杂缯"为贸易主题③,说明后世称为"丝绸之路"的海上航线得以开通。通达"倭"地的东洋航路,因徐福东渡故事与求仙实践的关系而被渲染了神秘色彩。④ 在这一时期,海洋资源的开发实现了新的历史进步,早期海洋

---

① 〔宋〕马存:《子长游赠盖邦式》,〔宋〕王霆震辑:《古文集成前集》卷二,清文渊阁《四库全书》配清文津阁《四库全书》本,第12页。
② 梁启超:《中国历史研究法》,东方出版社1996年3月版,第18—19页。
③ 《汉书》卷二八下《地理志下》,第1671页。
④ 《后汉书》卷八五《东夷列传》"倭"条:"会稽海外有东鳀人,分为二十余国,又有夷洲及澶洲。传言秦始皇遣方士徐福将童男女数千人入海,求蓬莱神仙不得,徐福畏诛不敢还,遂止此洲,世世相承,有数万家。"第2822页。

学也形成了初步的学术积累。内地社会对海洋有了空前的关注。中原士人有关"海"的诗赋创作以及出身滨海的人士对主流文化的积极参与①，都体现出新的社会文化风貌。而早期海洋学论著，已见于《汉书》卷三〇《艺文志》。②秦汉社会的文化风格，在英雄主义、进取精神、开放胸怀、科学理念等方面体现出积极的时代特色。这些特点，在"海洋文化"这一历史文化主题下均有表现。

海洋，在秦汉社会意识中，是仙人居所、财富资源，也是交通条件、进取路径，同时又是未知空间、神秘世界。海洋是时常发生奇异气象的仙居，但往往也是显现艰难情境的险境。海，是国家权力实现行政效能的极端边缘，在一定条件下，也是社会生机蓬勃发育的优胜场域。

海上航运的发达，海外联系的拓展，海路文化交流的繁荣，都是秦汉历史文化具有时代特色的突出表现。承陈寅恪提示，"滨海地域"自有特殊的"观念"和"信仰"，在有的历史时期曾经全面影响社会政治格局。③滨海文化区的早期形成，也是值得重视的历史景观。回顾中国古代海洋探索史、海洋开发史和海洋学史，有必要总结和说明秦汉时期的突出进步。

---

① 王子今：《〈论衡〉的海洋论议与王充的海洋情结》，《武汉大学学报》（哲学社会科学版）2019年第5期。
② 《汉书》，第1764页。王子今：《汉代"海中星占"书论议》，《史学集刊》2015年第5期。
③ 陈寅恪：《天师道与滨海地域之关系》，《中研院历史语言研究所集刊》第3本第4分册，收入《金明馆丛稿初编》（陈寅恪文集之二），上海古籍出版社1980年8月版，第1—40页。

三、 秦汉海洋文化研究

秦汉时期与海洋相关的历史文化现象,是值得秦汉史研究者特别关注的重要学术方向。涉及秦汉海洋文化这一学术主题的前期研究成果,包括对秦始皇、汉武帝出巡海滨、"燕齐海上之方士"活动①、秦汉沿海区域行政、秦汉滨海文化、秦汉"并海"交通②、秦汉海盐生产、秦汉东洋航运与南洋航运③、秦汉海洋渔业、汉代"楼船军"战事④等方面的研究心得。对于秦汉时期海洋资源的开发、海上航路的通行、海路贸易的往来等,海内外学界的研究论著有一定数量,也有一定深度。对当时的海洋探索、海洋开发,对当时社会的海洋意识,对这一历史阶段涉及海洋的文化面貌的总体论说,也有学术专著问世。

如下学术专题的考察是有积极学术意义的:秦汉海洋资源开发、秦汉海洋航运、秦汉沿海区域文化、"海"与秦汉人的世界知识、"海"与秦汉人的神秘信仰、秦汉早期海洋学、秦汉军事史的海上篇章、秦汉社会的海洋情结等。

---

① 《史记》卷二八《封禅书》说到"燕齐海上之方士",第 1369 页;《史记》卷六《孝武本纪》说到"海上燕齐怪迂之方士",第 455 页。
② 王子今:《秦汉时代的并海道》,《中国历史地理论丛》1988 年第 2 期。
③ 王子今:《秦汉时期的东洋与南洋航运》,《海交史研究》1992 年第 1 期。
④ 《史记》卷一一四《东越列传》,第 2983 页;《史记》卷一一五《朝鲜列传》,第 2987 页。

试求对说明秦汉时期有关海洋的实业开发、行政经营与文化思考这一学术主题有所推进，这也是项目设计与启动的初心。而秦汉时期海上丝绸之路的考察与研究，迄今有若干研究成果，然而学术空间依然可观。①

重视史籍文献与考古资料的结合，是历史文化考察的正确路径。从事秦汉时期的海洋探索与早期海洋学研究的学者对此进行了积极的探求。科学考古的发掘收获，出土文字资料如简帛、碑刻、封泥等，理所当然地为研究者所采用。对于"海洋渔业"研究中有关"海上渔捕方式"的讨论，对于"海洋盐业"研究中有关"齐国盐业与盐政的考古学考察"的讨论，对于"东洋航运"研究中有关"'汉委奴国王'金印"的讨论，对于"南洋航运"研究中有关"汉代南洋航运的考古学实证"的讨论，对于"越人航海传统与闽越航运优势"研究中有关"城村城址水门发现"的讨论，对于"秦始皇陵'水银为''海'的象征意义"研究中有关"秦始皇陵地宫设计构想的海洋因子"的讨论②，均以传世文献和考古资料结合进行的考察，促成了新识的推出。秦封泥"晦池""每池"的研究，丰富了我们对秦汉宫苑"海池""渐台"的认识。③ 居延汉简所见"临淮海贼"提示了"汉

---

① 参看王子今：《秦汉时期的海上丝绸之路》，《古代海上丝绸之路演讲集》，科学出版社 2022 年 8 月版。
② 《史记》卷六《秦始皇本纪》："以水银为百川江河大海，机相灌输。"第 265 页。《汉书》卷三六《刘向传》："水银为江海。"第 1954 页。王子今：《论秦始皇陵"水银为海"》，《北京师范大学学报》（社会科学版）2021 年第 5 期。
③ 王子今：《秦汉宫苑的"海池"》，《大众考古》2014 年第 2 期。

代的'海贼'"对行政史的深刻影响。① 居延汉简"鲍鱼"简文增进了对当时海洋渔产的理解。② 《肥致碑》所见"海上黄渊"有益于说明"东海黄公"传说的社会文化背景。③ 汉景帝阳陵外藏坑出土"海相的螺和蛤"等海产品遗存,透露了汉王朝上层在消费生活层面与海洋的关联。有关文化迹象或许也体现了神仙信仰和长生追求对于社会意识的作用。④

四、以海洋为场域:文化探索、经济开发与行政控制

战国秦汉所谓"燕齐海上之方士"⑤,是环渤海地区较早关注海上景物,并参与开发海上交通的知识人群。他们的海洋探索因帝王们的长生追求,获得了国家行政支持。方士们知识人生的一面,表现为以富贵为目的的阴险的政治诈骗;其另一面,即以艰险航行为方式的海洋知识探求,具有积极的历史意义。内地上层人物的海洋知识,多通过

---

① 王子今:《居延简文"临淮海贼"考》,《考古》2011 年第 1 期。
② 王子今:《居延汉简"鲍鱼"考》,《湖南大学学报》(社会科学版)2019 年第 2 期。
③ 王子今、王心一:《"东海黄公"考论》,《陕西历史博物馆馆刊》第 11 辑,三秦出版社 2004 年 12 月版。
④ 王子今:《汉景帝阳陵外藏坑出土海产品遗存的意义》,《汉阳陵与汉文化研究》第 3 辑,陕西科学技术出版社 2016 年 12 月版。
⑤ 《史记》卷二八《封禅书》,第 1369 页。

方士们获得。

经营海洋渔业的"海人"①，也是海洋探索的先行者。秦汉时期还有"齐客"、"海贼"②、"习船者"③，以及"善网捕"、"倭人"④ 等与海洋密切相关的社会身份。就此进行分析，可以充实我们对秦汉社会的认识。

秦汉史籍文献有关于"海溢""海风波""鲸鱼死"等海洋自然现象的记载。⑤ 有关海洋水文学、海洋气象学、海洋生物学的相关记录，在海洋学史发展进程中有重要意义。有关"入海市明珠"的贸易行为，"蛮夷贾船"远洋航运⑥，"海租"⑦、"海税"的行政征收⑧，"珠官"的产销管理⑨，诸多相关海洋的经济史料的遗存，投入研究力量的必要性也是显而易见的。

分析海洋与政治史的关系，可以深化我们对秦汉政治

---

① 《说苑·君道》，〔汉〕刘向撰，向宗鲁校证：《说苑校证》，第29、30页。王子今：《汉代的"海人"》，《紫禁城》2014年10月号。
② 《后汉书》卷五《安帝纪》，第213、214页。王子今、李禹阶：《汉代的"海贼"》，《中国史研究》2010年第1期。
③ 《史记》卷三〇《平准书》，第1439页。王子今："博昌习船者"考论》，《齐鲁文化研究》2013年总第13辑，泰山出版社2013年12月版。
④ 《后汉书》卷九〇《鲜卑传》，第2994页。
⑤ 《后汉书》卷七《桓帝纪》，第319页。王子今：《汉代"海溢"灾害》，《史学月刊》2005年第7期。
⑥ 《汉书》卷二八下《地理志下》，第1671页。
⑦ 《汉书》卷二四上《食货志上》，第1141页。
⑧ 《汉书》卷一二《平帝纪》颜师古注："海丞，主海税也。"第351页。
⑨ 关于"珠"的生产，人们尤熟知"珠还合浦"的故事。其史实的基础，即《后汉书》卷七六《循吏列传·孟尝》的相关记载，第2473页。"合浦"郡名孙吴时改为"珠官"。《三国志》卷四七《吴书·吴主传》，第1134页。既称"珠官郡"，指明这里是"珠"对于经济生产与经济生活有重要意义的地方。"珠官"名号，有政府管理"珠"的产销的意义。

文化的理解。秦始皇"立石东海上","以为秦东门"①；刘邦警惕田横"为乱",因"设屯备"②；汉景帝削藩,"削之会稽","夺之东海"③；汉武帝"事两越"④,以楼船军击朝鲜；汉光武帝对西域战略取保守态度,东南方向则派遣马援远征交址、九真等⑤,都是由高层决策的"海上"政治行为。以大规模的军事行为扑灭"海贼",也是海上航行能力甚强的反政府武装形成治安危害的应对措施。通过秦汉社会的政治理念和海洋意识在政策设计与行政实践层面的交结,或许能够更真切地说明秦汉文化的时代风格。

五、 以世界史为背景的秦汉海洋文化考察

所谓"秦汉海洋文化",其实是说面向海洋的秦汉文化。工作进行到现今的程度,我们更深切、更具体地意识到这一学术主题的内涵其实非常丰富。分析并说明相关文

---

① 《史记》卷六《秦始皇本纪》,第 256 页。王子今：《"秦东门"与秦汉东海郡形势》,《史林挥麈：纪念方诗铭先生学术论文集》,上海古籍出版社 2015 年 1 月版。
② 《史记》卷九四《田儋列传》,第 2647 页；《史记》卷九八《傅靳蒯成列传》,第 2708 页。
③ 《盐铁论·晁错》,王利器校注：《盐铁论校注》(定本),第 114 页。王子今：《秦汉帝国执政集团的海洋意识与沿海区域控制》,《白沙历史地理学报》2007 年第 3 期。
④ 《史记》卷三〇《平准书》,第 1420 页。
⑤ 王子今：《论"西北一候"：汉王朝西域决策的战略思考》,《西域研究》2021 年第 1 期；《马援楼船军击交址九真与刘秀的南海经略》,《社会科学战线》2015 年第 5 期。

化现象，指出其发生的背景条件、社会表现、历史影响和文化意义，还有相当广阔的探索空间。对于以往流行的希腊罗马为代表的西方文明是海洋文明、中国文明是陆地文明或内陆文明的认识，可能有必要区分历史时段予以深入理解和准确说明。对于"海洋文明""海洋文化"与"内陆文明""内陆文化"的分析，也需要注重时代条件进行认真的考察研究。认真分析秦汉文化与海洋相关的内容，并且以世界史为背景予以更深学术层次的总结和说明，这对深化中国古代海洋探索和海洋开发之历程的总体倾向的认识，是有积极意义的。对于如何解决现今涉及海洋的诸多问题，也可以提供具有启示意义的历史借鉴。完成这一学术任务的必要性和可能性，我们已经具有值得肯定的认识基点。

近年来，关于海疆问题、海权问题以及海洋资源开发与保护问题受到普遍关注。考察、总结秦汉时期海洋探索的努力以及早期海洋学成就，在一定意义上可以实现积极的学术推进。[①] 关于中国古代海洋史研究的学术进步，秦汉时期这一重要历史阶段具有非常重要的考察意义。学界的相关研究收获，应当有值得肯定的地方。但是，现在看来，已有研究收获的不足依然存在。例如，学术发现比较零散，学术层次尚在初级，学术总结也是局部的、不完整的。有些方面完全可以继续扩展、突破，开创新的方向，拓广新的学术空间。比如秦汉时期海上丝绸之路研究，就

---

① 参看王子今：《秦汉海洋文化研究》，北京师范大学出版社 2021 年 9 月版。

有很好的学术前景。可以乐观预期的是，新出考古资料将不断揭示新的历史文化信息，进一步的研究一定会获得更优异的条件，取得更丰硕的成果。

约翰·迈克的《海洋——一部文化史》引用了这样的诗句："海洋即历史。"作者写道："大海可能早已发展为全球性的跨国空间。"他还引导读者一起欣赏另一首诗《海浪》："大海/不是一个地方/是一个事实/一个谜。"他提出了这样一个文化命题："书写大海'历史'的可能性"。① 我们现在思考这个问题，或者考虑仅仅是"书写大海"与人的关系的"历史"的"可能性"，"书写大海"与中国人的关系，与中国文化的"历史"的"可能性"，大概都是难以回答的，或者只能暂且提交缺乏充分自信的答卷。但是这一工作的意义确实非常重要。也许，通过持续的、认真的考察，我们可以逐步说明，在世界史的视域中，海洋不仅在地中海世界及西方其他地方较早发挥了重要的交通条件的作用，在东方，也有大致相同的历史迹象。也许通过与中国史进程密切相关的海上丝绸之路的研究，也可以得到这样的认识："大海可能早已发展为全球性的跨国空间。"通过对秦汉时期的历史文化考察，是可以增进相关问题的认识的。

进行汉帝国与罗马帝国的比较研究，当然涉及海洋问题。② 这一问题的研究还有待于深入进行。

---

① 约翰·迈克著，冯延群、陈淑英译：《海洋——一部文化史》，上海译文出版社2018年12月版，第7、10页。
② 王子今：《汉与罗马：交通建设与帝国行政》，《武汉大学学报》（哲学社会科学版）2018年第6期。

第九章 20世纪的中国秦汉史研究

一、总结秦汉史研究"百年""升降"的意义

阮元在为钱大昕《十驾斋养新录》所作的序中,开篇就写道:"学术盛衰,当于百年前后论升降焉。"序文署名"扬州后学阮元谨序"。最后一句,又以自谦口吻说到"百年前后":"元于先生之学,未能少测崖岸,仅就所自见者,于百年前后,约举九难之义,为后之史官传大儒者略述之。"言"九难"者,指在九个学术方向上钱大昕超越群儒。① 阮元说:"合此九难,求之百载,归于嘉定,孰不云然!"② 又一次说到"百载"。所谓"学术盛衰,当于百

---

① 阮元《〈十驾斋养新录〉序》评价钱大昕学术资质、学术能力与学术贡献之所谓"九难",即九条"人所难能"者:"先生讲学上书房,归里甚早,人伦师表,履蹈粹然,此人所难能一也。先生深于道德性情之理,持论必执其中,实事必求其是,此人所难能二也。先生潜研经学,传注疏义,无不洞彻原委,此人所难能三也。先生于正史杂史,无不讨寻,订千年未正之讹,此人所难能四也。先生精通天算,三统上下,无不推而明之,此人所难能五也。先生校正地志,于天下古今沿革分合,无不考而明之,此人所难能六也。先生于六书音韵,观其会通,得古人声音文字之本,此人所难能七也。先生于金石,无不编录,于官制史事,考核尤精,此人所难能八也。先生诗古文词,及其早岁,久已主盟坛坫,冠冕馆阁,此人所难能九也。"
② 〔清〕钱大昕:《十驾斋养新录》序,上海书店1983年12月版,第7、8页。

年前后论升降焉"的见解,对于学术史的分析与阐明来说,无疑是真确之言。考察秦汉史研究"百年"的"盛衰"与"升降",对于总结以往和开辟未来,都是有积极意义的。

进入20世纪之后,中国史学摆脱了学术旧传统的严重束缚,面貌为之一新。经历学术发展的曲折路径后,秦汉史研究取得了引人注目的进步。

促成这一学术进步的重要条件,包括先进理论的指导、考察视界的开拓、基本史料的整理、考古收获的运用以及科学方法的借取等。这种学术进步的表现,在于秦汉史研究论著的数量远远超过此前任何一个百年,或许亦可以借取阮元《〈十驾斋养新录〉序》中称许清代学术语,"乃远过乎千百年以前"。[①] 其中亦不乏质量上乘之作。在这里进行回顾,也有"未能少测崖岸"之感叹。然而愿意"仅就所自见者"做"约举""略述"的工作。

应当说,迈入21世纪时,学界对秦汉社会历史文化的认识和理解,已经较前代丰富得多,深刻得多。当然,由于种种原因,20世纪秦汉史研究依然有若干不尽如人意之处。而21世纪因新的研究力量的成长和新的社会条件的改善,秦汉史研究的新的历史性进步,已经显现。这一进步,是在20世纪学术成就的基础上实现的。

在将近世纪之交的年代,已经有学者对秦汉史研究的

---

① 〔清〕钱大昕:《十驾斋养新录》,第7页。

历程进行了有意义的学术回顾和学术总结。现在重新了解他们的分析，依然是有意义的。

周天游《秦汉史研究概要》一书的"秦汉史研究概述"部分较早进行了 20 世纪秦汉史研究的综述，其资料截止于 1986 年。[①]

张传玺《秦汉史研究九十年评述》是 20 世纪学术回顾中年代跨度较大，且完成较早的较全面的秦汉史研究概况的总结。20 世纪秦汉史研究基本状况，已经被较为清晰地勾画出来。[②]

龚留柱《评半个世纪以来〈秦汉史〉编纂之得失》一文，比较分析了 20 世纪后期大致近 50 年面世的 12 种以《秦汉史》为题的断代史专著，分别指出了其成败优劣。对于总体学术形势，做出了"马克思主义史学著作不断克服'左'倾思想的干扰，逐渐走向成熟，实证派史学家和西方史学家的著作特点鲜明，与前者呈现出不同的旨趣和风格"的大体概括。作者希望，21 世纪的新的《秦汉史》，"不仅要打破思想上的封闭性，更新治史方法，拓宽研究领域，也需要改造体裁形式，使之既是科学的，又是艺术的，让社会大众感到可亲、可爱、可信"。[③] 这样的分析是客观的，所言期待是恳切的。

---

① 周天游：《秦汉史研究概要》，天津教育出版社 1990 年 10 月版。
② 张传玺：《秦汉史研究九十年评述》，《秦汉史论丛》第 6 辑，江西教育出版社 1994 年 12 月版。
③ 龚留柱：《评半个世纪以来〈秦汉史〉编纂之得失》，《史学月刊》1997 年第 6 期。

林甘泉《继承·探索·创新：读〈中国通史〉第四卷〈中古时代·秦汉时期〉》是一篇长篇书评，然而其中可以透见作者关于秦汉史研究的若干重大问题的深刻思考，鲜明地阐说了作者有关秦汉史研究的一些思想原则。作者开篇就写道，编撰秦汉史首先遇到的问题是：要不要阐明秦汉时代是什么性质的社会？"只有掌握与一定生产力水平相适应的'生产关系总和'这一基本线索，才能揭示其历史发展的规律和特点。"作者认为，不应当反对有些学者在编撰中国通史时采用社会经济形态以外的历史分期，但是有志于以马克思主义为指导来编撰中国通史的学者，还是应当"坚持马克思主义的社会经济形态理论"。在作者看来，"封建的经济制度和政治制度虽然在战国时代已经形成，可是封建生产方式的主导地位只有到了汉武帝时期才真正得到了巩固"。[①] 作者的观点，显然是经过对秦汉史研究学术形势的认真总结有感而发的。其主张，今天依然值得学界重视。

美国学者张春树《1970 年以来西方秦汉史研究概述》一文，对西方 28 年来的秦汉史研究进行了概括性介绍。[②] 这样的总结，显然也有利于大陆治秦汉史者进行有益的借鉴。

---

① 林甘泉：《继承·探索·创新：读〈中国通史〉第四卷〈中古时代·秦汉时期〉》，《史学史研究》1997 年第 2 期。
② 张春树：《1970 年以来西方秦汉史研究概述》，《中国史研究动态》1997 年第 4 期。

二、 新的研究基础

20世纪以来，经过几代学者的辛勤努力，有关秦汉历史的基本文献资料大多经过整理，为秦汉史研究者提供了基础条件。

中华书局标点校勘本二十四史中的"前四史"，特别将《史记》三家注、《汉书》颜师古注、《后汉书》李贤注、《三国志》裴松之注排在正文之下，研读比较方便。"前四史"的人名索引和地名索引最早出版，成为受到学者欢迎的工具书。泷川资言《史记会注考证》、王先谦《汉书补注》与《后汉书集解》、卢弼《三国志集解》等有影印本出版。其他包涵丰富秦汉史料的古籍如《东观汉记》《八家后汉书》《后汉纪》《华阳国志》《汉官六种》《秦会要》《西汉会要》《东汉会要》等也都经整理，有标点本出版。《新语》《新书》《淮南子》《春秋繁露》《氾胜之书》《盐铁论》《方言》《法言》《太玄》《说苑》《新序》《九章算术》《新论》《白虎通》《论衡》《风俗通义》《潜夫论》《四民月令》等古籍的校注出版，也为研究者提供了有利的条件。对于秦汉古籍的整理校注，郭沫若、冉昭德、黄晖、陈直、王利器、吴树平、周天游等学者功不可没。

考古工作的成就，使一些新的历史资料得以面世，使秦汉史研究的资料空前丰富。其中文字资料的价值，更引人注目。简帛资料的发现和研究，因其内容丰富、数量浩大，有特别值得肯定的意义。

19世纪末至20世纪初,汉代简牍有数次比较集中的发现。楼兰、尼雅、敦煌、酒泉简牍的发现,曾经震动学界。20世纪以来,云梦睡虎地秦简、青川郝家坪秦牍、天水放马滩秦简及木板地图的发现,使人们对秦史的认识上升到新的阶段。居延汉简、敦煌汉简、武威汉简、马王堆汉墓帛书、银雀山汉简、定县汉简、阜阳汉简、大通汉简、江陵张家山汉简、尹湾汉简的出土和整理,使得汉代历史的研究开拓出新的视野。

简牍文书中有大量的政治史资料。特别是以当时政府公文为主的官文书,作为政治史料的价值尤为可贵。云梦睡虎地秦简出土之后,其中的法律文书受到学术界的普遍重视。睡虎地秦简《秦律十八种》《效律》和《秦律杂抄》三种,均属于秦律。根据文献记载,秦律是商鞅在李悝《法经》的基础上制定的。据说早期秦律本有《盗》《贼》《囚》《捕》《杂》《具》六篇,经过历年增益补充,后来又成为汉代九章律的基础。睡虎地秦简中秦代律书的发现,对于研究当时的政治文化具有非常重大的意义。湖北江陵张家山汉简中的法律文书,也有许多宝贵的资料可以帮助我们真切地认识当时社会的政治背景。

秦的土地制度和阶级关系,学界历来看作重大课题,然而始终众说纷纭,甚至多有完全对立的意见。睡虎地秦简中法律文书的出土,为解决这些问题提供了丰富的资料。

简牍资料中有许多可以使我们较全面地认识当时社会生活风貌的内容。例如,民间用简牍书写的书信,就是值得珍视的重要的社会史料。睡虎地4号秦墓出土2件木牍，是现已发现年代最早的两封家信。居延汉简中，也可以看到民间私人书信的实例。

简牍资料中包括许多可以反映当时经济形态和经济水平的重要内容。利用简牍资料研究当时的经济生活状况的论著在简牍学成果中占有较大比重。

应当说，能够最为充分、最为具体地反映汉代军事制度和军事活动的文字记录，也正是简牍中的军事史料。青海大通上孙家寨汉墓中出土的军事文书，所记载的内容包括当时的军事律令或作战条例，也就是军法或军令。其中具体的构成，包括有关部曲编制，以及使用金鼓、旗帜等操练士兵陈师部列的规定，也有对军功的爵赏和违反军纪者的惩罚的详细条文。通过上孙家寨汉简简文，可以知道当时军队编制的单位名称有校、左部、右部、前曲、后曲、左官、右官、前队、后队、伍等。居延汉简中有大批与军事活动有关的簿籍文书，可以反映军队的装备情形、编制状况、管理制度、考绩方法等。这些资料，对于研究当时的军事历史，都具有非常重要的价值。对于这样具体的军事组织形式，我们仅仅通过史籍中的片断记载，是很难得到如此详尽的认识的。

1957年，劳榦《居延汉简图版之部》在台北出版。3年之后，1960年，他的《居延汉简考释》也得以面世。1959年，在陈梦家主持下，据马衡保存的148版图版，计2500多枚简牍，整理出版了《居延汉简甲编》。《甲编》中所收部分简牍，是劳榦的《考释》中所没有的。以上述这两部书，以及贝格曼去世后由斯德哥尔摩民族学博物馆东洋部部长索马斯特勒姆（Bo Sommarstrom）整理出版的《蒙古利亚额济纳河流域考古研究》为依据，内容完整的《居延汉简甲乙编》得以于1980年出现。

《居延汉简甲乙编》出版后，简牍学研究领域的拓宽得到了新的条件，许多研究者相继发表了有关居延汉简的专著和论文，也有简牍学者对这部书的释文提出了商榷意见。《居延汉简甲乙编》相较过去各种居延汉简的版本都表现出显著的进步，对《居延汉简考释》和《居延汉简甲编》释文中的许多错误有所改正，在其他方面也有许多突出的优点。但是，这部书仍然存在若干缺陷。为了更好地发挥居延汉简的史料价值，谢桂华、李均明、朱国炤三位学者仔细对照不同版本的居延汉简释文，认真研究简文的具体内容，并且尽可能地吸取了国内外有关居延汉简的研究成果（如裘锡圭《〈居延汉简甲乙编〉释文商榷》等），出版了《居延汉简释文合校》一书，列入文物出版社的"秦汉魏晋出土文献"丛书中。

1972—1976年居延考古队调查和发掘所得到的部分简牍资料，在甘肃人民出版社1984年出版的《汉简研究文集》所收论文中，已经可以看到若干有关研究成果。1988年兰州大学出版社出版的《居延新简释粹》（薛英群、何双全、李永良注），又选释了一部分重要的简文。1990年，《居延新简：甲渠候官与第四燧》由文物出版社收入"秦汉魏晋出土文献"丛书出版。

文物出版社的"秦汉魏晋出土文献"丛书现在已经出版的数种，都可以称作国内学术界从事简牍科学整理与简牍科学研究的重要成果，亦成为治秦汉史学者的必备书。如：

1.《疏勒河流域出土汉简》，林梅村、李均明编，1983年3月版。

2.《楼兰尼雅出土文书》，林梅村编，1985年2月版。

3.《银雀山汉简释文》，吴九龙释，1985年12月版。

4.《居延汉简释文合校》，谢桂华、李均明、朱国炤合校，1987年1月版。

5.《沙海古卷：中国所出法卢文书（初集）》，林梅村编，1988年10月版。

6.《居延新简：甲渠候官与第四燧》，甘肃省文物考古研究所、甘肃省博物馆、文化部古文献研究室和中国社会科学院历史研究所合编，1990年7月版。①

7.《散见简牍合集》，李均明、何双全编，1990年7月版。

云梦睡虎地秦简出土之后，当时集中了一批著名学者专家进行整理，1978年有《睡虎地秦墓竹简》平装本出版，不过睡虎地秦简中的《日书》甲种和《日书》乙种当时没有收入。文物出版社1990年9月出版的《睡虎地秦墓

---

① 随后又有甘肃省文物考古研究所、甘肃省博物馆、中国文物研究所、中国社会科学院历史研究所编：《居延新简：甲渠候官》，中华书局1994年12月版。

竹简》精装本则将云梦睡虎地11号秦墓出土的10种简牍资料全部收齐，包括全部照片、释文、注释，其中6种并附有语译。

文物出版社1985年出版的银雀山汉墓竹简整理小组编《银雀山汉墓竹简（一）》，发表了银雀山汉简的部分照片。

继甘肃省文物考古研究所编，吴礽骧、李永良、马建华释校《敦煌汉简释文》由甘肃人民出版社1991年1月推出之后，中华书局1991年6月出版的《敦煌汉简》，收入了自斯坦因以来8次出土的2485枚简，并附有《敦煌马圈湾汉代烽燧遗址发掘报告》。校释过程中，参考了沙畹、马伯乐、劳榦、夏鼐、大庭脩、林梅村和李均明等简牍学者的释文。

中华书局1994年12月出版的《居延新简》，收录了1972—1982年于居延甲渠候官、甲渠塞第四燧及三十井次东燧等处遗址所得简牍。

"中央研究院"历史语言研究所1998年印行的《居延汉简补编》，将藏于该所的1930年、1931年居延汉简在核对原简的基础上重新刊布图版和释文，补充了过去的遗漏，澄清了以往存在的疑问和错误。

近数十年出版的影响比较大的简牍研究的学术论著，有劳榦《劳榦学术论文集甲编》[1]、马先醒《汉简与汉代城市》[2]及《简牍论集》[3]、陈梦家《汉简缀述》[4]、马先醒等

---

[1] 艺文印书馆1976年10月版。
[2] 简牍社1976年1月版。
[3] 简牍学社1977年1月版。
[4] 中华书局1980年12月版。

《居延汉简新编》①、陈直《居延汉简研究》②、李学勤《简帛佚籍与学术史》③、廖伯源《简牍与制度：尹湾汉墓简牍官文书考证》④等。李学勤《东周与秦代文明》一书的第二十六章"简牍"以及第二十八章"文字"⑤，其实是对当时战国时期和秦代简牍资料的最新认识的科学总结。

李学勤主编的《简帛研究》已由法律出版社和广西师范大学出版社相继出版多辑。这样一种专门的简牍研究学刊的出现，无疑有益于进一步推动研究的深入。《简牍学研究》等学术刊物的出版，也成为推促出土文献研究的有利条件。

陕西西安一批秦封泥资料的发现，吸引了诸多学者的学术目光。《考古与文物》1997年1期和《西北大学学报》1997年1期报道了这一发现。《西北大学学报》还刊发了一组文章，对有关研究成果进行了集中展示。李学勤《秦封泥与秦印》一文指出，这批秦封泥的发现，"对研究当时职官、地理、文字等方面，有非常珍贵的价值"。这批封泥为秦玺印、秦封泥的断代、确认，也提供了直接的资料。张懋镕《试论西安北郊出土封泥的时代和意义》分析了这批封泥的年代和价值，认为这批资料的面世是100多年来封泥发现

---

① 马先醒、吴昌廉、刘欣、陈鸿琦、张寿仁、朱楠、张慧娟新编，简牍学会1981年5月版。
② 天津古籍出版社1986年5月版。
③ 时报文化出版企业有限公司1994年版。
④ 文津出版社1998年8月版。
⑤ 文物出版社1984年6月版；增订本，文物出版社1991年11月版；上海人民出版社2007年11月版。

史上最为辉煌的一次,其意义可以与云梦秦简的发现相媲美。黄留珠《秦封泥窥管》、周伟洲《新发现的秦封泥与秦代郡县制》、余华青《新发现的封泥资料与秦汉宦官制度研究》、周天游《秦乐府新议》、周晓陆等《秦汉封泥对读》、路东之《秦封泥图例》等,也都对这一重要发现各陈新见。

刘信芳等编著《云梦龙岗秦简》①的出版,为秦史研究者提供了必要的资料。编著者"在原报道的基础上,吸收有关讨论的成果,订正失误,并增加简文摹本和检索",为认识和掌握这批资料创造了便利的条件。

尹湾汉墓出土简牍在发掘者、整理者和出版者的共同努力下,以相当快的速度,使《尹湾汉墓简牍》②一书及早面世。研究尹湾简牍的论著相继发表,成为秦汉考古资料受到特殊重视的又一例证。

周振鹤《西汉地方行政制度的典型实例——读尹湾六号汉墓出土木牍》在肯定尹湾汉墓简牍重要的证史、补史作用以及论述一二号木牍所载资料的年代断限之外,还就"由吏员配备看县乡亭里制度""县级行政区划的等第""由亭的数目看县邑侯国幅员大小与吏员总数的多少""盐铁官性质与盐官的数目"等专题进行了深入的考论。③ 张金光《秦乡官制度及乡、亭、里的关系》一文运用了多种秦汉考古资料,其中也包括尹湾汉墓出土简牍。④ 卜宪群《秦汉公文文书

---

① 科学出版社1997年7月版。
② 中华书局1997年9月版。
③《学术月刊》1997年第5期。
④《历史研究》1997年第6期。

与官僚行政管理》一文的撰成，尹湾简牍也是基本资料之一。① 谢桂华《尹湾汉墓简牍和西汉地方行政制度》② 及《尹湾汉墓新出〈集簿〉考述》③、高敏《试论尹湾汉墓出土〈东海郡属县乡吏员定簿〉的史料价值——读尹湾汉简札记之一》④ 及《〈集簿〉的释读、质疑与意义探讨——读尹湾汉简札记之二》⑤、刘乐贤《尹湾汉简〈行道吉凶〉初探》⑥ 等，都体现出积极可贵的研究热忱。尹湾汉简的研究，在今后还会有突出的进步。尹湾汉墓出土《神乌赋》受到许多研究者重视。裘锡圭《〈神乌赋〉初探》⑦、刘乐贤等《尹湾汉简〈神乌赋〉与禽鸟夺巢故事》⑧、伏俊连《从新出土的〈神乌赋〉看民间故事赋的产生、特征及在文学史上的意义》⑨、万光治《尹湾汉简〈神乌赋〉研究》⑩、马青芳《〈神乌赋〉的生命价值观及其悲剧意义》⑪ 等，都是颇有价值的研究成果。出土简牍的部分内容在短时间内有如此集中的论文发表，已经十分罕见，并且研究者的视点不仅限于具体史事，同时还关注到当时的社会生活和社会意识，尤其令秦汉史学界欣幸。

---

① 《历史研究》1997 年第 4 期。
② 《文物》1997 年第 1 期。
③ 《中国史研究》1997 年第 2 期。
④ 《郑州大学学报》1997 年第 2 期。
⑤ 《史学月刊》1997 年第 5 期。
⑥ 《中国史研究》1997 年第 4 期。
⑦ 《文物》1997 年第 1 期。
⑧ 《文物》1997 年第 1 期。
⑨ 《西北师范大学学报》1997 年第 6 期。
⑩ 《四川师范大学学报》1997 年第 3 期。
⑪ 《青海民族学院学报》1997 年第 3 期。

1997年9月出版的《大陆杂志》第95卷第3期,集中刊发了3篇研究尹湾简牍资料的高质量学术论文:邢义田《尹湾汉墓木牍文书的名称和性质——江苏东海县尹湾汉墓出土简牍读记之一》、廖伯源《尹湾汉墓简牍与汉代郡县属吏制度》、纪安诺《尹湾新出土行政文书的性质与汉代地方行政》。大陆新出简牍资料的发表在海峡对岸迅速引起的学术回应,似乎象征两岸学术交流进入了新的阶段。

有关尹湾汉墓简牍提供的政治史资料的研究,还有卜宪群《西汉东海郡吏员设置考述》①、高敏《尹湾汉简〈考绩簿〉所载给我们的启示》②、黎明钊《东汉郡功曹及五官掾之职掌》③等。高大伦《尹湾汉墓木牍〈集簿〉中户口统计资料研究》一文指出,尹湾汉墓出土《集簿》中的户口统计资料,从人口年龄段分布、获流数、性别比,到高年受杖人数,都与当时实际情形有较大出入,在使用这些统计数字时,应当慎之又慎。④ 不过,虽然这些资料可能存在着严重的失实,但对其价值和意义也还应给予充分估计。根据这些资料,我们可以了解到已有文献中所未知的汉代户口统计上计所设项目和内容,警醒我们重新审视《汉书》卷二八《地理志》人口数,也证实了史书中有关户口上计中弄虚作假之风的记载是可信的,还进而知道了作假的一些手法。

---

① 《中国史研究》1998年第1期。
② 《郑州大学学报》1998年第3期。
③ 《逯耀东教授退休纪念史学论文集》,东大图书公司1998年8月版。
④ 《历史研究》1998年第5期。

汉代经今古文学之争，是经学史上的一件大事，对于文学、史学、哲学、教育学都有久远的影响，然而多年异见纷陈，其学术史的真相不能十分明了。高明在《从出土简帛经书谈汉代的今古文学》一文中利用考古发现的汉代简帛经书，澄清了若干疑点，为进一步开展有关研究提供了很好的线索。①

还应当指出，20世纪最后10年秦汉史研究中仍存在不足，或许亦首先表现在一些学者对于及时就新的考古发现展开研究缺乏足够的重视。《敦煌汉简》和《居延新简》出版后，尚少有就此进行研究的学术力作问世。湖北江陵张家山汉简中年代为汉初的《奏谳书》，一部分已经于1993年发表②，另一部分发表于《文物》1995年第3期，李学勤同时分别发表了《〈奏谳书〉解说》上篇和《〈奏谳书〉解说》下篇。此外，除彭浩《谈〈奏谳书〉中秦代和东周时期的案例》③外，有关研究成果似亦不多见。这一情形和海外学界的研究热忱相比，似乎应当引起充分的重视。

然而总体来说，秦汉史学界对出土文献资料发表的及时跟进，是体现出空前的学术热度的。这对于此后高度重视出土文献研究的学术潮流而言，可以说是有积极意义的先声。

---

① 高明：《从出土简帛经书谈汉代的今古文学》，《考古与文物》1997年第6期。
② 《文物》1993年第8期。
③ 《文物》1995年第3期。

三、 主要研究成果检阅

大致在 20 世纪 40 年代之后,陆续出版了多种全面研究与综合总结秦汉时期历史的学术专著,并且形成了比较显著的社会文化影响。如翦伯赞《中国史纲》第 2 卷《秦汉史》[1],吕思勉《秦汉史》[2],李源澄《秦汉史》[3],陈恭禄《中国史》第 2 册《秦汉史》[4],何兹全《秦汉史略》[5],劳榦《秦汉史》[6],钱穆《秦汉史》[7],姚秀彦《秦汉史》[8],瞿兑之《秦汉史纂》[9],邹纪万《秦汉史》[10],翦伯赞《秦汉史》[11],林剑鸣《秦汉史》[12],田昌五、安作璋主编《秦汉史》[13],林剑鸣、赵宏《秦汉简史》[14],等等。这些秦汉史研究的成果,多以"秦汉史"题名。而林剑鸣《秦史稿》[15]和马非百《秦集史》[16],则专论秦史。不过,并非局限于秦

---

[1] 重庆大呼出版公司 1946 年 7 月版。
[2] 开明书店 1947 年 3 月版。
[3] 商务印书馆 1947 年 4 月版。
[4] 商务印书馆 1947 年 9 月版。
[5] 上海人民出版社 1955 年 5 月版。
[6] 台北中华文化出版事业委员会 1955 年 1 月版。
[7] 中国文化学院出版部 1980 年 4 月版。
[8] 台北市三民书局 1975 年 8 月版。
[9] 鼎文书局 1979 年 2 月版。
[10] 台北长桥出版社 1979 年 3 月版。
[11] 北京大学出版社 1983 年 5 月版。
[12] 上海人民出版社 1989 年 10 月版。台湾又曾出重印本,即林剑鸣《新编秦汉史》,台湾五南图书出版公司 1992 年 11 月版。
[13] 人民出版社 1993 年 1 月版。
[14] 福建人民出版社 1995 年 1 月版。
[15] 上海人民出版社 1981 年 2 月版。台湾又曾出重印本,即林剑鸣《秦史》,台湾五南图书出版公司 1992 年 11 月版。
[16] 中华书局 1982 年 8 月版。

统一之后的秦朝史,而是从秦立国,甚至追溯到更久远的秦部族史。

百卷本《中国全史》中关于秦汉史的 10 种由岳庆平主编①,也产生了较好的社会效益和学术影响。这 10 种专著是:佟建寅《中国秦汉政治史》,冷鹏飞《中国秦汉经济史》,颜吾芟《中国秦汉军事史》,张国华《中国秦汉思想史》,黎家勇等《中国秦汉宗教史》,岳庆平《中国秦汉习俗史》,董粉和《中国秦汉科技史》,肖川等《中国秦汉教育史》,吴炜华《中国秦汉文学史》,岳庆平等《中国秦汉艺术史》。

对秦汉时期某一历史文化方面进行专门研究的论著,又有:瞿兑之《汉代风俗制度史》前编②,顾颉刚《秦汉的方士与儒生》③,贺昌群《论两汉土地占有形态的发展》④,李剑农《先秦两汉经济史稿》⑤,文焕然《秦汉时代黄河中下游气候研究》⑥,漆侠《秦汉农民战争史》⑦,陈直《两汉经济史料论丛》⑧,马大英《汉代财政史》⑨,安作璋、熊铁基《秦汉官制史稿》⑩,李学勤《东周与秦代文

---

① 人民出版社 1994 年 4 月版。
② 广业书社 1928 年 6 月版,上海文艺出版社 1991 年 3 月版。
③ 群联出版社 1955 年版,上海古籍出版社 1978 年 2 月版。
④ 上海人民出版社 1956 年 2 月版。
⑤ 生活·读书·新知三联书店 1957 年 12 月版。
⑥ 商务印书馆 1959 年 2 月版。
⑦ 生活·读书·新知三联书店 1962 年 6 月版。
⑧ 陕西人民出版社 1980 年 12 月版。
⑨ 中国财政经济出版社 1983 年 4 月版。
⑩ 齐鲁书社 1985 年 6 月版,2007 年 1 月版。

明》[1],钱剑夫《秦汉赋役制度考略》[2],王仲殊《汉代考古学概说》[3],朱绍侯《秦汉土地制度与阶级关系》[4],柳春藩《秦汉封国食邑赐爵制》[5],黄留珠《秦汉仕进制度》[6],林剑鸣、余华青、周天游、黄留珠《秦汉社会文明》[7],钱剑夫《秦汉货币史稿》[8],韩养民《秦汉文化史》[9],葛剑雄《西汉人口地理》[10],周振鹤《西汉政区地理》[11],金春峰《汉代思想史》[12],黄今言《秦汉赋役制度研究》[13],张孟伦《汉魏人名考》[14],彭卫《汉代婚姻形态》[15],谢天佑《秦汉经济政策与经济思想史稿》[16],林甘泉主编《中国封建土地制度史》第1卷[17],熊铁基《秦汉军事制度史》[18],孙机《汉代物质文化资料图说》[19],卢云《汉晋文化地理》[20],丁

---

[1] 文物出版社1984年6月版;增订本,文物出版社1991年11月版;上海人民出版社2007年11月版。
[2] 湖北人民出版社1984年6月版。
[3] 中华书局1984年6月版。
[4] 中州古籍出版社1985年3月版。
[5] 辽宁人民出版社1984年12月版。
[6] 西北大学出版社1985年7月版。
[7] 西北大学出版社1985年9月版。
[8] 湖北人民出版社1986年6月版。
[9] 陕西人民教育出版社1986年9月版。
[10] 人民出版社1986年6月版。
[11] 人民出版社1987年8月版。
[12] 中国社会科学出版社1987年5月版。
[13] 江西教育出版社1988年4月版。
[14] 兰州大学出版社1988年9月版。
[15] 三秦出版社1988年6月版。
[16] 华东师范大学出版社1989年3月版。
[17] 中国社会科学出版社1990年1月版。
[18] 广西人民出版社1990年5月版。
[19] 文物出版社1991年9月版。
[20] 陕西人民教育出版社1991年4月版。

启阵《秦汉方言》①，宋治民《汉代手工业》②，孔庆明《秦汉法律史》③，安作璋《秦汉官吏法研究》④，黄今言《秦汉军制史论》⑤，汤志钧、华友根、承载、钱杭《西汉经学与政治》⑥，王子今《秦汉交通史稿》⑦，李如森《汉代丧葬制度》⑧，王铁《汉代学术史》⑨，方诗铭《曹操·袁绍·黄巾》⑩，马新《两汉乡村社会史》⑪，樊志民《秦农业历史研究》⑫，彭卫《汉代社会风尚研究》⑬，王子今《秦汉区域文化研究》⑭，林甘泉主编《中国经济通史·秦汉经济卷》⑮，等等。关于秦汉人物和秦汉典籍研究的论著还有许多，不能一一列举。比如，桑弘羊研究与《盐铁论》研究，就有数量颇多的学术成果先后面世。

学术影响比较显著的以秦汉史为研究主题的学术论文集，我们还看到：张春树《汉代边疆史论集》⑯，张维华

---

① 东方出版社 1991 年 2 月版。
② 巴蜀书社 1992 年 6 月版。
③ 陕西人民出版社 1992 年 3 月版。
④ 齐鲁书社 1993 年 12 月版。
⑤ 江西人民出版社 1993 年 7 月版。
⑥ 上海古籍出版社 1994 年 12 月版。
⑦ 中共中央党校出版社 1994 年 7 月版；增订版，中国人民大学出版社 2013 年 1 月版（当代中国人文大系）；《秦汉交通史稿》，社会科学文献出版社 2020 年 12 月版（社科文献学术文库·文史哲研究系列）。
⑧ 吉林大学出版社 1995 年 3 月版，沈阳出版社 2003 年 6 月版。
⑨ 华东师范大学出版社 1995 年 12 月版。
⑩ 上海社会科学院出版社 1996 年版。
⑪ 齐鲁书社 1997 年 6 月版。
⑫ 三秦出版社 1997 年 9 月版。
⑬ 三秦出版社 1998 年 8 月版。
⑭ 四川人民出版社 1998 年 10 月版；增订本，人民出版社 2022 年 10 月版。
⑮ 经济日报出版社 1999 年 8 月版。
⑯ 食货出版社 1977 年 4 月版。

《汉史论集》①，何兹全《读史集》②，林幹编《匈奴史论文选集》（1919—1979）③，《贺昌群史学论著选》④，俞伟超《先秦两汉考古学论集》⑤，张传玺《秦汉问题研究》⑥，韩连琪《先秦两汉史论丛》⑦，邢义田《秦汉史论稿》⑧，陈直《文史考古论丛》⑨，朱绍侯《雏飞集》⑩，吴树平《秦汉文献研究》⑪，朱绍侯《军功爵制研究》⑫，田余庆《秦汉魏晋史探微》⑬，吴荣曾《先秦两汉史研究》⑭，张荣芳《秦汉史论集》⑮，高敏《秦汉史探讨》⑯，廖伯源《历史与制度：汉代政治制度试释》⑰《秦汉史论丛》⑱，等等，都有一定的学术影响。

1981年以来，中国秦汉史研究会编辑的《秦汉史论

---

① 齐鲁书社1980年3月版。
② 上海人民出版社1982年4月版。
③ 中华书局1983年8月版。还有两种匈奴史研究论著，也可以看作秦汉史学术成果，值得我们重视：林幹编：《匈奴历史年表》，人民出版社1984年9月版；林幹编：《匈奴史料汇编》，中华书局1988年8月版。
④ 中国社会科学出版社1985年2月版。
⑤ 文物出版社1985年6月版。
⑥ 北京大学出版社1985年11月版；增订本，北京大学出版社1995年10月版。
⑦ 齐鲁书社1986年8月版。
⑧ 东大图书股份有限公司1987年6月版。
⑨ 天津古籍出版社1988年10月版。
⑩ 河南大学出版社1988年7月版。
⑪ 齐鲁书社1988年1月版。
⑫ 上海人民出版社1990年1月版；增订版题《军功爵制考论》，商务印书馆2008年11月版。
⑬ 中华书局1993年11月版；重订本，中华书局2011年6月版。
⑭ 中华书局1995年6月版。
⑮ 中山大学出版社1995年11月版。
⑯ 中州古籍出版社1998年12月版。
⑰ 香港教育图书公司1997年版。
⑱ 五南图书出版有限公司2003年5月版。

丛》已经相继由陕西人民出版社、西北大学出版社、法律出版社、中国社会科学出版社出版多辑，收入论文数百篇。西北大学出版社出版的《秦文化论丛》，也受到学者的关注。

四、学术倾向与研究方法

20世纪初，马克思主义唯物史观传入中国，使中国史学发生了革命性的变化。一些进步的史学家注意运用新的历史唯物主义的方法考察历史，得到了新的发现，取得了新的成就。

李大钊、郭沫若、翦伯赞、范文澜、侯外庐等著名历史学者通过自己的学术实践，推进了史学的进步。李大钊的一系列最早介绍唯物史观的论文、郭沫若主编的《中国史稿》、翦伯赞主编的《中国史纲要》、范文澜主编的《中国通史》、侯外庐主编的《中国思想通史》等，都是具有崇高学术地位的名著，可以看作新史学的纪念碑。其中关于秦汉史的论述，大多作为论说重心，倾注了作者的颇多心力，尽管许多结论可能因新的发现和新的研究而需要做出修正，但仍然是我们应当重视的。

还应当看到，后来由于极左思潮的影响，以马克思主义为标榜的史学有缺乏学术原则而强行附和于政治的倾向。史学界曾经纠缠于没有很重要学术意义的争论之中，史学研究公式化的倾向造成重大影响。在一个特殊的历史阶段，服务于政治阴谋的所谓"影射史学"曾经盛行一时。20世纪六七十年代史学的这种反常的倾向，对秦汉史的影响也是显著的。

1978年由学界参与倡起的思想解放运动，对史坛也形成了积极的冲击。史学因此发生的重要进步，思想之自由，精神之自立，也是表现之一。

史学的学术自由，表现为若干学术禁区被打破，若干学术定说受到质疑，一些新的研究领域得以开拓，一些新的学术方法得以采用，一些新的学术观点得以提出。当时的史学，也进入了一个新的时代。解放思想，推陈出新，成为史学领域鲜明体现出时代风格的学术气象。洗刷极左思想在史学研究方面的遗毒，引进世界史学的优秀成果，借鉴国外新的研究方法，一时促成了新的学术风气，随即又催生了一些优异的研究成果。其中有些论题，是传统史学未曾涉及的。有些以往讨论过的问题，也因视角和方法有所更新，论证得以别开生面。于是，中国史学在20世纪最后20年的学术形象明显有所改观。中国秦汉史研究正是在这样的学术背景下走向新的繁荣。

史学的学术自立，表现为史学必须为政治服务的观念已经为多数学者从内心摒弃，史学实际上成为政治的附庸的情形，已经被看作一种非正常、非科学的现象。对"影射史学"的批判不仅在政治意义上具有合理性与正义性，从学术史的角度看，实际上也有助于唤醒历史学者追求真正的学术创造和学术发展的意识。

中国史学久有服务于政治的传统。在中国古代，历来有"鉴古知今"的说法，其意义却往往局限于政治生活。历史知识的主体内容，是政治史。熟悉政治史，借鉴历史上政治斗争的得失与成败，记取历史上政治斗争的经验和教训，以应用于现实政治生活，是中国千百年来相沿已久的对历史学的定义。司马迁在《史记》中曾经写道："居今之世，志古之道，所以自镜也。"① 唐代张九龄的《千秋金鉴录》、宋代司马光的《资治通鉴》、明代张居正的《帝鉴图说》等，其中所谓"鉴"，都是这个意思。历史，被有识见的政治活动家看作现实的镜子。历史知识被看作可以应用于现今的积累与存储政治经验、政治智慧的宝库。这样的观念，固然曾使史学具有显赫的地位，却抹杀、否定了史学真正的文化价值。古来曾多有史家对抗政治强权以谋求"自立"的事迹，但是其历史视野和学术眼光仍不免为政治史所局限。乾嘉时代一些学者使学术离开政治的倾向，曾经受到"为学术而学术的客观主义"的批评。其实，他们以当时可能的方式表现"自立之精神"的努力，是应当肯定的。

1978年以来，历史主要是政治史的定式终于被动摇，是史学学术史上的一件大事。就秦汉史的研究来说，秦汉社会生活、秦汉经济水准、秦汉思想文化、秦汉民间礼俗

---

① 《史记》卷一八《高祖功臣侯者年表》，第878页。

等等，都开始成为诸多学者关注的对象。

在20世纪的最后20年，可以说，史学健康发展的道路越来越开阔。一批又一批较高质量的论著相继问世，反映了史坛新的学术繁荣。在有些领域，如社会生活史、民俗史、人口史、生态史等方面，学术创新的成就是有目共睹的。秦汉史研究的进步，也是突出的。

不过，我们又看到，在政治生活对史学研究的影响和限制已经逐渐淡薄的另一面，经济生活对史学研究的干扰和冲击彼愈益明显。在经济力量的作用下，学者往往难以全心全意地投入学术研究。检点已经面世的史学论著，可以看到多有次质、劣质的出版物夹杂其中。一些具有较高水准的学者，也常常不得不以相当多的精力从事较低层次的写作。于是从总体上说，造成了社会学术实力的某种浪费。

秦汉史学者克服这种干扰的努力，通过相继面世的高质量的学术成果可以得到体现。

20世纪以来，一些史学家注重借用西方的研究方法运用于中国史学的研究，章太炎的《中国通史略例》《近史商略》、梁启超的《中国历史研究法》、刘师培的《中国历史教科书》等，都是这种努力的成果。王国维、陈寅恪、陈垣等学者，也进行了发展近代新史学方法的探索。

王国维在史学方法论革新方面的最大贡献，是提出了二重证据法。

所谓二重证据法，就是以地下出土的实物资料与历史文献资料相互印证的方法。王国维说："吾辈生于今日，幸于纸上之材料外，更得地下之新材料。由此种材料，我辈固得据以补正纸上之材料，亦得证明古书之某部分全为实录，即百家不雅驯之言亦不无表示一面之事实。此二重证据法惟在今日始得为之。虽古书之未得证明者不能加以否定，而其已得证明者不能不加以肯定，可断言也。"① 王国维提出的这一方法，对近代史学的进步有重要影响。1934年，陈寅恪曾经概括王国维等人所倡起的新史学方法的文化特征："一曰取地下之实物与纸上之遗文互相释证"；"二曰取异族之故书与吾国之旧籍互相补正"；"三曰取外来之观念，与固有之材料互相参证"。他认为，这一进步，"足以转移一时之风气"。②

"地下之实物""异族之故书"以及"外来之观念"得到重视并加以利用，体现出20世纪的新史学对18世纪、19世纪的历史性超越。陈氏"足以转移一时之风气"的说法，对史学的成就和影响而言，既是对20世纪前三四十年的客观总结，也是对20世纪后六七十年的英明预言。

20世纪的中国史学，继承了以乾嘉学派为旗帜的传统史学的基本方法，同时又受到西方实证主义的影响，其内涵得到了充实，其原则也实现了理论的升华。现代体现出世界文化影响的人类学、文化学、社会学、民族学等学科

---

① 《古史新证》第一章"总论"，王国维：《古史新证——王国维最后的讲义》，清华大学出版社1994年12月版，第2—3页。
② 陈寅恪：《王静安先生遗书序》，《金明馆丛稿二编》，第219页。

的进步，也对中国史学的进步形成了积极的推进作用。甲骨学、敦煌学、简牍学等新的学术领域的扩展和新的学术宝库的开掘，特别是因现代田野考古技术的应用和推广，考古文物新资料层出不穷，使史学得到了空前优越的发展条件。在这样的条件下，秦汉史研究较中国古代史的其他断代研究，所取得的成就可以说是卓然可观的。

中国秦汉史研究在方法上的不足之处，比较突出地表现在国际交流依然有限，海外优秀研究成果往往不能及时译介这些方面。这一弱点在大陆学者中表现尤为突出。当然，这种学术交流的不足，表现在互相交往双方的欠缺。

五、世纪之交的研究进展

20世纪90年代以来，秦汉史研究的发展表现出新锐态势。对于以往研究力量比较集中、学术积累最为丰厚的政治、经济、文化等方面，由于一些学者的研究视野有所拓展，研究角度有所变换，研究方法有所创新，因而研究成果的质量和数量都有引人注目的进步。面临世纪之交的这一学术特征有革故鼎新、继往开来的意义，因此有必要在这里占用较多的篇幅予以介绍。

（一）秦汉政治史

秦汉政治形态不仅对当时的社会文化关系至大，对后世也有十分深远的历史影响。因此，秦汉政治史研究长期以来多有学者瞩目的学术热点。因视点的调整和方法的更新，20世纪后期秦汉政治史研究的成果，更不乏别开生面之作。

徐卫民、贺润坤合著《秦政治思想述略》应当说是就这一专题进行全面论述的第一部专著。① 刘太祥著《汉唐行政管理》② 有关汉代行政管理的内容，比较清楚地介绍了当时高层次的决策机制和管理效率，也体现出作者既追求学术价值，又重视现实借鉴意义的努力。唐赞功题为《一代功臣侯的荣辱兴衰：对"高祖功臣侯者"的考察》的论文分析了汉初功臣集团及其家族"勃兴→尊宠→富厚→废免→沦落"的历史道路，总结了"布衣"列侯"身宠而载高位，家温而食厚禄"，故逐渐改变作风，其子孙更"忘其先祖之艰难"，奢侈骄逸，迅速向反面转化，相继"陨命亡国"的历史过程和历史原因，并且以为这样的考察是有现实意义的，今人应当以史"自镜"。与唐文一同发表于《北京师范大学学报》1995 年第 5 期的，还有吉书时的《试论西汉的侠官》。作者讨论了西汉特别是西汉初年政界所谓"侠官"，即一些行为表现出浓重侠风的官吏的存在、影响和消失。同刊同期发表的马彪《两汉之际刘氏宗室的"中衰"与"中兴"》一文，又论述了另一个重要的社会政治层面在两汉之际由衰而兴的历史转变，读来也可以得到有益的启示。

---

① 陕西人民教育出版社 1995 年 7 月版。
② 河南大学出版社 1995 年 6 月版。

卫广来《论西汉的宫闱政治》论述了秦汉上层政治生活中家族关系影响政体与政制的特殊的历史文化现象。① 华友根《西汉的礼法结合及其在中国法律史上的地位》一文认为，西汉的"礼仪与律令同录"和因家族关系而免罪或加刑等，是中国旧律实行礼法结合的开始。这一形式，成为中华法系的重要特征。②

周振鹤《中央地方关系史的一个侧面：两千年地方政府层级变迁的分析》中有关秦汉时期的内容，对于透视中央与地方关系的历史演变有重要的意义。③ 这样的研究形式，又使我们看到通过中国两千年政治史的宏观研究认识秦汉政治的特色，同时也是科学说明秦汉政治在中国两千年政治史中的地位的良好范例。

朱绍侯《刘秀与他的功臣》④ 等对于政治人物进行历史分析的论文，陈勇《董卓进京述论》⑤ 等对于政治事件进行历史分析的论文，张鹤泉《东汉故吏问题试探》⑥ 等对于政治阶层进行历史分析的论文，周振鹤《从汉代"部"的概念释县乡亭里制度》⑦ 等对于政治结构进行历史分析的论文，以及卜宪群《秦制、楚制与汉制》⑧ 等对于政治体制进行历史分析的论文，都颇有新意。陈勇《论光武帝

---

① 《文史哲》1995年第1期。
② 《复旦学报》1995年第6期。
③ 《复旦学报》1995年第3期。
④ 《中国史研究》1995年第4期。
⑤ 《中国史研究》1995年第4期。
⑥ 《吉林大学学报》1995年第5期。
⑦ 《历史研究》1995年第5期。
⑧ 《中国史研究》1995年第1期。

"退功臣而进文吏"》一文分析了东汉初年刘秀调整上层权力集团中南人和北人、新臣和旧臣、文官和武官的利益关系的策略,以及这种调整对和平消除政治隐患的意义,使光武年间这一复杂的政治过程明晰地展示在人们面前。①

吏,是秦汉各级政府机构得以发挥其行政职能的重要人事构成。卜宪群《吏与秦汉官僚行政管理》一文说,"学界对秦汉官僚制度中吏的研究十分薄弱",于是就吏的渊源、吏的选用与仕进、吏与官僚行政运作等诸方面进行了有益的探讨。其中有关"吏与官僚行政运作""秦汉的胥吏之害"的内容,提出了一些新的值得重视的见解。②

与这项研究有关的成果,还有马育良《俗吏吏风:西汉儒家批判的一种治政现象》。所谓"俗吏",据作者称,"是汉儒加于某些技能官吏的称谓,其作为都程度不同地带有否弃礼德传统、迷恋笃行战国以来得到发展的国家政刑技术的倾向"。"西汉时期不少论者提到的所谓'文吏''文吏法律之吏''刀笔吏''执法之吏''文法吏',其内涵同俗吏都是一致的。而其极端,则为时人所指斥的'酷吏''惨酷之吏''治狱之吏''刻薄之吏''刚猛之吏'。"③ 可见所说的"吏",所指代的身份与卜宪群所讨论的有所不同。

基层行政组织,是构成传统政治社会的基本单元。其

---

① 《历史研究》1995 年第 4 期。
② 《中国史研究》1996 年第 2 期。
③ 《安徽教育学院学报》1996 年第 1 期。

形式和作用，可以反映当时社会政治历史的许多基本特征。顾炎武曾经说："夫惟于一乡之中，官之备而法之详，然后天下之治若网之在纲，有条而不紊。"所谓"仁化大行"之世，往往"民但闻啬夫，不知郡县"。① 可见基层行政结构历史作用之显著。柳宗元《封建论》曾经指出："有里胥而后有县大夫，有县大夫而后有诸侯，有诸侯而后有方伯、连帅，有方伯、连帅而后有天子。"② 顾炎武于是说："由此观之，则天下之治始于里胥，终于天子，其灼然者矣。故自古及今，小官多者，其世盛；大官多者，其世衰。兴亡之途罔不由此。"③ 基层行政体制的构成和作用，对国家政治管理的实施有极重要的意义。这是历代政治史都可以证明的。仝晰纲《秦汉时期的乡里豪民》一文，讨论了秦汉时乡里构成的若干特征，和作者的其他有关论文同样，为分析秦汉政治管理在基层的运作形式，进行了有益的工作。④ 辛德勇《闾左臆解》一文也对说明秦代乡里制度的形式做了新的探索。⑤

对秦王朝衰亡原因的探讨，仍然为诸多研究者瞩目。施丁《再评〈过秦论〉》⑥，鲁马《试论"三户亡秦"的历史应验》⑦，吴刚、刘小洪《秦亡汉兴之因再探》，程远

---

① 《日知录》卷八"乡亭之职"条，《日知录集释（全校本）》，第471、473页。
② 〔唐〕柳宗元：《柳宗元集》，中华书局1979年9月版，第70页。
③ 《日知录》卷八"乡亭之职"条，《日知录集释（全校本）》，第472页。
④ 《社会科学辑刊》1996年第3期。
⑤ 《中国史研究》1996年第4期。
⑥ 《史学史研究》1996年第1期。
⑦ 《淮海文汇》1996年第8期。

《国家意识与秦的统一和速亡》,等等,都提出了一些新的认识。吴刚、刘小洪认为,秦所以短促而亡,主因并不是以往所说的"赋税太大""徭役太重""用刑太极",而是由于强行全面废除分封制,推行郡县制的力度和广度不适当,导致了社会矛盾的激化。① 程远则认为,国家意识是秦灭六国、完成全国统一的潜在原因;秦统一中国后,它又是促使秦王朝迅速灭亡的重要因素之一。"所谓国家意识,是长期形成并逐渐巩固起来的对祖国的一种深厚情感,即:认同感、归宿感、荣辱与共感等等。其主要内容有:对国家领土完整的捍卫意识,对国民安全的保卫意识,对政权统一性的维护意识,在古代还融有对最高统治者的忠诚意识,等等。国家意识的极致,其正面效应是高度的爱国主义,其负面效应是狭隘的国家主义。"② 曹智英《从军事经济的角度看秦王朝的兴亡》则从军事经济这一新的视角进行了分析和研究。③

汉代执政者主张将倡廉具体化为一系列选廉制度,收到了良好的社会效果,多数官吏以廉为荣,社会上下形成了广泛的崇廉风气。黄留珠《汉代的选廉制度》④ 总结了这一制度成功的经验,并且指出有关史实对于当今政治生活仍然有借鉴价值。

---

① 《学术月刊》1996 年第 8 期。
② 《人文杂志》1996 年第 4 期。
③ 《军事经济研究》1996 年第 4 期。
④ 《唐都学刊》1998 年第 1 期。

阎步克《论汉代禄秩之从属于职位》①一文揭示了汉代"秩位职位合一制"的史实，指出了汉代官制特殊的时代特征，对说明专制官僚政治的历史演变有重要的意义。

司马迁《史记》卷一二一《儒林列传》说，汉文帝本好刑名之言，汉景帝时，不任儒者，而窦太后又好黄老之术，于是此后汉初政治为"黄老之治"或"黄老刑名之治"的说法大致成为定论。李之喆发表《汉初政治非"黄老刑名之治"论》一文，就此提出异议。他认为，判定一个社会政治指导思想的标准，只能是看当时所实施的政治措施，而不是统治者本人的某种口味。于是得出"汉初政治本质上是一种儒学的'无为'政治"的结论。②李存山在《〈商君书〉与汉代尊儒——兼论商鞅及其学派与儒学的冲突》③一文中，论证汉代统治者尊儒的思想源于法家经典《商君书》，认为儒家学说是汉儒吸收道、法、阴阳等家思想因素经过理论调整才适应当时政治制度需要的，而《商君书·开塞》在儒与法的结合上起到了某种中介的作用，也提出了与传统认识不同的值得重视的新说。儒学在汉初发生的历史演进，是许多学者共同承认的。《商君书》的文化内涵及其历史影响，可能确实需要认真考论。洪煜的论文《汉初儒学的历史命运》④指出，儒学在成为官方统治思想的

---

① 《北京大学学报》1998年第6期。
② 《人文杂志》1998年第6期。
③ 《中国社会科学院研究生院学报》1998年第1期。
④ 《史学月刊》1998年第6期。

过程中，主要因素是"儒学本身道德教化的政治伦理及其积极有为的入世精神"，"儒学的政治实用性成为其从备受冷落而走向繁荣的主要缘由"。马亮宽认为，陆贾援道入儒，相对陆贾来说，贾谊是援法入儒，董仲舒的思想是以儒家思想为本，吸收了黄老思想、法家思想、阴阳家思想。汉初儒学得以发展，除了社会政治的需要，士人儒家化，政治环境的宽松等背景以外，儒家学派具有包容性和关注社会的特质也是重要原因。① 上述数篇论文，从不同角度总结汉初正统政治思想的形式与内涵，都可以使读者得到启示。

秦汉政治文化若干以往不为重视的现象也成为学者用心探研的对象，从而有新的历史发现。如王彦辉《汉代的"去官"与"弃官"》②，孙家洲、李宜春《西汉矫制考论》③，仝晰纲《汉代官吏"擅为"及其法律责任》④，高焕祥《试论董仲舒的社会控制思想》⑤，张景贤《论汉代礼入于法的趋势》⑥等论文，分别讨论了秦汉政治史的重要问题，提出了引起学界重视的新见解。

关于秦汉历史人物研究的论著，多以政治人物及其政治思想与政治实践为对象。如臧知非的《吕不韦、〈吕氏春秋〉与秦朝政治》⑦、奚椿年的《李斯入秦是顺应历史潮流

---

① 马亮宽：《试论汉初儒学发展的历史地位》，《孔子研究》1998年第2期。
② 《中国史研究》1998年第3期。
③ 《中国史研究》1998年第1期。
④ 《山东师范大学学报》1998年第6期。
⑤ 《聊城师范学院学报》1998年第2期。
⑥ 《历史教学》1998年第10期。
⑦ 《秦文化论丛》第6辑，西北大学出版社1998年7月版。

吗?》①、马植杰的《评价陈胜宜放大视野》②、夏增民的《刘邦与其功臣集团关系析论》③、马植杰的《张良论》④、张秋升的《贾谊的帝王观》⑤、臧嵘的《评东汉光武帝的历史作用》⑥、黄朴民的《诸葛亮与汉末法治思想的渊源关系》⑦ 等，大都各抒新见，使我们对秦汉政治生活的认识得以充实。

黄今言有关汉代军事史的一组论文产生了引人注目的学术影响。如《汉代期门羽林考释》⑧、《东汉军事后勤的几个问题》⑨、《东汉中央直辖军的改革》⑩、《说东汉在军制问题上的历史教训》⑪ 等，都分别就所论专题提出了新见。1996年秦汉军事史研究的成果相对较为集中，胡宏起《汉代兵力论考》⑫ 和《两汉军费问题研究》⑬ 讨论了汉代军事史两个非常重要的问题。有关成果还有高敏《东汉魏晋时期州郡兵制度的演变》⑭、武素琴《西汉羽林述论》⑮ 等。

李开元的专著《汉帝国的建立与刘邦集团：军功受益

---

① 《江海学刊》1998年第2期。
② 《宁夏社会科学》1998年第4期。
③ 《南都学坛》1998年第1期。
④ 《宁夏大学学报》1998年第2期。
⑤ 《求索》1998年第3期。
⑥ 《历史教学》1998年第12期。
⑦ 《历史教学》1998年第6期。
⑧ 《历史研究》1996年第2期。
⑨ 《江西师范大学学报》1996年第1期。
⑩ 《安徽史学》1996年第2期。
⑪ 《南都学坛》1996年第2期。
⑫ 《历史研究》1996年第3期。
⑬ 《中国史研究》1996年第4期。
⑭ 《历史研究》1996年第3期。
⑮ 《殷都学刊》1996年第1期。

阶层研究)》①，是影响较大的学术成果。作者采用新的学术视点，首先将建立汉帝国的刘邦集团概括为一个新的社会阶层，即汉初军功受益阶层，其次将这个特定时代的社会阶层进一步抽象为无时态限制的军功受益阶层，推广到二千年中华帝国的历史中，作为一个具有普遍性的理论概念来加以使用。在汉代历史研究中运用了军功受益阶层的概念，使刘邦集团的特性得以凸现，其他社会阶层和集团的面貌也清晰起来。汉代政治史的许多相关现象从而也可以得到合理的说明。李开元的考察思路，可以使秦汉政治史研究者们受到启发。于振波著《秦汉法律与社会》②以作者的博士学位论文为主体，从秦律溯源、汉代法律考述、秦汉刑制的演变、秦汉法律与社会等级、秦汉法律与吏治、秦汉时期的执法等诸方面进行论述。特别是"秦汉法律的伦常化""秦汉法律与经济发展"等章，研究的侧重点和方法论都有创新之处。

(二) 秦汉经济史

经济史研究仍然是许多秦汉史研究者以相当多的心力辛勤耕耘的领域。20世纪最后时段发表的秦汉经济史研究成果，许多已经突破单纯陈述性的惯式，涉及新的深度，提出了新的见解。除了前面说到的主要论著之外，一些学术论文也提出了值得重视的观点。

---

① 生活·读书·新知三联书店2000年3月版。日文版《漢帝國の成立と劉邦集團——軍功受益階層の研究》，汲古书院2000年4月版。
② 湖南人民出版社2000年3月版。

熊伟华《汉代经济犯罪的类型及惩治的司法原则》说道，汉代以贪污罪和贿赂罪为核心的各种经济犯罪类型史不绝书，在这一经济迅速发展和法制逐渐完备的时代，针对形形色色的经济犯罪制定了极为苛细的刑事法则和惩治措施，这些制度，对于今天，仍不失其启迪价值。① 张中秋《汉代工商贸易法律叙论》对于汉代有关官营手工业和商业及对外贸易的法律管理进行了比较系统的说明和分析。作者指出，农商的对立根源于中国的社会结构，法律在这种对立中所起的作用，在很大程度上可以影响社会经济的发展方向。②

对秦汉经济制度实际内涵的不同理解，引起了累年激烈不休的争论。对有关命题提出新的论证的研究成果，有马怡《秦人傅籍标准试探》③，张洪林、李东方《秦汉赋税立法之比较》④，冷鹏飞《汉代名田蓄奴婢制度考论》⑤，胡大贵《汉代更赋考辨》⑥，于琨奇《两汉田租征收方法和数量探析》⑦，孙中家《西汉商业政策探论》⑧，等等。

杨师群《从云梦秦简看秦的国有制经济》认为，根据云梦秦简及有关史料剖析秦的经济基础，可以发现其国有制经济占据了主导地位，而不是传统理论所说的主要是地

---

① 《人文杂志》1995 年第 1 期。
② 《南京大学学报》1995 年第 4 期。
③ 《中国史研究》1995 年第 4 期。
④ 《中州学刊》1995 年第 1 期。
⑤ 《湖南师范大学社会科学学报》1995 年第 3 期。
⑥ 《四川师范大学学报》1995 年第 1 期。
⑦ 《安徽史学》1995 年第 1 期。
⑧ 《中国史研究》1995 年第 4 期。

主经济。这样,商鞅变法后秦国的社会性质与所谓地主阶级几乎没有任何关系,而需要重新定论。① 他在《商鞅变法的性质与作用问题驳论》一文中又指出,对商鞅变法全面肯定的评价,只是史学理论公式化的产物,不能真实地反映历史的本来面目。他认为,通过分析商鞅变法的实际措施,找不到任何要改革旧的生产方式的内容,也没有改变奴隶地位的动作,反而增加了一些奴隶制度,因而变法谈不上代表什么土地私有制经济集团——地主阶级的利益。商鞅变法倡起的抑商政策,扼杀了社会中的变革因素,是一项极为反动的经济政策。就商鞅变法对后世国家整体经济长远发展的历史影响看,商鞅变法的成功是中国古代社会发展史中的一场悲剧。②

孙达人在《试给"五口百亩之家"一个新的评价》一文中提出了重新认识秦汉时代经济基础乃至社会基础的关键性的问题,即当时作为社会基石的个体农家的经济和社会特性。他认为,秦能够不断强大直至最终实现统一,主要是因为培育了用当时最先进的技术武装的个体农民。秦始皇"使黔首自实田"的命令,废止了东方残存的旧田制。"强大的秦朝尽管很快就灭亡了,它所培育的个体农民经济通过了秦末农民战争的洗礼却更加充分地显示出其强大的生命力。"这种农民的性格特征和习惯意识有这些基本特征:一、具有极强的小家庭观念却仍然聚邑而居;

---

① 《史学月刊》1995 年第 4 期。
② 《学术月刊》1995 年第 6 期。

二、具有极强的刻苦耐劳和勤俭节约的精神，同时又包含着后来越来越缺少的强悍性格；三、使用着当时最先进的生产工具——铁器牛耕和掌握着当时最先进的精耕细作农业技术，从而具有极强的经验理性精神；四、具有很简单的男耕女织的经济结构，因而具有相当程度的独立性。①这种分析对于真切认识秦汉经济的基础以及以此为条件的秦汉时代民族性格与时代精神的形成，显然是有意义的。

专意探讨秦汉个体农户的生产和生活条件的论文，还有李根蟠的《对战国秦汉小农耕织结合程度的估计》。通过结合文献记载和考古资料的认真研究，作者指出，战国至汉初，黄河中下游地区的农民已经比较广泛地在不同程度上实行耕织结合，但结合的程度和范围远逊于后世，不仅不同地区之间不平衡，而且同一地区不同农户之间也不平衡，不从事纺织生产，要从市场购买衣物的农户占一定数量。西汉中期以后，随着牛耕的推广，个体小农的耕织结合日趋普遍和紧密。分析这一历史变化的原因，不能忽视国家政权经济职能的作用。②

秦汉经济史研究中较有影响的论文，还有林甘泉《秦汉的自然经济与商品经济》③、臧知非《刘秀"度田"新

---

① 《中国史研究》1997年第1期。
② 《秦文论丛》第5辑，西北大学出版社1997年6月版。
③ 《中国经济史研究》1997年第1期。

探》①及《汉代田税征收方式与农民田税负担新探》②、薛振恺《试论汉武帝的敛财政策》③、杨有礼《秦汉俸禄制度探论》④、施伟青《汉代居延官吏俸禄发放的若干问题》⑤、王亚春《汉代关税小考》⑥等。

20世纪最后若干年，多有学者以新的角度考察秦汉经济，进行了有益的探索。如王鑫义《司马迁对中国商业地理学的贡献》⑦、马新《两汉乡村管理体系述论》⑧以及徐青莲《汉代蜀布之形制与交通路线——汉代布帛研究举例》⑨、邵鸿《西汉仓制考》⑩等。

王彦辉《论汉代工商官营政策的政治影响》⑪一文对汉代经济政策中历来讨论较多的工商官营的积极性质做了肯定，又指出了这一政策因导致吏治腐败对政治生活形成的负面影响，对于以往片面强调工商官营打击工商豪强的意义而忽视其消极作用的偏向，有所纠正。

秦汉经济史的考察有多角度、多层面的认识。王凯旋《东汉"市"考略》⑫，罗庆康《汉代盐制特点述评》⑬，陈

---

① 《苏州大学学报》1997年第2期。
② 《史学月刊》1997年第2期。
③ 《北京师范大学学报》1997年第4期。
④ 《华中师范大学学报》1997年第2期。
⑤ 《中国经济史研究》1997年第1期。
⑥ 《山西大学学报》1997年第3期。
⑦ 《中国史研究》1997年第3期。
⑧ 《山东大学学报》1997年第1期。
⑨ 《中国历史学会史学集刊》1970年第2期。
⑩ 《中国史研究》1998年第3期。
⑪ 《东北师范大学学报》1998年第3期。
⑫ 《史学月刊》1998年第2期。
⑬ 《盐业史研究》1998年第1期。

昌文、肖倩《试论秦汉纺织业中的商品生产》[1]，以及王玉全《汉画所见汉代渔业生产初探》[2]等论文，也都可以从不同角度丰富我们对秦汉经济的认识。

黄今言著《秦汉经济史论考》[3]，收入论文20篇，其中有些论文早已在经济史学界享有盛誉，有的论文则只在学术会议进行过交流而未曾正式发表，有的论文收入该书时进行了必要的调整和充实。全书内容以经济史为主题，也涉及赋税徭役、国家财政、募兵制度等方面的研究，并与政治史、军事史形成交叉。

（三）秦汉文化史

对于秦汉文化史的研究，也可以看到新的进展。

人们长期以来多认为董仲舒提议推行的"罢黜百家"，以及所谓"独尊儒术"的政策，是导致学术凋萎、思想僵化的文化专制主义政策。有的学者认为，董仲舒提出的"天不变道亦不变"的观点，是为腐朽的反动政治服务的。李定生《董仲舒与黄老之学：儒学之创新》指出，这样的看法是不公正的，董仲舒继承了齐学之风，他吸收道、法、阴阳、名等思想，对先秦儒学实行加工改造，创造了一个新的儒学体系。他的"更化"思想，也是要通过"变"而实现"不变"。[4] 阐述类似观点的，还有汤其领《论董仲舒

---

[1] 《南都学坛》1998年第5期。
[2] 《南都学坛》1998年第1期。
[3] 中国社会科学出版社2000年8月版。
[4] 《复旦学报》1995年第1期。

更化思想及对汉武帝改革之影响》。[1] 赵伯雄的《从〈春秋繁露〉看董氏〈春秋〉学》一文又重点讨论了以董仲舒为代表的汉儒对《春秋》经义的解说形式，同时认为这种解说形式对后世中国人的思想方法产生了不容忽视的影响[2]。论述董仲舒思想的历史影响的论著，还有钱逊《董仲舒与先秦百家争鸣的终结》[3]、王汉昌《应当怎样评价董仲舒》[4]、张显传《从历史教育说董仲舒》[5]、张国华《从〈天人三策〉到〈春秋繁露〉：兼论董仲舒与"黄老之学"》[6]等。对于汉武帝"罢黜百家，独尊儒术"的传统认识，庄春波对勘史籍，有以澄清。他在《汉武帝"罢黜百家，独尊儒术"说考辩》一文中指出，此说之根据，在《史记》《汉书》和《资治通鉴》中的记载各异，推考史实，不难发现，汉武帝尽管"卓然尊儒"，却并未"罢黜百家"，而是"兼容并包"，"霸王道杂之"。[7]

张强《论神话在汉代传播的文化形态》[8]，张运华《〈淮南子〉对道范畴的理论深化》[9]，余明光、谭建辉《黄老学术向黄老道教之转变》[10]，刘乐贤《睡虎地秦简日书

---

[1]《历史教学问题》1995年第3期。
[2]《南开学报》1995年第1期。
[3]《清华大学学报》1995年第1期。
[4]《河北大学学报》1995年第1期。
[5]《北京师范大学学报》1995年第3期。
[6]《中国社会科学院研究生院学报》1995年第3期。
[7]《孔子研究》2000年第4期。
[8]《陕西师范大学学报》1995年第4期。
[9]《西北大学学报》1995年第4期。
[10]《湘潭大学学报》1995年第5期。

"人字篇"研究》①,邝邦永《秦汉时期的政治神学思想》②,谢谦《大一统宗教与汉家封禅》③,黄宛峰《叔孙通、陆贾与汉初的儒学走向》④,等等,也都是秦汉文化史研究的新成果。

黄留珠《秦文化二源说》以所谓"源于东而兴于西"加以概括的新思路说明秦文化的起源和基因,认为既要看到秦文化的始发之源,又要看到其复兴之源,还要看到复兴之源的再次起源特征,三者缺一不可。⑤ 这一见解,对说明秦史与秦文化的发展走向,有启示意义。

河北定州中山怀王墓出土竹简《文子》释文的发表,引起了学术界极大的兴趣。李学勤《试论八角廊简〈文子〉》通过对这一重要简帛佚籍文字内容历史变化的分析,又提出了对汉代学术史的重要认识。作者写道:"从《文子》的演变,可以窥见一些古代典籍的形成过程。""东汉晚期以迄魏晋,战祸频仍,图书沦丧,其时学者整理流传若干典籍,如古文《尚书》、《家语》、《孔丛子》、《列子》、《西京杂记》之类,多为后世诟病。其原因之一是他们所据古本大都残缺未全,整理时不主保留真相,而是按照主观意图力求成为内涵丰富、价值崇高。《文子》的窜改增

---

① 《江汉考古》1995 年第 1 期。
② 《衡阳师范学院学报》1995 年第 1 期。
③ 《四川师范大学学报》1995 年第 2 期。
④ 《史学月刊》1995 年第 3 期。
⑤ 《西北大学学报》1995 年第 3 期。

益，也是这种学风的产物。"① 1996 年 6 月，台北召开了"《文子》与道家思想发展两岸学术研讨会"。该会论文集收入论文 14 篇，其中包括大陆学者李定生《韩非读过〈文子〉——谈〈文子〉的年代与原始道家的关系》、陈鼓应《论〈文子·上德〉的易传特色》、李缙云《〈文子·道德篇〉竹简本、传世本的比较》、魏启鹏《〈文子〉学术探微》等论文 6 篇。相关研究对于充实并更新对早期道家思想的认识，提供了新的视角。

李学勤《〈汉书·李寻传〉与纬学的兴起》②、查屏球《论汉武时代士人精神的嬗变》③、唐德荣《王符梦论思想的历史地位》④、于迎春《以"通儒""通人"为体现的汉代经术新变》⑤、陈广忠《汉代道家的宇宙论》⑥、孔毅《汉晋名士忧患意识比较论》⑦ 等，也都就秦汉思想文化的演进发表了新见。

我们还看到，在秦汉文化史学术史的研究领域内，学术文化与政治的关系受到了一些研究者的重视，并且相继推出一些有一定影响的论文。如刘先枚《论〈易传〉政治思想的生命力：兼论秦始皇焚书不及〈周易〉之谜》⑧、黄

---

① 《文物》1996 年第 1 期。
② 《杭州师范学院学报》1996 年第 2 期。
③ 《南京师范大学学报》1996 年第 2 期。
④ 《武陵学刊》1996 年第 1 期。
⑤ 《中州学刊》1996 年第 4 期。
⑥ 《中国文化研究》1996 年第 3 期。
⑦ 《学术月刊》1996 年第 2 期。
⑧ 《湖北大学学报》1996 年第 2 期。

宛峰《汉代的太学生与政治》①等，都有值得重视的内容。黄宛峰在《儒生与秦政》一文中指出，春秋战国时期，秦国虽然少有儒生活动，但儒学的影响依然存在。秦统一后，政治文化开始接受儒学的影响。不过，因为政治形势的严峻，仍保留战国自由议政遗风的儒生受到了迫害。不过，总的说来，儒生和秦政权之间是既有合作又有矛盾的，双方的关系是随着政治形势的变化而变化的。②王健《汉代君主研习儒学传统的形成及其历史效应》一文达到了值得肯定的学术境界。作者指出，两汉是儒学独尊的时代，以武帝改制为起点，儒家思想与王朝政治结下了不解之缘。两汉君主尊儒崇经，稽古礼文，对儒学的研习逐渐成为儒家政治格局下的一大历史传统。封建皇权在儒学领域的理论行为，提高了最高统治者的政治文化素质，成功地维系了思想统治，影响到了君主的临朝决策和治国施政。作者还指出："这种传统不仅赋予汉代历史以特殊的文化风貌和政治生态，而且也为后世王朝所承袭发展，历史影响十分久远。"③

司马迁的《史记》是当时社会历史的全景记录，具有极丰富的文化内涵。有的学者于是称司马迁的历史思想为"'大历史'史观"。④王子今著《史记的文化发掘：中国早

---

① 《南都学坛》1996年第2期。
② 《学术月刊》1996年第1期。
③ 《中国史研究》1996年第3期。
④ 黄留珠《论司马迁的"大历史"史观》，《人文杂志》1997年第3期。

期史学的人类学探索》一书就分析司马迁《史记》中反映的汉代社会盛行的神秘主义意识，从若干方面进行了探索。①

对于社会生活形态中文化结构、文化形式的作用，也多有学者予以注意。于迎春著《汉代文人与文学观念的演进》② 一书涉及汉代社会的儒学化及相应的社会风气和士人精神的历史特征。台湾学者陈文豪题为《汉代书肆及其相关问题蠡测》的论文全面探讨了书肆的起源及汉代书肆发展兴盛的历史过程。作者认为，作为传播文化的重要媒介，书籍的流通对当时社会生活的面貌有显著的影响。③

张荣芳的《论汉代太学的学风》④ 从教育史的角度分析了汉代太学因重视内在的学风建设从而产生积极的社会文化影响的史实，认为汉代太学严格选择博士、尊师重道、推行学以致用的教学原则、鼓励学生勤奋学习、自由研讨、实行严格的考试制度等，都创造和积累了对现今仍有借鉴意义的有益的经验。有关秦汉教育文化的论文，还有肖世民的《汉、唐学校教育异同论》⑤ 等。

田昌五在《易学与秦汉思想文化形态的演变》一文中对易学及其对秦汉时期思想文化演进之基本走向的影响进

---

① 湖北人民出版社1997年10月版。
② 东方出版社1997年6月版。
③ 《庆祝王恢教授九秩嵩寿论文集》，1997年5月版。
④ 《中山大学学报》1998年第1期。
⑤ 《人文杂志》1998年第4期。

行了深刻的论述。①

游学,即文人士子远游异地从师求学,从事学术活动,是反映汉代学术风气的一种重要现象。刘太祥《汉代游学之风》分析了这种社会现象的源起与作用,认为汉代游学之兴盛,推动了汉代学术的发展,促进了汉代文化的繁荣。②

张良才《试论秦之"吏师"制度》,通过一个特殊角度的考察,也有助于说明秦汉文化的特质。③ 讨论秦汉文化史的比较重要的论文,还有吴荣曾的《汉简中所见的鬼神迷信》④、潘志峰的《试论西汉时期神仙方术及阴阳灾异思想与谶纬的兴起》⑤、鲍新山的《评汉初黄老思想的消极影响》⑥ 等。

(四) 秦汉社会史

秦汉社会史研究在20世纪最后阶段成为学界共同瞩目的热点。除了在社会物质生活的形式和特点方面仍多有研究成果发表之外,以民间观念形态为重要内容的社会精神生活的形式和特点也受到比较普遍的重视。民间礼俗信仰及其相关的社会生活情状,成为许多学者关注与研究的对象。

---

① 《求是学刊》1998年第5期。
② 《中国史研究》1998年第4期。
③ 《齐鲁学刊》1998年第1期。
④ 《简帛研究》第3辑。
⑤ 《河北学刊》1998年第6期。
⑥ 《青海社会科学》1998年第5期。

彭卫《汉代"大丈夫"语汇考》一文深入分析了"大丈夫"这一汉代男子习用熟语的社会心理意义，揭示了汉代社会生活中男性对自己生活价值的追求，以及这个时代对男性气质和社会作用的定位。作者认为："'大丈夫'语汇的流行，既是汉代社会雄阔气象的一个结果，也是它的一个标志。"① 这种通过对语言构成的解剖，从某一层面探讨社会生活的文化内涵的研究，应当说是成功的。

汉代的灾异观是政治学说的基本内容之一，但又具有社会文化思想的重要背景。执政集团因灾异而进行政权修补和政策调整，其实有社会观念方面的因素，即当时社会较为普及的灾异即"天谴""天诫"的观念所造成的文化压力。王保顶《汉代灾异观略论》一文涉及这一问题，阴阳术士们借灾异进行的巫术宣传，也受到作者的重视。②

赵世超在《巫术盛衰与西汉文化》一文中指出，西汉文化的形成和发展，有民间文化提供了丰富素养这一重要条件。植根于民间的原始巫术在这一历史阶段演进的清晰轨迹，也可以说明西汉文化的民间性。③ 胡新生《论汉代巫蛊术的历史渊源》否定了巫蛊术来自外国的推测，认为"中原地区的巫蛊术和巫蛊活动自有其久远的历史传统和很深的历史渊源，汉代巫蛊术的盛行与匈奴习俗基本上没有关系"。④ 对于文化构成的多元因素的判定，确实应当取审

---

① 《人文杂志》1997年第5期。
② 《学术月刊》1997年第5期。
③ 《北京师范大学学报》1997年第5期。
④ 《中国史研究》1997年第3期。

慎的态度。

姜生《汉阙考》一文认为，汉代建筑遗存以及汉代画象资料中所见的"阙"，并不仅是一种汉代建筑艺术形式，还是早期道教所追求的仙界象征符号和人界与仙界相互交通的神学媒介，是道教神学家为死者提供的引导墓主通天升仙的天梯。① 此文与作者后续系列研究成果，为认识和理解汉代文化的基础表现开辟了新的路径。

吴小强《秦简〈日书〉与秦汉社会的生命意识》②、尚民杰《云梦〈日书〉与五行学说》③、马强等《〈史记〉与中国神秘文化》④、刘钊《秦简中的鬼怪》⑤、王瑶《原始神话与汉代小说》⑥、傅正谷《〈后汉书〉与〈三国志〉之写梦》⑦、吴宏岐《汉长安城兴起与衰落原因的风水学解释》⑧、孙家洲《汉代"应验"谶言例释》⑨、韩国河《论秦汉魏晋时期丧葬礼俗的宗教性》⑩ 等，也都从不同侧面分析了秦汉社会民间信仰和礼俗生活的若干特征。

台湾学者邢义田的《东汉的方士与求仙风气——肥致碑读记》⑪、刘增贵的《天堂与地狱：汉代的泰山信仰》⑫、

---

① 《中山大学学报》1997年第1期。
② 《广州师范学院学报》1997年第1期。
③ 《文博》1997年第2期。
④ 《汉中师范学院学报》1997年第4期。
⑤ 《中国典籍与文化》1997年第3期。
⑥ 《东北师范大学学报》1997年第2期。
⑦ 《渤海学刊》1997年第1期。
⑧ 《唐都学刊》1997年第3期。
⑨ 《中国哲学史》1997年第2期。
⑩ 《中州学刊》1997年第3期。
⑪ 《大陆杂志》94卷2期，1997年2月。
⑫ 《大陆杂志》94卷5期，1997年5月。

谢昆恭的《鼎瑞与汉武帝封禅刍议》①，香港学者黎明钊的《西汉中期之三老与豪强》② 等论文，也都对深化对秦汉社会的全面认识有积极的推进。

对东汉末年黄巾起义的研究，方诗铭《黄巾起义的一个道教史的考察》堪称政治史研究与社会史研究成功结合的力作。作者指出，黄巾起义是在原始道教教主张角的领导下发动的，"无可置疑，在当时的历史条件下，原始道教对黄巾起义应该起过十分巨大的作用"，离开民间宗教的影响来探讨这次起义是不全面的。论文分析了黄巾所奉事的宗教实体的名称、教义，回答了"除社会原因外，为什么黄巾凭借这个宗教能够在十数年间，即拥有道众达数十万之多？黄巾所崇奉的经典是今本《太平经》吗？"等问题，并且联系此后的原始道教及其起义进行了考察。③

彭卫《汉代行为语言考索》分析了汉代人以特定的体式或体态传递情感信息的30余种方式，如拊手、攘臂、叩心、蹴足等，以新的观察视角，提出了有关社会文化内容的新认识，同时也对开辟社会文化史研究的新境域有所启示。④

秦汉时期的社会生活史，是20世纪80年代以来研究者多有关注的领域。一些学者研究选题的新颖和论说的专

---

① 《中国历史学会史学集刊》第2期，1970年。
② 《新史学》第8卷第2期，1997年6月。
③ 《史林》1997年第2期。
④ 《人文杂志》1995年第2期。

精，使关心秦汉历史文化的人们对于有关论题能够多有收益。如马新《汉代民间禁忌与择日之术》①、时晓红《秦汉时期官吏休沐告宁制度考略》②、李如森《从汉墓合葬习俗看汉代社会变化轨迹》③等，就以往曾经受到学界注意的社会现象发表了新的见解。有一些以秦汉社会生活为研究对象的论文，以比较新的角度，从若干生活细微之处透射当时的社会风貌，如彭卫《汉代人哭泣说》④、黄展岳《汉代的亵器》⑤、杨孝鸿《四川汉代秘戏图画像砖的思考》⑥、卢兆荫《玉德·玉符·汉玉风格》⑦、王子今《汉代人饮食生活中的"盐菜""酱""豉"消费》⑧等，选题的视角和分析的方法都有新意。秦汉社会生活史研究尚有宽阔的学术空间。青年学者的陆续参与，使得我们可以乐观预期这一学术方向的光明前景。

彭卫的《秦汉时期儿童生活初探》是秦汉社会生活研究领域中水平出色的论作。这篇论文所涉及的社会生活内容，以往较少受到关注。作者讨论了儿童年龄的界定，并就儿童的抚养、儿童的健康状况、儿童的教育、儿童游戏等方面展开论述，视点新颖，考论精审，是近年社会生活

---

① 《民俗研究》1996 年第 1 期。
② 《东岳论丛》1996 年第 4 期。
③ 《史林》1996 年第 2 期。
④ 《寻根》1996 年第 3 期。
⑤ 《文物天地》1996 年第 3 期。
⑥ 《四川文物》1996 年第 2 期。
⑦ 《文物》1996 年第 4 期。
⑧ 《盐业史研究》1996 年第 1 期。

史研究中不多见的学术层次较高的成果。①

臧如非《春秋公羊学与汉代复仇风气发微》则探讨了经学对影响社会层面极其广泛的民间风习的文化作用。②钟兴永《东汉集市贸易略论》又论及民间社会经济生活形式的一个重要侧面。③

在社会生活诸现象中,民俗观念形态的历史演变也有重要的意义。刘昭瑞《论"黄神越章"——兼谈黄巾口号的意义及相关问题》从一个新的角度论述了汉代民间巫术的风行及其对社会文化的广泛影响。④

马新《论两汉乡村社会中的里社》讨论了汉代社会史研究的一个重要问题。作者指出,汉代乡村中,虽然官方仍强调以里置社,但社已逐渐与官方体系的里相分离,成为民间组织,并有自己的社宰、社祝、社祭等。与此相应,春、秋两社形成了社祭与娱庆的统一,成为民间盛大的公众性节日。作者以汉代具有普遍性与代表性意义的特定社会实体——乡村社会作为具体的考察对象,所取得的研究收获不仅有助于认识汉代社会的总体面貌,也有助于理解汉代社会的深层结构。⑤

秦汉社会结构和社会生活史研究有较重要价值的成果,

---

① 《陕西历史博物馆馆刊》第 7 辑,三秦出版社 2000 年 11 月版。
② 《徐州师范学院学报》1996 年第 2 期。
③ 《益阳师专学报》1996 年第 2 期。
④ 《历史研究》1996 年第 1 期。
⑤ 《文史哲》1998 年第 5 期。

还包括张仁玺的《秦汉时期的"五口之家"述略》①、邵台新的《汉代的养老制度——以〈王杖十简〉与〈王杖诏书令〉册为中心的讨论》②、赵志坚的《两汉妇女的贞节问题》③、贺润坤的《从云梦秦简看秦社会有关捕盗概况》④以及吴小强的《秦简〈日书〉与秦汉时期的生殖文化》⑤等论文。

六、 值得肯定的学术新气象

通过新的视角进行历史考察，运用新的方法进行历史分析，是世纪之交秦汉史研究的新气象。前辈学者注意调整工作方式，力求创新，这更是诸多中青年学者在秦汉史研究中取得新成果的成功途径。

(一) 心态史

彭卫《论汉代的自杀现象》一文，从社会史、心态史和伦理史研究的角度探索了汉代自杀作为社会文化现象的背景和意义，许多见解发人深思。⑥ 王世英、朴今海的《秦始皇晚年心理之剖析》⑦，丁毅华的《赵佗的功业、为

---

① 《齐鲁学刊》1998年第6期。
② 《逯耀东教授退休纪念史学论文集》，东大图书公司1998年8月版。
③ 《历史教学》1998年第4期。
④ 《简帛研究》第3辑。
⑤ 《简帛研究》第3辑。
⑥ 《中国史研究》1995年第4期。
⑦ 《延边大学学报》1998年第2期。

人和心态》①，张斌荣的《贾谊的心态历程及其特点》②，刘则鸣的《〈古诗十九首〉的孤独伤痛与汉末士人的生存焦虑》③等论文，则从不同角度就秦汉社会心理的若干倾向进行了讨论。

注重心态史的分析，对于秦汉社会文化研究提出了新见的论文，还有张立伟《隐逸文化中冷漠的膨胀》④、刘厚琴《儒学与后汉士人的归隐之风》⑤等。侯林莉《党锢之祸与知识分子气节》⑥、孟祥才《评东汉时期的隐者群》⑦等，也分析了知识人的心态。张振龙、祝瑞《汉末士人自然理性的觉醒》⑧以及王保顶《从士大夫到名士——论汉末士人阶层政治品格的转向》⑨等论文，都进行了有益的讨论。后者对于汉代士人在特殊文化背景下"悲壮、凄苦的心路历程"的揭示，有值得称许的学术意义，也有不宜忽视的文化价值。

林富士的专著《汉代的巫者》⑩分析了"巫"的社会身份与心态特征。全书分8章，除引言和结语外，又分别论述：释"巫"；汉代巫者的政治社会地位；汉代巫者的职

---

① 《秦汉史论丛》第7辑，中国社会科学出版社1998年6月版。
② 《青海师专学报》1998年第2期。
③ 《内蒙古大学学报》1997年第2期。
④ 《天府新论》1995年第3期。
⑤ 《齐鲁学刊》1995年第3期。
⑥ 《历史教学》1999年第2期。
⑦ 《聊城师范学院学报》1999年第6期。
⑧ 《商丘师范学院学报》2000年第5期。
⑨ 《孔孟学刊》38卷第11期。
⑩ 稻乡出版社1999年1月版。

事；汉代巫术的观念基础；巫者的社会影响力；巫者的活动范围。在关于"汉代巫者的政治社会地位"的内容中，涉及"巫者仕宦为吏的情形"，在关于"巫者的社会影响力"的内容中，说到"巫者与叛乱活动"，在关于"巫者的活动范围"的内容中，讨论了"巫者活动的'社会空间'"和"巫者活动的'地理空间'"，读者多可获取新知，研究者亦可得到启示。王子今、周苏平《汉代民间的西王母崇拜》①，孙曙光《谶纬与汉代政治的神秘性》②，也关注了反映社会心态的文化现象。

王陈《秦始皇人格心理探微》③、曹希舜《李陵投降管见》④、孟祥才《论王莽的思想与性格》⑤、陈忠锋《王莽的个性与王莽改制》⑥等，都不同程度地通过人物心态分析，或作者所谓"个性""人格""性格"的分析，使我们对秦汉历史人物的认识更为真切，从而也使得这些人物从事历史表演的整个舞台生动起来。

宋超《"霍氏之祸，萌于骖乘"发微——宣帝与霍氏家族关系探讨》讨论了西汉政治史中一个具有典型意义的问题。作者认为，大将军霍光拥立宣帝，为汉室"中兴"奠定了基础，然而死后不足三年，霍氏家族却罹灭族之祸。究其原因，有多种因素，包括昭宣之际政局的复杂多变、

---

① 《世界宗教研究》1999 年第 2 期。
② 《学术论丛》1999 年第 3 期。
③ 《盐城师专学报》1999 年第 1 期。
④ 《西北史地》1999 年第 1 期。
⑤ 《烟台大学学报》1999 年第 1 期。
⑥ 《淮北煤炭师范学院学报》1999 年第 2 期。

宣帝谨慎周密及外宽内忌的心性特点、霍光权力过度集中及为政严酷的政治风格，以及其继承者缺乏必要的政治才干等等。汉宣帝与霍光各自的心态，是政治事变重要的因素。①

(二) 区域史

对区域史与区域文化研究的关注，是历史学长久的学术传统。自《禹贡》以来，行政史视角的区域史观察，因赋役制度的关系自然涉及经济史，出于行政管理的考虑，也与区域文化的"风""俗"主题密切相关。因而区域史关注很早就形成了运用综合方法的全方位考察的特点。司马迁在《史记》卷一二九《货殖列传》中的相关论述堪称典范。班固《汉书》卷二八《地理志》有所继承。20世纪以来历史地理学的进步，促成许多精彩的论著问世。从20世纪末出版、发表的一些学术成果看，秦汉时期区域社会和区域文化研究的意义，已经使不少学者就这一方面的研究倾注了相当多的心力。李学勤在《东周与秦代文明》中将"东周时代列国"划分为"七个文化圈"，即"中原文化圈""北方文化圈""齐鲁文化圈""楚文化圈""吴越文化圈""巴蜀滇文化圈""秦文化圈"的认识，可以说是一大学术发明。

孙家洲《论汉代的"区域"概念》对秦汉时期区域文化研究认识基础的科学化，提供了可资学术同道共同参考

---

① 《史学月刊》2000年第5期。

的见解。① 刘军社《秦人吸收周文化问题的探讨》，就区域文化的渊源进行了比较深入的研究。② 王子今《秦汉王朝的区域文化政策》讨论了政府区域文化政策的历史背景和文化影响，并且进行了秦与西汉的历史比较，同时论及大一统政体建设的成败与区域文化政策的制定和执行是否得当有关。③

秦汉区域史研究方面影响比较大的论文，有葛剑雄《福建早期移民史实辨正》④、林剑鸣《会稽"淫风"考》⑤等。其他如张鹤泉《东汉关中地区文化发展的特征及影响》⑥、黎小龙《两汉时期西南人才地理特征探析》⑦、王林宝《两汉时期陇南经济发展探因》⑧、禹明先《对贵州夜郎史研究的认识》⑨ 等，也都分别就不同地区的社会文化风貌提出了新的学术见解。

方诗铭《战国秦汉的"赵女"与"邯郸倡"及其在政治上的表现》⑩、王永平《田丰的"乡土情结"与人生悲剧：兼评袁绍拒迎汉献帝及其南进战略的失误》⑪、黄宛峰

---

① 《北京社会科学》1999 年第 2 期。
② 《文博》1999 年第 1 期。
③ 《光明日报》1999 年 5 月 28 日。
④ 《复旦学报》1995 年第 3 期。
⑤ 《历史研究》1995 年第 1 期。
⑥ 《史学集刊》1995 年第 2 期。
⑦ 《西南师范大学学报》1995 年第 2 期。
⑧ 《甘肃经济日报》1995 年 2 月 7 日。
⑨ 《贵州文史丛刊》1995 年第 2 期。
⑩ 《史林》1995 年第 1 期。
⑪ 《河北学刊》1995 年第 4 期。

《东汉颍川、汝南、南阳士人与党议始末》①，都从较深的层次探讨了区域文化特色与政治史的全局的关系。方诗铭《释"张角李弘毒流汉季"："李家道"与汉晋南北朝的"李弘"起义》则详尽论述了起源于蜀中的原始道教的深刻的历史影响。②

在区域社会和区域文化的研究中，对秦汉时期南越地区社会文化的研究似乎尤其受到重视。张荣芳著《秦汉史论集》③中，收入秦汉史研究论文12篇，其中研究重心之一就是南越社会文化研究。如《略论汉初的"南越国"》《两汉时期苍梧郡文化述论》《论马援征交趾的历史作用》《汉代岭南的青铜铸造业》《汉代我国与东南亚国家的海上交通和贸易关系》等，都是有关这一专题研究的力作。能够丰富对秦汉时期南越地区社会文化状况的认识的论著，还有王汀生《秦汉平南越考》④、王川《试论秦汉三国时期岭南地区的园艺业生产技术》⑤等。张荣芳、黄淼章著《南越国史》⑥作为全面论述南越地区历史文化的具有较高学术质量的专著，其出版将南越文化的研究推进到一个新的阶段。1996年8月在广州召开的中国秦汉史研究会第7届年会暨国际学术讨论会，以"秦汉时期岭南地区的经济

---

① 《中国史研究》1995年第4期。
② 《历史研究》1995年第2期。
③ 中山大学出版社1995年11月版。
④ 《广州师院学报》1995年第1期。
⑤ 《中山大学学报》1995年第2期。
⑥ 广东人民出版社1995年12月版。

与文化"作为会议主题,又使南越文化的研究进入了一个高潮。黄展岳《南越国出土铁器的初步考察》①、李乃贤《秦汉时期汉文化的南传及其对瓯骆文化的影响》②、杨盛让《秦汉时期岭南社会经济发展述略》③、刘晓民《南越国时期汉越文化的并存与融合》④ 等学术论文,都有益于对岭南地区文化的认识的深入。张荣芳在《秦汉时期岭南地区社会发展的划时代意义》⑤ 一文中全面总结了岭南社会在秦汉时期的历史进步及其重要意义。

刘太祥《试析河南汉代学术文化繁荣的原因》讨论了区域学术文化特色,同时涉及社会经济条件和社会经济环境的背景,也是比较全面的区域史研究成果。⑥ 吕苏生《略论秦汉时期河北手工业的发展》⑦、赵凯《论汉初赵、代二国政治地位的沉浮》⑧、吕苏生《略论秦汉时期河北城市与商业的发展》⑨ 等,各自分别提出了对秦汉区域文化的新认识。李修松、张宪平《秦汉时期淮河流域经济发展简论》⑩、杨东晨《秦汉时期的汉中及陕南》⑪、张光全《汉代阜阳农业发展初探》⑫、薛瑞泽《汉唐间河东地区的

---

① 《考古》1996年第3期。
② 《广西民族研究》1996年第2期。
③ 《求索》1998年第2期。
④ 《东南文化》1999年第1期。
⑤ 《秦汉史论丛》第7辑,中国社会科学出版社1998年6月版。
⑥ 《南都学坛》1998年第2期。
⑦ 《文物春秋》1998年第1期。
⑧ 《河北学刊》1999年第4期。
⑨ 《文物春秋》1999年第2期。
⑩ 《安徽史学》1998年第2期。
⑪ 《汉中师范学院学报》1998年第1期。
⑫ 《安徽史学》1998年第2期。

盐业》① 等，都分别发表了探索秦汉区域经济开发的新的研究心得。

边地的研究受到重视。钮仲勋《两汉时期新疆的水利开发》②、肖迎《两汉时云南怒江流域的经略》③、杨永俊《论两汉时期羌汉战争中的"羌中之利"》④、张泽咸《汉唐间河西走廊地区农牧生产述略》⑤ 等论文，都对汉代边疆与民族问题有深入的讨论。

关中地区区域经济史的研究有比较集中的成果。徐卫民《秦立国关中的历史地理考察》一文讨论了自然地理、文化地理、军事地理诸方面的条件对于秦立国关中并以此为基地统一全国的意义，区域经济的作用亦受到重视。⑥ 杨振红在《论两汉时期关中农业经济区的兴衰》一文中论述了关中农业经济区的自然条件和基本特征，对于两汉时期关中农业经济的发展和萎缩进行了全面的比较研究。作者在对关中这一典型区域进行认真研究的基础上指出："在中国传统社会中，政府的扶掖政策、稳定的社会环境以及对自然灾害抵御能力的提高，是一个地区农业经济可持续发展的三条规律性因素。"⑦ 王辉《秦史三题》讨论了"秦讳""秦十二郡""秦初县说"三个问题，文字精练，实际

---

① 《盐业史研究》1998 年第 1 期。
② 《西域研究》1998 年第 2 期。
③ 《云南社会科学》1998 年第 2 期。
④ 《西北史地》1998 年第 3 期。
⑤ 《中国史研究》1998 年第 1 期。
⑥ 《文博》1998 年第 5 期。
⑦ 《陕西历史博物馆馆刊》第 5 辑，西北大学出版社 1998 年 6 月版。

上是三篇短文,却可以使读者得到有关秦政及关中地区区域文化的新的认识。① 侯甬坚的论文《定都关中:国都的区域空间权衡》是一项别开生面的区域文化研究成果。作者主要以刘邦定都长安史事作为历史标本,将国都定位看作一种区域空间现象,将区位论、博弈论引入历史政治地理中的国都定位研究之中,试图从全局范围内评价所选都城在区域空间中的特殊位置和区位优势,对于区域文化研究而言,无疑从新的角度实现了新的推进。②

黄今言主编《秦汉江南经济述略》一书的问世,使学界看到了秦汉江南地区经济生活及其他有关现象的基本面貌。全书分7章,除概说外,分述人口、自然资源与生态环境;农业经济的开发及其区域特征;手工业成就及其与中原的关系;交通运输业的开拓和管理;城市兴起与商业的演进;赋役征课与人民的反抗斗争。③ 近年来其他断代史已经相继出版类似论著,黄今言这部专著的出版,使秦汉史学界的这一缺憾得以补足。

研究区域政治文化的论文,有杨兆贵的《论班孟坚"山东出相"说》④、黄宛峰的《中州士人与汉代政治》⑤ 及胡秋银的《汝南袁氏的发展与东汉社会之变迁》⑥ 等。李

---

① 《陕西历史博物馆馆刊》第6辑,陕西人民教育出版社1999年6月版。
② 《陕西历史博物馆馆刊》第7辑,三秦出版社2000年11月版。
③ 江西人民出版社1999年5月版。
④ 《中华文史论丛》第57辑,上海古籍出版社1998年7月版。
⑤ 《南都学坛》1998年第2期。
⑥ 《许昌师专学报》1998年第1期。

志庭《秦汉政府在浙江的人口政策》①则就秦汉区域人口研究进行了有意义的讨论。

秦汉边地文化似乎也成为区域文化研究者重视的热点。吴兴彬、李键《东汉末年避乱辽东诸贤活动述略》②，刘子敏《"辽东外徼"考》③，萧安富《秦汉时期蜀滇身毒道的形成与汉文化在西南地区的传播》④，张合荣《从考古资料论贵州汉代的交通与文化》⑤都分别讨论了以往学界注目不多的地区的文化特质和社会风貌。值得注意的是，这些研究成果，都涉及所研究地区与中原文化区的交通关系。

阎晓君在《略论秦汉时期地方性立法》一文中揭示了区域文化特征在地方法规中的体现，对于从新的角度考察区域文化，也有积极的意义。⑥

(三) 科学史和技术史

通过科学史、技术史和生态史的研究开阔认识秦汉历史的视野，是现今许多秦汉史研究者开始热心致力的积极的趋向。

陈荣等《新莽时期古币金属成分与金相组织剖析》⑦等，是科学技术史研究的新成果。随着科技考古和文物保护技术的突出进步，类似研究也获得了比较好的学术条件。

---

① 《浙江学刊》1998年第5期。
② 《辽宁师范大学学报》1996年第3期。
③ 《延边大学学报》1996年第2期。
④ 《中国典籍与文化》1996年第1期。
⑤ 《贵州民族研究》1996年第1期。
⑥ 《江西师范大学学报》2000年第3期。
⑦ 《自然科学史研究》1995年第2期。

文物考古工作者调查发现，在汉长安城遗址北 45 公里处发现一处以一口径 260 米、深 32 米的巨型圆坑为主体的汉代礼制建筑遗址。这一遗址，可以推测是汉初修建的"天齐"祠。研究者发现，这处遗址与长陵、长安城、子午谷等南北对应，形成了各段成比例的南北向超长建筑基线。而西汉朔方郡治和汉中郡治，也恰恰都在这条基线的延长线上。以长安或咸阳为中心，其横轴的东方则指向秦始皇时代确定于朐的"秦东门"。基线各段的比例，正合阳九阴六的格局，自北而南，透露出以天、先王、王、地为序的宗教意味，体现了秦汉社会意识中"天人合一"的法天观念。① 对这一重要发现的研究，显然有助于对秦汉历史文化的深入认识。

湖北江陵张家山汉简中的《算数书》在中国数学史和世界数学史上都有重要的地位。江陵张家山汉简整理小组的《江陵张家山汉简〈算数书〉释文》和彭浩的论文《中国最早的数学著作〈算数书〉》②的发表，为这一重要的科学史料的研究揭开了序幕。

（四）生态环境史

对于秦汉时期生态环境的研究，有王子今《秦汉时期气候变迁的历史学考察》③，徐象平、赵建黎《试论秦汉时

---

① 秦建明、张在明、杨政：《陕西发现以汉长安城为中心的西汉南北向超长建筑基线》，《文物》1995 年第 3 期。
②《文物》2000 年第 9 期。
③《历史研究》1995 年第 2 期。

期西安地区的土地资源开发及其利用》①，吴青《灾异与汉代社会》②等成果发表。研究者注意借用地理学、地质学、生物学有关研究资料的尝试，可能是成功的。

史建群《战国秦汉世风的区域性特征》作为区域文化研究的成果，论述了地理环境和文化传统诸因素对于不同地区社会风尚的影响。其中对地理条件特别是气候条件的重视，颇为引人注目。③有关秦汉气候史研究的论文，还有耿占军、陈国生《西汉自然灾害及气候初论》④等。

王福昌《秦汉时期长江中下游地区的环境保护》从分析有意识保护环境的政策和礼俗的角度论证了当时人与自然的关系。⑤刘厚琴《儒学与汉代生态环境保护》则论述了逐步成为正统文化的儒学体系与生态环境保护的关系。⑥杨东晨《先秦两汉时期汉中与安康自然环境的变迁：兼及自然环境变迁与社会发展的关系》除了分析一个地区的生态变迁而外，还讨论了这种变迁对于社会发展的影响。⑦张弘《试论秦汉时期的林木种植与社会经济》⑧以及余明《西汉林政初探》⑨，则涉及当时人类活动以积极形式改变生态条件的历史作用。杨振红《汉代自然灾害初探》一文

---

① 《国土开发与整治》1995年第1期。
② 《西北大学学报》1995年第3期。
③ 《中国史研究》1996年第2期。
④ 《唐都学刊》1996年第1期。
⑤ 《社会科学》1999年第2期。
⑥ 《齐鲁学刊》1999年第3期。
⑦ 《汉中师范学院学报》1999年第2期。
⑧ 《济南大学学报》1999年第3期。
⑨ 《四川师范大学学报》1999年第4期。

比较全面地总结了两汉时期的天灾及其对社会经济的影响，有益于深化对在当时的自然环境下的社会生活形态的认识。①

王玉德《应当创建一门生态文化学》提出，生态文化是一门以人文学者为主体的、从文化学角度研究生态的学科，是历史学与人类学、社会学、环境学、地理学、生物学的交叉学科，并以文化为侧重点。② 文化与生态的关系、人与自然的关系，是十分重要的研究课题。20 世纪最后 10 年以来，一些治秦汉史的学者其实已经在这一领域进行了具有建设意义的探索。有关这一专题发表的论文中，倪根金的《秦汉环境保护初探》一文更具有值得称道的学术价值。倪文指出，秦汉环境问题表现在毁林严重、自然灾害频繁、环境污染加重。其中第三方面即秦汉都市环境污染明显（包括噪声、灰尘、烟雾、废物和废水污染等）以及矿业开发所造成的严重环境污染等历史事实，以往学界对此重视不够。作者还指出，对于这些环境问题及其后果，当时人们已经有所认识。秦汉时期的自然环境保护，包括土地资源保护、水资源保护、森林保护、野生动物保护及特殊自然资源保护（包括帝王禁苑、陵园和名山胜迹）等。秦汉时期的环境污染防治，包括空气污染防治、水污染防治、固体废物污染防治、病毒污染防治以及食品污染防治等。其中如水井的建设和保护、传染病的防治和隔离等措

---

① 《中国史研究》1999 年第 4 期。
② 《华中师范大学学报》1996 年第 1 期。

施,都有值得重视的积极意义。①

秦汉生态史研究即对于秦汉时期生态环境状况及其影响的研究,受到学界重视。史念海《汉唐长安城与生态环境》②、朱士光《汉唐长安城兴衰对黄土高原地区社会经济环境的影响》③、李增新《西汉关西农业与黄河水患》④、王志杰《西汉三辅之园林景观》⑤等相继发表。学界对于这一领域研究的关注,似乎有愈益增强的趋势。

甘肃敦煌悬泉置遗址发现的保存完整的墙壁墨书《使者和中所督察诏书四时月令五十条》,主体部分是"四时月令"50条(春季20条,夏季12条,秋季8条,冬季10条)。"四时月令"50条的内容与《礼记·月令》《吕氏春秋》《淮南子·时则》有相通之处。其中关于生态保护方面的规定,特别引人注目。甘肃省文物考古研究所的《敦煌悬泉汉简内容概述》和《敦煌悬泉汉简释文选》发表了经初步研究提出的认识。⑥陈业新的论文《秦汉生态职官考述》在官制史研究中独辟蹊径,为认识当时社会的生态环境意识提供了制度考察方面的基础。以往从这一角度进行有关研究的论著还不多。⑦刘厚琴《汉代"顺天"自然观

---

① 《中国史研究》1996年第2期。
② 《中国历史地理论丛》1998年第1期。
③ 《陕西师范大学学报》1998年第1期。
④ 《光明日报》1998年6月26日。
⑤ 《文博》1998年第6期。
⑥ 《文物》2000年第5期。
⑦ 《文献》2000年第4期。

的生态学价值》则从思想观念的角度进行了有益的考察。①

朱士光在《西汉关中地区生态环境特征与都城长安相互影响之关系》一文中论述了生态环境与人文建设的关系,就西汉关中这一时间空间范围而言,提出的认识之深刻与全面是空前的。② 讨论生态条件与人类活动关系的论文,还有李清凌的《汉唐气象与西北开发:汉唐开发西北的历史回顾》③,张伟兵、徐欢的《公元 11 年的黄河大改道与人口问题浅说》④,等等。

(五) 交通史

马克思和恩格斯对历史的观察,瞩目"交往"的发展变化,"奴隶制"与"战争和交易这种外部交往的扩大"的关系,"工业和海外贸易之间的对立","商业停滞或被迫中断",均受到关注。⑤ 马克思和恩格斯指出,"城乡之间的对立""贯穿着文明全部的历史直至现在",而乡村的特征是"隔绝和分散",即与"交往的发展"相"对立"。他们又说:"受到迄今为止一切历史阶段的生产力制约同时又反过来制约生产力的交往形式,就是**市民社会**。"马克思和恩格斯认为:"只有随着生产力的这种普遍发展,人们的**普遍**交往才能建立起来。""普遍交往","最后"可以使得"地

---

① 《济南大学学报》2000 年第 4 期。
② 《陕西师范大学学报》2000 年第 3 期。
③ 《天水师专学报》2000 年第 1 期。
④ 《武汉水利电力大学学报》2000 年第 2 期。
⑤ 卡·马克思和弗·恩格斯:《德意志意识形态》,《马克思恩格斯选集》,中共中央马克思恩格斯列宁斯大林著作编译局编译,人民出版社 2012 年 9 月版,第 1 卷第 148—149 页。

域性的个人为**世界历史性的**、经验上普遍的个人所代替"。① 他们对自己的历史考察有这样的判断："到现在为止，我们主要只是考察了人类活动的一个方面——**人改造自然**。另一方面，是**人改造人**……"据编者注："马克思加了边注：'交往和生产力。'"这里"交往"列在"生产力"之先。马克思和恩格斯《德意志意识形态》所谓"交往"的含义，《马克思恩格斯选集》2012 年版的注释有这样的说明："'交往'（Verkehr）这个术语在《德意志意识形态》中含义很广。它包括单个人、社会团体以及国家之间的物质交往和精神交往。马克思和恩格斯在这部著作中指出：物质交往，首先是人们在生产过程中的交往，这是任何其他交往的基础。《德意志意识形态》中使用的'交往形式''交往方式''交往关系''生产关系和交往关系'这些术语，表达了马克思和恩格斯在这个时期形成的生产关系概念。"② 其实，马克思和恩格斯在《德意志意识形态》中所论"交往"，可能并非"生产关系概念"一语能够概括。他们在这里说的"交往"，在很大程度上或许可以认定为与人们通常所谓"交通"近义。在漫长的人类社会发展历程中，交通受到重视的程度以及交通能力的进步总是大致同人口数量和消费需求的增长、同生产力的发展、同文化的演进

---

① 马克思、恩格斯：《德意志意识形态》，《马克思恩格斯选集》，第 1 卷第 184、167、66 页。
② 中共中央马克思恩格斯列宁斯大林著作编译局编译：《马克思恩格斯选集》第 1 卷，第 888 页。

呈同步的趋势。而秦汉时期是中国交通史进程中的重要阶段。秦汉交通史研究逐渐受到一些学者的重视，20世纪最后阶段有颇多学术论著发表。

吴琦《中国漕运产生的历史动因》分析了"漕运"这一中国历史上特有的经济制度出现的背景和原因。[1] 张建国《盗徙封罪侵犯的是土地所有权吗？》一文不同意通常以为睡虎地秦简有关惩治盗徙封的法律条文是禁止侵犯私有土地的观点，认为所谓"盗徙封"并不是侵犯了他人土地，而是侵犯了国家道路，或者说是一种带有妨害交通性质的犯罪行为。秦厉行耕战，要求军队兵员、军需给养、军事情报的迅速转运传递，必然依赖于交通道路的整备。惩治"盗徙封"者，与"商君之法，刑弃灰于道者"一样，都是保障交通效率的制度。[2] 有关秦汉交通史研究的论文，还有黄宛峰《从东巡看秦始皇对统治思想的探索》[3]、叶华《秦始皇巡游天下及其对后世旅游的影响》[4]、郝光陆《秦修栈道的战略意义》[5] 等。

关于徐福东渡问题，在20世纪最后10年曾经成为秦汉时期中外关系史讨论的热点。安志敏《论徐福和徐福传说》一文认为："严格地讲，有关徐福研究应分别属于'历史的'和'传说的'两个范畴，二者不可混为一谈。前者

---

[1]《华中师范大学学报》1995年第3期。
[2]《北京大学学报》1995年第1期。
[3]《南都学坛》1995年第4期。
[4]《安庆师院社会科学学报》1995年第2期。
[5]《文博》1995年第2期。

主要考察当时的历史条件以及有关事件的原委,而不能夸大方士徐福的个人作用;后者需要分析这一传说的产生背景和发展过程,不能作为信史对待。"① 中日合作项目的成果,韩康信、松下孝幸《山东临淄周—汉代人骨体质特征研究及与西日本弥生时代人骨比较概报》,通过对古人骨的体质人类学的考察,通过"量化和测量的比较研究",得出了这样的结论:"临淄周—汉代人的体质特点与现代和古代蒙古人种的东亚类群接近。""多种形态量化及作图法的比较又证实,西日本弥生人类群与临淄周—汉代人具有相近的种族形态学基础,因而他们在种族人类学上应该同属蒙古人种的东亚类群。据此推测,他们在东亚大陆应该有最直接的共同或至少非常相近的祖源关系。"作者认为,日本西部渡来弥生人的故乡应该主要在中国大陆的华北地区。"他们最近的祖先可能来自早先分布在黄河中下游和地理上更近沿海地区的青铜时代的居民。山东半岛可能是其中重要的地区。但也不排除这个地区范围可能扩展到近海的江淮地区。"作者推测,导致他们迁动的原因有社会的也有自然的多种因素,在迁动的时间上也可能是多层次的。而渡海迁徙活动大概主要发生在"大致和中国的春秋战国—秦汉时期相应"的时代。可能正是在这一大变动时期,"促使一些人口四向避乱,或寻求安定生活空间,其中的一些人则渡海到达邻近的海岛世界,同时也把他们最重要的赖以

---

① 《考古与文物》1997 年第 5 期。

为生的文化和习俗带到了该地区"。① 这样的研究结果与徐福传说的关系，无疑在研究方法方面可以给予我们有益的启示。

(六) 疾病史与医学史

张剑光、邹国慰《略论两汉疫情的特点和救灾措施》②一文分析了两汉严重疫情的规律性特征，认为：疫病流行次数后期较前期增多；疫病传播与行军作战紧密相关；乱世疫病发生频繁；疫病的高发区域在南方和东部地区；疫病和其他自然灾害结伴而来。史书所谓"水旱疫病之灾"，反映疫情之发生，也是人与自然的关系未能协调的表现之一，也对社会生活形成严重的灾难。以往对于影响历史进程的重大疫情，如曹操军在赤壁遭遇的"大疫"，已经多有学者进行讨论，但是对于秦汉疫情进行全面分析，显然还需要投注更大的力量，进行更深入的研究。

医学在秦汉时期的学术文化之林中丰茸蔚秀，表现出特别蓬勃的生命力。武威出土医简的研究，提升了学界对汉代医学直接的认识水准。马王堆汉墓出土的医学典籍进一步激发了秦汉史研究者对当时医学的关注。《五十二病方》最早受到重视，而魏启鹏、胡翔骅《马王堆汉墓医书校释（壹）》和《马王堆汉墓医书校释（贰）》③，做了更

---

① 《考古》1997 年第 4 期。
② 《北京师范大学学报》1999 年第 4 期。
③ 成都出版社 1992 年 6 月版。

全面的研究。高大伦《张家山汉简〈脉书〉校释》①，则对张家山汉简所见相关医学史信息进行了基础整理与学术考察。马伯英《中国医学文化史》②对汉代医学的研究，注意到哲学、宗教、政治、方士文化与医学的关系。

张显成《先秦两汉医学用语研究》③以出土先秦两汉简帛医籍为主要材料，探讨了这一历史时期医学用语的基本形式，又追溯其历史来源，分析其文化影响。作者注意到，医学用语源于全民语言，又反过来对全民语言发生影响，为全民语言所容纳吸收，从而丰富了全民语言的词汇。这部专著既是医学史研究和语言学研究的成功之作，也具有汉代文化史学者应当重视的学术价值。

严健民《秦汉颅脑解剖在〈内经〉医学理论创立中的作用》，讨论了医术与医学理论的关系，也值得研究者注意。④

（七）比较研究

在20世纪的最后阶段，比较研究成为许多研究者注重运用的方法。李学勤《比较考古学随笔》，其实是利用考古文物资料进行历史文化研究的著作，其中《规矩镜、日晷、博局》《中国铜镜的起源及传播》及《续论中国铜镜的传播》等篇，都是关于汉代史研究的成果。⑤ 王振铎遗著

---

① 成都出版社1992年6月版。
② 上海人民出版社1994年5月版。
③ 巴蜀书社2000年4月版。
④ 《自然科学史研究》1995年第2期。
⑤ 广西师范大学出版社1997年8月版。

《东汉车制复原研究》① 中的《汉代车制与域外车制的关系》一节，也是进行比较研究的范例。

以比较研究的方法撰写的值得肯定的论文，还有徐卫民《秦隋速亡原因比较研究》②、黄爱梅《睡虎地秦简与龙岗秦简的比较》③、陈恩虎《两汉外戚特点比较研究》④、赵志坚《西汉与匈奴前后期和亲之比较》⑤、徐鸿修《秦汉时期两次大规模更改地名的比较》⑥、梁晓云《〈史记〉与〈左传〉〈国语〉所记之吴越历史的比较研究》⑦、洪涛《刘曹优劣论》⑧、彭文等《秦人齐人尚武精神》⑨、康清莲《评张良的黄老之术：兼与范蠡比较》⑩、江力心《刘邦与朱元璋治国方策误区比较》⑪ 等。

关于比较研究，应当提到梁作檊《罗马帝国与汉晋帝国衰亡史》一书。如刘家和在该书《序》中所说，这一部书作为"对中外古史作系统比较研究之作"，"在国内尚无先例"。不过，虽然"其中新意甚多"，但还可以再做充实与完善的努力。《序》作者希望"有好学深思之士，读梁先

---

① 李强整理补著，科学出版社1997年3月版。
② 《陕西师范大学学报》1997年第1期。
③ 《华东师范大学学报》1997年第4期。
④ 《淮北煤炭师范学院学报》1997年第1期。
⑤ 《烟台大学学报》1997年第1期。
⑥ 《文史哲》1997年第2期。
⑦ 《河南大学学报》1997年第1期。
⑧ 《学术月刊》1997年第2期。
⑨ 《秦文化论丛》第5辑，西北大学出版社1997年6月版。
⑩ 《绥化师专学报》1997年第2期。
⑪ 《晋阳学刊》1997年第1期。

生此书而能得其意,于中外古史比较研究之领域有新拓展"。①

高凯的《从性比例失调看南越国的建立与巩固》,在考察角度和研究方法上都进行了有意义的探索,其中也进行了南越地区越人和中原人的人口构成的比较。②

(八) 考古学与秦汉史研究的结合

孙家洲《考古成果与秦汉史研究》一文大略说明了文物考古工作的新收获对于推进秦汉史研究的意义。③ 事实上,及时、充分地利用考古成果,已经逐渐成为秦汉史学界普遍认同的学术手段。我们看到,除了利用出土文献资料,直接借助考古资料论证秦汉历史文化的成果提出了许多学术新见。

韩国河的学术专著《秦汉魏晋丧葬制度研究》,是综合考古和文献资料深入研究这一时期丧葬制度的成功之作。其中专有一章题为"有关丧葬制度的考古学观察",涉及"墓葬形式演变的总规律——第宅化的趋势""随葬品变化的主旋律——生活化的趋势"以及"防盗措施"。④ 焦南峰、马永赢《西汉宗庙刍议》根据考古新材料论证,在宗庙的修建方面,西汉统治者虽然也遵循三代之礼,但是随着时代的发展和王朝的更替,做出了许多变更。这些变更

---

① 广东高等教育出版社 1997 年 7 月版。
② 《佗城开基客安家:客家先民首批南迁与赵佗建龙川 2212 年纪念学术研讨会论文集》,华侨出版社 1997 年 12 月版。
③ 《中国教育报》1999 年 12 月 28 日。
④ 陕西人民出版社 1999 年 12 月版。

是"重时君"思想的体现,也是政治上大一统的需要。①这两位学者的另一篇论文《西汉帝陵无昭穆制度论》,也利用考古资料发表了涉及汉代礼制的新见。②

(九) 图像资料的发掘与利用

汉代民间的西王母崇拜,曾经引起一些学者的研究兴趣。李淞《论汉代艺术中的西王母图像》使有关研究得以深入。③ 作者在进行文献考察的同时,注重对于各地不同风格、不同型式的西王母画面的比较分析,是迄今掌握材料最为全面的研究论著,所得出的结论自然也有全新的学术价值。对于神话学方面以及文化交流角度的探索虽然略显薄弱,但也提出了若干新见。

信立祥《汉代画像石综合研究》④,正如有的学者所评价:"是目前较新、较全面,也较有研究深度的一部著作,足以代表中国大陆学者在汉画研究上的新高峰。"⑤ 信著首先是一部高质量的考古学专著,而其中有关汉画象石画面题材内容及其象征意义的探讨,对于认识汉代社会文化的风貌,也有显而易见的积极意义。

王清建、王玉金的《河南南阳汉代画像石中的民俗初探》讨论了题材广泛的南阳汉画象石所体现的民间礼俗风

---

① 《考古与文物》1999年6期。
② 《文博》1999年第5期。
③ 湖南教育出版社2000年4月版。
④ 文物出版社2000年1月版。
⑤ 邢义田:《信立祥著〈中国汉代画像石の研究〉读记》,《台大历史学报》第25期。

貌，包括礼仪、节庆、宴饮、乐舞、丧葬、墓祀、逐疫、求雨等等，以较宽的幅面生动地揭示了汉代社会生活中的重要层次。①马瑞的《南阳汉代民风士俗》，也对汉代南阳地区社会生活进行了分析和总结。②邢义田的论文《汉代画像中的"射爵射侯图"》同样以汉代画象作为研究对象，所进行的考察则涉及更为深刻的文化层面，其思路也可以对有关研究者有所启发，堪称汉代社会生活研究的杰作。论者认为，一般学者称为"树木射鸟图"的画面，可以正名为"射爵射侯图"。从"立官桂树"榜题，可推知"桂"即"贵"，而画面所见鸟即雀、爵，猴即侯，树下之人射鸟或猴，作为一种文化象征，体现了以"爵""侯"为目标的人生追求。汉代画象经常出现"射爵射侯图"，反映了当时人们普遍向往富贵的特点。③

七、"盛衰""百载"，继往开来

以上对于20世纪90年代的论著介绍较多，是因为世纪末可见学术方式与学术倾向出现转折的趋向。而这10年的学术形势，窃以为将对21世纪秦汉史研究的走向发生比较显著的前导性影响。

---

① 《南都学坛》2000年第1期。
② 《南都学坛》2000年第5期。
③ 《"中央研究院"历史语言研究所集刊》第71本第1分。

从 20 世纪最后十数年的成果质量及研究趋势看，可以对 21 世纪秦汉史研究的新的学术拓进有乐观的估计。当然，有些论著研究选题的重复，研究方法的陈旧，研究结论的平泛，都应当在今后有所纠正。而有些人物评论所表现出的研究者对研究对象随意过度拔高的倾向，也是应当指出的。

上文引阮元在为钱大昕《十驾斋养新录》所作序文中说道："学术盛衰，当于百年前后论升降焉。"又赞扬钱大昕之"九难"者，肯定"合此九难，求之百载，归于嘉定，孰不云然！"可知学术总结，可以"百年""百载"为阶段，分析其"盛衰""升降"，对于继往开来无疑有益。

我们这里的回顾是极其简略的。综述一百年的秦汉史研究是非常困难的事。因见闻有限，资料不足，学识尤其谫陋，以上述评不免多有遗漏，或存在轻重偏倚、主次颠倒、本末错置处，仅供参考而已。

第十章 秦汉史学术大师和解锁秦汉史的钥匙

一、吕思勉及其《秦汉史》

史学大家吕思勉(1884—1957)在中国近现代学术史上,是一位具有标志意义的重要人物。

吕思勉史学论著的丰收,是以他超乎寻常的勤勉耕耘为条件的。据杨宽回忆:"吕先生从二十一岁起,就决心献身于祖国的学术事业,以阅读《二十四史》为日课,写作读史札记,这样孜孜不倦地五十年如一日,先后把《二十四史》反复阅读了三遍。所作读史札记,着重综合研究,讲究融会贯通。他之所以能够不断写出有系统、有分量、有见解的历史著作,首先得力于这种踏实而深厚的基本功。"[①] 这样的"基本功",没有多少学者能够具备。

在吕思勉诸多史学论著之中,《秦汉史》是断代史中最

---

① 杨宽:《吕思勉史学论著前言》,吕思勉《秦汉史》,上海古籍出版社1983年2月版。

值得推重的一部。《秦汉史》也是能够集中体现这位卓越的史学家的科学精神的著作。

对于吕思勉《秦汉史》的学术价值,杨宽在《吕思勉史学论著前言》中有一段精彩的概括,我们不妨引录在这里:"《秦汉史》是与《先秦史》互相衔接而又独立成书的。由于作者对《史记》、前后《汉书》、《三国志》所下的功夫很深,对于这个时期各方面历史的叙述和分析,十分扎实而有条理。作者认为这段时期内,就社会组织来说,新莽和东汉之间是一大界线,从此豪强大族势力不断成长,封建依附关系进一步加强,终于导致出现长期割据分裂的局面。"杨宽还总结道:"此书把两汉政治历史分成十一个段落,既作了全面的有系统的叙述,又能抓住重点作比较详尽的阐释。对于社会经济部分,叙述全面而又深入。作者根据当时社会的特点,把豪强、奴客、门生、部曲、游侠作了重点的探讨。同时又重视由于社会组织变化而产生的社会特殊风气,对于'秦汉时的君臣之义''士大夫风气变迁',都列有专节说明。对于政治制度和文化学术部分,分成许多章节作了细致的论述,其中不乏创见。作者认为神仙家求不死之方,非尽虚幻,不少部分与医学关系密切,诸如服饵之法、导引之术、五禽之戏,都有延年益寿的功效。至于道教的起源,当与附会黄老的神仙家、巫术家有关,当时分成两派流传:一派与士大夫结交,如于吉之流;一派流传民间,如张角的太平道和张修的五斗米道,两派宗旨不同而信奉之神没有差别,道教正是由于这两派的交错发展而形成。"①

所谓"把两汉政治历史分成十一个段落",应是指《秦汉史》全书在"总论"之后就政治史的脉络按照年代先后分列十一章,即:第二章,秦代事迹;第三章,秦汉兴亡;第四章,汉初事迹;第五章,汉中叶事迹;第六章,汉末事迹;第七章,新室始末;第八章,后汉之兴;第九章,后汉盛世;第十章,后汉衰乱;第十一章,后汉乱亡;第十二章,三国始末。这样看来,首先,吕著《秦汉史》其实并非如杨宽所概括,是"把两汉政治历史分成十一个段落",而是"把秦汉政治历史分成十一个段落"。其次,是将"三国始末"放置在"秦汉史"的框架之中。前者可以说是杨宽的小小疏误,后者,则是值得上古史研究者注意的史学架构设计。

在东汉末年的社会大动乱中,曹操集团、刘备集团和孙权集团逐步扩张自己的实力,各自剪灭异己,逐步在局部地域实现了相对的安定,形成了魏、蜀、吴三国鼎立的局面。三国时期,是中国历史上一个重要的时期。一般所说的三国时期,自曹丕黄初元年(220)起,到西晋灭吴,即吴末帝孙皓天纪四年(280),前后计60年。三国时期的历史虽然相对比较短暂,可是对于后来政治军事史的影响却十分深远。三国时期,文化节奏比较急迅,民族精神中的英雄主义得到空前的高扬,东汉以来比较低沉的历史基

---

① 杨宽:《吕思勉史学论著前言》,吕思勉:《秦汉史》,上海古籍出版社1983年2月版,第5—6页。

调迅速转而高亢。同时，各种政治主张和政治智谋也在复杂的政治斗争中得以实践。三国史还有一个引人注目的特点，就是三国历史人物和三国历史事件在后世几乎为社会各色人物所熟知。历史知识在民间的普及达到这种程度，是十分罕见的现象。将三国史置于秦汉史之中进行叙述和总结，是有一定合理性的。吕思勉的这种处理方式，可能和他在《秦汉史》中提出的如下认识有关。他说："以民族关系论，两汉、魏、晋之间，亦当画为一大界。自汉以前，为我族征服异族之世，自晋以后，则转为异族所征服矣。盖文明之范围，恒渐扩而大，而社会之病状，亦渐溃而深。"（第 4 页）于是秦汉史的历史叙述，至于"三国始末"之"孙吴之亡"（第 460—466 页），随后一节，即"三国时四裔情形"（第 460—476 页）以与"转为异族所征服"的历史相衔接。近年史学论著中采取将秦汉与三国并为一个历史阶段，在魏晋之间"画为一大界"这种处置方式的，有张岂之主编《中国历史》中的第二卷《秦汉魏晋南北朝》。①《中国历史》第二卷《秦汉魏晋南北朝》又题《秦汉魏晋南北朝史》，由五南图书出版股份有限公司 2002 年 6 月出版。

青年毛泽东在《〈伦理学原理〉批注》中这样谈到人们的历史感觉："吾人揽［览］史时，恒赞叹战国之时，刘、项相争之时，汉武与匈奴竞争之时，三国竞争之时，事态

---

① 高等教育出版社 2001 年 7 月版。

百变，人才辈出，令人喜读。至若承平之代，则殊厌弃之。"① 读"战国之时"的历史，自然会关注秦的统一战争这条主线。而"三国竞争之时"本来即起始于汉末，如果并入汉史一同叙述，则许多人共同熟悉并深心"赞叹"的"事态百变，人才辈出"的上述四个历史阶段，都归入秦汉史的范畴了。按照吕思勉《秦汉史》的说法，即："战国之世，我与骑寇争，尚不甚烈，秦以后则不然矣。秦、汉之世，盖我恃役物之力之优，以战胜异族，自晋以后，则因社会之病状日深，而转为异族所征服者也。"这是从民族史和战争史的角度，指出了秦汉历史的时代特征，"社会"问题亦已涉及，而战国时期和三国时期均被概括到了这一历史阶段之内。

吕思勉《秦汉史》第一章"总论"开头就写道："自来治史学者，莫不以周、秦之间为史事之一大界，此特就政治言之耳，若就社会组织言，实当以新、汉之间为一大界。"又说："以社会组织论，实当以新、汉之间为大界也。"② 这其实是十分重要的发现。两汉之际发生的历史变化，除社会结构外，政治形式和文化风格也都十分明显。不过，对于这一历史"大界"的说明，吕思勉《秦汉史》并没有揭示得十分透彻。就此课题进行接续性的工作，显然是必要的。可惜至今尚少有学者就此进行认真的探讨。

---

① 《毛泽东早期文稿》，湖南出版社1990年7月版，第186页。
② 吕思勉：《秦汉史》，第1—2、4页。

吕思勉对社会生活情景研究的重视，实现了积极的学术引导作用。他在《秦汉史》中于讨论"秦汉时人民生计情形"之外，专有一章论述"秦汉时人民生活"，分别就"饮食""仓储漕运籴粜""衣服""宫室""葬埋""交通"，考察了秦汉时期社会生活的各个方面。"宫室"一节，是说到平民之居的，甚至"瓜牛庐"和"山居之民""以石为室"者。① 大体说来，已经涉及衣食住行的各种条件。而"葬埋"是死后生活条件的安排，当时人们是十分重视的，研究者自然不应当忽略。已经有学者指出，"重视反映社会生活方式的演变史"，是吕思勉历史著述的"一个显著优点"，"而这些正是现在通行的断代史著作中缺少的部分"。② 令人欣慰的是，现今一些学者的辛勤努力，已经使得我们对秦汉时期社会生活史的认识逐渐充实，日益深化。刘增贵《汉代婚姻制度》③，彭卫《汉代婚姻形态》④，刘乐贤《睡虎地秦简日书研究》⑤，彭卫《中国饮食史》第六编《秦汉时期的饮食》⑥，彭卫、杨振红《中国风俗通史·秦汉卷》⑦ 等论著的问世，标志着秦汉社会生活方式研究的显著进步。而吕思勉《秦汉史》作为先行者的功绩，当然是后学们不会忘记的。

---

① 吕思勉：《秦汉史》，第613页。
② 王玉波：《要重视生活方式演变的研究——读吕思勉史著有感》，《光明日报》1984年5月2日"史学"。
③ 华世出版社1980年1月版。
④ 三秦出版社1988年6月版。
⑤ 文津出版社1994年7月版。
⑥ 华夏出版社1999年10月版。
⑦ 上海文艺出版社2002年3月版。

我们还看到，吕思勉《秦汉史》中"交通"一节加上"仓储漕运籴粜"一节中有关"漕运"的内容，篇幅达到14000字左右，是为空前的对秦汉交通的集中论述。这在中国交通史的学术史上是应当占有特别重要的地位的。

有学者总结说："吕先生的中国通史（包括断代史）著作是全部著作中的最巨大工程。"这一工作，"把他早期的想法《新史抄》逐步扩大和充实。所谓《新史抄》，其实也是自谦之辞"。"吕先生说的'抄'，是说写的历史都是有'根据'的，不是'无稽之谈'，也非转辗抄袭，照样有独到之功。"他自以为"性好考证"，"读史札记是他历年读史的心得"。除了继承乾嘉学者重视文献学功夫的传统之外，"吕先生的读史札记还重视社会经济、少数民族历史和学术文化方面的各种问题。因此，他既继承了清代考据学的遗产，同时又突破乾嘉学者逃避政治现实，为考证而考证的束缚"。

论者还指出，"写在'五四'以前"的《白话本国史》，在第一编上古史中"三次公开提到马克思和他的唯物史观与《资本论》，并说春秋战国时代社会阶级的变化，很可以同马克思的历史观互相发明"。"从这一点来说，吕先生接受新思想的态度是很积极的，是跟着时代的脚步前进的。"《吕著中国通史》抗日战争时期出版于日本人占领的上海，吕思勉在书中"是有寄托的"，他说："颇希望读了的人，对于中国历史上重要的文化现象，略有所知；因而略知现状之所以然；对于前途，可以豫加推测；因而对于我们的行为,有所启示。"这部中国通史最后引用梁任公译英国文豪拜伦的诗作作为全书总结:"如此好山河,也应有自由回照……难道我为奴为隶,今生便了?不信我为奴为隶,今生便了!"① 回顾悠久历史亦期盼"自由回照",也是今天的治史者和所有关心中国历史文化的人们的共同心愿。

关于吕思勉《秦汉史》的撰述方式,汤志钧指出:"分上、下两编,上编叙述政治史,实际上是王朝兴亡盛衰的历史,基本上采用纪事本末体;下编分章叙述当时社会经济、政治制度、文化学术上的各种情况,采用的是旧的叙述典章制度的体例。尽管不易看清历史发展的全貌及其规律性,但他从浩如烟海的史料中钩稽排比,鉴别考订,给研究者带来很多方便。特别是下编社会经济、政治制度、文化学术部分,原来资料很分散,经过搜集整理,分门别类,便于检查。"② 杨宽也曾经总结说:"吕先生为了实事求是","采用了特殊的体例"。这就是,"分成前后两个部分,前半部是政治史,包括王朝的兴亡盛衰、各种重大历史事件的前因后果,各个时期政治设施的成败得失,以及王朝与周边少数民族的关系等等,采用的是一种新的纪事本末体。后半部是社会经济文化史,分列章节,分别叙述社会经济、政治制度、民族疆域、文化学术等方面的具体发展情况,采用的是一种新的叙述典章制度的体例"。③ 具

---

① 胡嘉:《吕诚之先生的史学著作》,《蒿庐问学记》,生活·读书·新知三联书店1996年6月版,第44—46、50页。
② 汤志钧:《现代史学家吕思勉》,《中国史研究动态》1980年第2期。
③ 杨宽:《吕思勉先生的史学研究》,《中国史研究》1982年第3期。

体来说，以秦汉史为对象"分别叙述社会经济、政治制度、民族疆域、文化学术等方面的具体发展情况"，《秦汉史》的第十三章到第二十章是这样进行学术布局的："秦汉时社会组织"，"秦汉时社会等级"，"秦汉时人民生计情形"，"秦汉时实业"，"秦汉时人民生活"，"秦汉政治制度"，"秦汉学术"，"秦汉宗教"。首先注重"社会组织"和"社会等级"的分析，将有关"政治制度"的讨论更置于"人民生计情形""实业"和"人民生活"之后，体现出极其特别的卓识。在对于"秦汉时社会等级"的论述中，所列"秦汉时君臣之义"和"士大夫风气变迁"两节，其中论议得到许多学者赞赏。这种新体例的创制，带有摸索试探的性质，自然不能说至于尽善尽美，但是对于史学论著中断代史撰述方式的进步，毕竟实现了推动。而且，我们今天看来，也并不认为这种方式会使人们"不易看清历史发展的全貌及其规律性"。我们以为，对于"历史发展的全貌及其规律性"的说明，最高境界是让读者通过对历史真实的认识，获得自己的理解。而作者强加于读者的说教，早已令人反感。特别是简单化、公式化和生硬地贴标签式的做法，往往使得历史学的形象败坏。

对于以《秦汉史》为代表的吕思勉的断代史研究，严耕望曾经著文《通贯的断代史家——吕思勉》予以评价。他写道："有一位朋友批评诚之先生的著作只是抄书，其实有几个人能像他那样抄书，何况他实有许多创见，只是融铸在大部头书中，反不显豁耳。"对于《秦汉史》等论著的撰写方式，严耕望也有自己的批评意见："不过诚之先生几部断代史的行文体裁诚有可商处。就其规制言，应属撰史，不是考史。撰史者溶化材料，以自己的话写出来：要明出处，宜用小注。而他直以札记体裁出之，每节就如一篇札记，是考史体裁，非撰史体裁。"又据钱穆的说法，就《秦汉史》这几部断代史的写作初衷有所说明："不过照宾四师说，诚之先生这几部断代史，本来拟议是'国史长编'。"严耕望说："作为长编，其引书固当直录原文。况且就实用言，直录原文也好，最便教学参考之用。十几年来，诸生到大专中学教历史，常问我应参考何书，我必首举诚之先生书，盖其书既周赡，又踏实，且出处分明，易可检核。这位朋友极推重赵翼《二十二史札记》。其实即把诚之先生四部断代史全作有系统的札记看亦无不可，内容博赡丰实，岂不过于赵书邪？只是厚古薄今耳！"①关于"撰史体裁"和"考史体裁"的区分，本来只是个别学者的意见。借用这一说法，应当说传统史学以"考史"居多。不过，在西方史学传入之后，"撰史体裁"压倒了"考史体裁"。其实，史学论著的体裁和形式本来应该允许多样化。苏轼诗句"短长肥瘦各有态，玉环飞燕谁敢憎"②，指出了自然之美"各有态"的合理性。清人宣鼎笔下所谓"燕瘦环肥，各极态度；香

---

① 严耕望：《通贯的断代史家——吕思勉》，《大陆杂志》第68卷第1期。
② 〔宋〕苏轼《孙莘老求墨妙亭诗》，〔清〕曾国藩：《十八家诗钞》卷一三《苏东坡七古上》，中华书局2018年9月版，第2116页。

温玉暖,互斗尹邢"①,也强调了多样性的美。陈维崧写"燕瘦环肥,要缘风土;越禽代马,互有便安"②,也强调了多样性的自然。此所谓"风土",又言"越""代",本义强调空间差异,或许可以移用为时间概念,则古人"王杨卢骆当时体"③诗意,似乎也隐含其中。

时下最被看重的史学成果的载体,是所谓学术论文。现今一些学术机构的价值评定系统,对于论文的品评,又有若干附加的条件,例如刊物的等级、摘引的频度、篇幅的长短等等。实际上,论文这种形式的通行,对于具有悠久传统的中国史学而言,是相当晚近的事。长期以来,中国传统史学所谓"汗牛充栋""浩如烟海"的论著,并非以今天人们眼界中的"论文"的形式发表流传。我们看到,即使20世纪论文形式开始兴起之后,一些史学大师的研究成果,其实也并不是以这种整齐划一的定式生产出来的。有的学者认为有必要为高校历史学科的学生选编史学论文的范本,如果严格按照现今的论文格式规范要求,说不定王国维、陈寅恪等学者的许多杰作也难以编列其中。清乾隆《御选唐宋诗醇·凡例》写道:"李、杜,名盛而传久,是以评赏家特多。韩、白同出唐时而名不逮,韩之见重尤

---

① 〔清〕宣鼎:《夜雨秋灯录》卷五"丐癖"条,黄山书社1999年6月版,第270页。
② 〔明〕陈维崧:《毛大可新纳姬人序》,《陈检讨集》卷六,清康熙天藜阁刻本,第218页。
③ 〔唐〕杜甫:《戏为六绝句》,〔唐〕杜甫著,〔清〕仇兆鳌注:《杜诗详注》,中华书局1979年10月版,第899页。

后于白，则品论之词故应递减。苏、陆在宋，年代既殊，名望亦复不敌。晚出者评语更寥寥矣。多者，择而取之；少者，不容傅会。折衷一定，声价自齐。燕瘦环肥，初不以妆饰之浓澹为妍媸也。"① 关于诗人"名望"所以差异，论说未必中肯，然而最后一句，却指明了内容和形式之关系的真理："燕瘦环肥，初不以妆饰之浓澹为妍媸也。"学术的"品论"和"评赏"，应当首先重视内容，形式方面"妆饰之浓澹"，不是判定"妍媸"的主要标准。

所谓"札记"，其实就曾经是传统史学的"当时体"。许多中国史学名著当时都是以"札记"的形式面世，而后亦产生了长久的历史影响。王应麟的《困学纪闻》、顾炎武的《日知录》、赵翼的《廿二史札记》和《陔余丛考》等，虽著者或谦称"睹记浅狭，不足满有识者之一笑"②，而内心实有"平生之志与业皆在其中"③ 和"自信其书之必传"④，"彼时自有受之者，而非可预期也"⑤ 的自负。这些论著在后来学人心目中的等级和价值、在史学学术史上的地位都是毋庸置疑的，然而这些论著均以札记形式存世。近世史学学者仍多有沿用札记形式发表学术创见者。如顾颉刚《浪口村随笔》⑥，后经增订，辑为《史林杂识初编》⑦。十

---

① 莫砺锋主编：《御选唐宋诗醇》，商务印书馆 2019 年 5 月版，第 4 页。
② 赵翼：《〈陔余丛考〉小引》，《陔余丛考》，中华书局 1963 年 4 月版，第 5 页。
③ 顾炎武：《又与友人论门人书》，《日知录集释（全校本）》，第 3 页。
④ 顾炎武：《与杨雪臣书》，《日知录集释（全校本）》，第 2 页。
⑤ 顾炎武：《又与潘次耕书》，《日知录集释（全校本）》，第 2 页。
⑥ 上海合众图书馆 1949 年油印。
⑦ 中华书局 1963 年 2 月版。

卷本《顾颉刚读书笔记》① 经顾颉刚先生亲订，并由后人整理，学术价值尤为珍贵。此外，陈登原《国史旧闻》②、钱锺书《管锥编》③、周一良《魏晋南北朝史札记》④、贾敬颜《民族历史文化萃要》⑤、吴承仕《检斋读书提要》⑥、罗继祖《枫窗三录》⑦ 等，也都是治史者不能忽视的名著。有的学者将论文、札记、报告以及演讲稿的合集题为"札记"，如李学勤《夏商周年代学札记》⑧，也说明对"札记"这种学术形式的看重。吕思勉《秦汉史》等书有"札记"的痕迹，丝毫不减损其学术价值，反而使史学收获的样式更为丰富多彩。对于其价值甚至"过于赵书"，即超过赵翼《廿二史札记》的意见，我们虽未必百分之百赞同，也愿意在进行学术史评判时以为参考。

而《吕思勉读史札记》一书的问世，当时也是史学界的一大盛事。⑨ 至今我们依然可以时常在其中得到学术营养。其中甲帙"先秦"184条，乙帙"秦汉"120条，丙帙"魏晋南北朝"101条，丁帙"隋唐以下"56条，戊帙"通代"65条。我们看到，秦汉史料所占的比重也是相当可观的。

---

① 联经出版事业公司1990年7月版。
② 生活·读书·新知三联书店1958年7月版。
③ 中华书局1979年8月版。
④ 中华书局1985年3月版。
⑤ 吉林教育出版社1990年7月版。
⑥ 北京师范大学出版社1986年4月版。
⑦ 大连出版社2000年2月版。
⑧ 辽宁大学出版社1999年10月版。
⑨ 上海古籍出版社1982年8月版。

对于吕著《秦汉史》选取资料主要注重正史的情形，严耕望有这样的解释："至于材料取给，只重正史，其他是史料甚少参用，须知人的精力究有限度，他的几部断代史拆拼正史资料，建立新史规模，通贯各时代，周赡各领域，正是一项难能的基本功夫，后人尽可在此基础上，详搜其他史料，为之扩充，发挥与深入、弥缝，但不害诚之先生四部书之有基本价值也。"

吕思勉《秦汉史》等史学论著在引录史料的时候也难免千虑一失。严耕望说："引书间或有误引处，但以这样一部大著作，内容所涉又极广泛，小有错误，任何人都在所难免，不足为病。"① 这样的意见，我们也是赞同的。

此外，吕思勉治史存在的另一问题，也已经有学者指出："吕先生虽然认识到地下古物'足以补记载之缺而正其伪'，'而在先史及古史茫昧之时，尤为重要'（《先秦史》第5页），他却过于怀疑当时'伪器杂出'，没有能利用甲骨、金石，补古代文献之不足，使他在古文字学方面的高深造诣，不能更好地为考订古史、古书工作服务。这不能不给他的古史研究带来损失，是不应'为贤者讳'的。"② 这一问题，在《秦汉史》中的表现，读者朋友应当也会注意到。对考古文物资料的不熟悉，也容易导致对文献资料理解的误见。例如"交通"一节关于交通道路建设，吕思勉言"边方又有深开小道者"。所据史料为："《汉书·匈奴

---

① 严耕望：《通贯的断代史家——吕思勉》，《大陆杂志》第68卷第1期。
② 邹兆琦：《吕思勉先生与古代史料辨伪》，《蒿庐问学记》，第78页。

传》：侯应议罢边备塞吏卒曰：'建塞徼，起亭隧。'师古曰：'隧谓深开小道而行，避敌钞寇也。'"① 如果有关于西北汉简中烽燧资料的知识，则可知颜师古注的错误。"亭隧"的"隧"，是不可以解作道路的。好在后辈学者学习先贤，重在继承其学术精神。面对现今丰富的出土资料，新一代秦汉史研究者自会有自己的学术方法和学术路径的选择。

中青年治秦汉史者可能更要努力学习的是吕思勉等老一代史学家刻苦研读文献的"硬功夫"（黄永年说）、"踏实而深厚的基本功"（杨宽说）。前引杨宽说吕思勉"先后把《二十四史》反复阅读了三遍"，严耕望说，"世传他把《二十四史》从头到尾的读过三遍，是可以相信的"。② 又黄永年回忆吕思勉时写道："吕先生究竟对《二十四史》通读过几遍，有人说三遍，我又听人说是七遍，当年不便当面问吕先生……但我曾试算过一笔帐，写断代史时看一遍，之前朱笔校读算一遍，而能如此作校读事先只看一遍恐怕还不可能，则至少应有四遍或四遍以上。这种硬功夫即使毕生致力读古籍的乾嘉学者中恐怕也是少见的。"③ 二十四史通读七遍、四遍或者三遍，今天的学者似乎已经难以做到，或者说也确实没有大家都这样做的必要了。但是支撑"这种硬功夫"、这种"踏实而深厚的基本功"的内心的学术理

---

① 吕思勉：《秦汉史》，第604页。
② 严耕望：《通贯的断代史家——吕思勉》，《大陆杂志》第68卷第1期。
③ 黄永年：《回忆我的老师吕诚之先生》，《学林漫录》四集，中华书局1981年10月版。

想和科学精神,确是我们必须继承的。而就研究秦汉史而言,无论有怎样先进的电子图书检索手段可以利用,认真地通读"前四史",仍然是无论如何必须具备的"基本功"。要取得秦汉史研究的新收获,要推出"有系统、有分量、有见解的"秦汉史学术论著,应当说"首先得力于"这一条件。这是我要对愿意学习秦汉史的青年朋友们说的一句诚心的话。

二、杨树达《汉代婚丧礼俗考》导读

一个时代有一个时代的学人,一个时代有一个时代的学术。学术一脉,不尽薪火传受;学人百世,各有时代风格。如果回顾20世纪的学术创获,虽经历风雷霜雪,依然满山缤纷,令人目不暇接。著名学者杨树达先生的学术成就,就是其中水边林下虽并不惹眼,却发散出异常清芬的一簇。

杨树达先生(1885.6.1—1956.2.14),字遇夫,号积微,湖南长沙人。1897年,考入时务学堂。1905年,官费赴日本留学,辛亥革命后回国,相继任湖南高等师范学校教务长,湖南第四师范学校、省立第一师范学校、省立第一女子师范教员。1920年,在北京师范学校、北京法政专门学校、北京高等师范学校、北京高等农业专门学校任教。1924年,任北京师范大学教授、国文系主任。1926年后,任清华大学教授、湖南大学教授等职。

杨树达先生著说宏富,多以极高的学术价值,在学界产生过巨大的影响。其中《汉代婚丧礼俗考》一书商务印书馆1933年初版,作为20世纪学术具有承前启后作用的代表作之一,不仅被秦汉史学者和社会史学者视为必读书,其学术视角与研究方法,对所有关心中国历史文化的读者,也会有积极的启示意义。

(一)自致于立言不朽之域

子在川上曰,逝者如斯夫。孔老夫子以江河运行比喻历史演进的说法,被许多人所接受。历史确实一如江河,有"潮平风稳"① 的缓漫河段,也有"绝壁天悬,腾波迅急"② 的峥嵘峡路。不同历史时期文化节奏的差别,可以使人们产生不同的历史印象和历史感受。前引青年毛泽东在《〈伦理学原理〉批注》中曾经写道,我们读史时往往"赞叹战国之时,刘、项相争之时,汉武与匈奴竞争之时,三国竞争之时",因为这些历史阶段"事态百变,人才辈出,令人喜读"。然而面对历史进程和缓的阶段,则感觉不同,"至若承平之代,则殊厌弃之。非好乱也,安逸宁静之境,不能长处,非人生之所堪,而变化倏忽,乃人性之所喜也"。毛泽东的认识,固然表现出对历代"乱"和"治"的特殊的个人情感倾向,但是也反映了历史上文化节奏屡

---

① 〔清〕许昂霄撰:《晴雪雅词偶评》卷二《赋情类》,凤凰出版社2019年12月版,第420页。
② 〔南朝宋〕刘义庆著,〔南朝梁〕刘孝标注:《世说新语笺疏》,中华书局2007年10月版,第65页。

有时代变换的事实,反映了"事态百变,人才辈出"的节奏急进的时代往往对历史文化有显著推进的事实。

20世纪二三十年代,是众所周知的乱世,但是以历史节奏分析的眼光看,确实实现了李大钊等人热情呼唤的"少年中国"。值得注意的是,这也是一个"人才辈出"的时代,当时政治、军事、文化、艺术等不同领域中,几乎均是青年才士各领风骚。

我们说当时社会生活的诸多方面都表现出"少年"气象,学术创造也是同样。上海古籍出版社出于慧眼与卓识出版的集合近代学术大师名著的"蓬莱阁丛书",我们看到已经问世的19种,这些专著最初出版时,作者的平均年龄不过41岁左右。杨树达先生也是在动荡的历史背景下,于乱中取静的学术生活中积累学识、发表论著、成就大器的。

司马迁在《史记》中曾经说,史家的主要职责,除"原始察终"而外,亦"见盛观衰"[1],注意发现和总结历史的"盛衰大指"[2]。我们如果以较为宏阔的视界看历史文化的全景,那么,"盛"与"衰",就并不仅仅是指王气的勃兴与凋灭,又意味着一个历史时期社会创造力总和的价值,意味着当时人们的思想成就在人类智慧宝库中的比重,也意味着这一时期文明进步的速度。也就是说,如果进行历史的时代比较,不仅应当看到政治的"盛衰",也应当对文化的"盛衰"有所重视。

---

[1]《史记》卷一三〇《太史公自序》,第3319页。
[2]《史记》卷一四《十二诸侯年表》,第511页。

或以为文章的刚柔，往往可以反映时代的盛衰。如章太炎说，"西京强盛，其文应之，故雄丽而刚劲"，而"东京国力少衰，而文辞亦视昔为弱"。不过"朴茂之气尚存，所谓壮美也"。此后"三国既分，国力乍挫，讫江左而益弱，其文安雅清妍，所谓优美也"。唐代"国威复振"，"终有韩（愈）、吕（才）、刘（禹锡）、柳（宗元）之伦，其语瑰玮，其气奘驵，则与西京相依"。① 然而，我们注意到，历史有政治的"盛衰"，又有文化的"盛衰"，政治与文化"盛衰"运动的波形，相互间未必可以完全印合。同意这一看法的朋友或许会接受这样的意见，即20世纪二三十年代虽然在政治上表现为极端的动乱纷争，在某种意义上却可以看作学术的盛世，或即文化"优美"之世。当时自由的学术环境和活泼的学术空气，在一百年来的学术史中是相当难得的。

回顾中国近代学术史，可以看到杨树达先生以其勤勉的学术实践，为实现当时的学术繁荣做出了突出的贡献。

1921年，杨树达先生完成《说苑新序疏证》。1922年，中华书局出版了杨树达先生的《老子古义》二卷。这部书1926年又再版印行。1924年，《盐铁论校注》《汉书补注补正》与《古书疑义举例续补》问世。1928年，商务印书馆出版《词诠》与《中国语法纲要》。《词诠》1954年又由中华书局出版。商务印书馆1930年出版《高等国文法》，

---

① 章太炎：《菿汉微言》，《菿汉三言》，上海书店2011年8月版，第55页。

1931年出版《马氏文通刊误》及《积微居文录》。1933年，世界书局出版杨树达先生著《中国修辞学》，同年商务印书馆出版了他的《汉代婚丧礼俗考》。1934年，商务印书馆又出版了他的《论语古义》和《古书句读释例》，北京好望书局出版了杨树达著《古声韵讨论集》。他的《积微居小学金石论丛》五卷《补遗》一卷，1937年亦由商务印书馆出版。这部书的六卷增订本，1955年再次由科学出版社推出。

杨树达先生20世纪40年代面世的论著，有重庆商务印书馆1943年版《春秋大义述》，以及讲义本《论语疏证》《文字形义学》《甲骨文蠡测撷要》《文法学小史》《训诂学小史》等。

20世纪50年代，中国学术经历了特殊的历史变化。而周祖谟《致杨树达》说，杨树达先生仍然"勤于述作，既速且精，诚令人钦仰赞叹"。胡厚宣也曾致书赞叹道："深觉解放以来，关于甲金小学，惟先生著作最丰，发明最多，其贡献之大，盖突破以往所有之学者。倾仰之至！"中国科学院1952年出版了他的《积微居金文说》，1953年又出版了他的《淮南子证闻》，他的《积微居甲文说》附《卜辞琐记》亦于1954年问世。他的另一部甲骨文研究专著《耐林廎甲文说》附《卜辞求义》同年由群联出版社出版。以《汉书补注补正》为基础完成的《汉书窥管》，1955年由科学出版社出版。同年，他的《论语疏证》也由科学出版社出版。1957年，他的《盐铁论要释》由科学出版社推出。

对于杨树达先生的治学成就，学界评价极高。章太炎先生曾经致书夸赞道："兄于治学可谓专精。"郭沫若先生亦曾致书言："我兄于文字学方法体会既深，涉历复博，故所论列均证据确凿，左右逢源，不蔓不枝，恰如其量，至佩至佩！"董作宾先生致书亦有"深佩卓见"语，谓"公在课程忙迫中犹能作专精研究，贡献古文字学者极大，敬佩之至"。陈寅恪先生亦致书称："当今文字训诂之学，公为第一人，此为学术界之公论，非弟阿私之言。幸为神州文化自爱，不胜仰企之至！"于省吾先生致书对杨著《积微居甲文说》也有"义证精确，发挥透彻，并世研契诸公无与抗衡。欣佩之情，匪言可喻"的评价。胡厚宣先生也曾经在《五十年甲骨学论著目序言》中发表赞语："（杨树达先生）写文章最多，不失为五十年来甲骨研究中最努力的一人。"

陈寅恪先生在《积微居小学金石论丛续稿序》中，又重复了"当世学者称先生为今日赤县神州训诂学第一人"的赞美之词，并且说："先生平日熟读三代两汉之书，融会贯通，打成一片。故其解释古代佶屈聱牙晦涩艰深之词句，无不文从字顺，犁然有当于人心。"接着，陈寅恪先生又发表了如下一番感叹：

> 百年以来，洞庭衡岳之区，其才智之士多以功名著闻于世。先生少日即已肄业于时务学堂，后复游学外国，其同时辈流，颇有遭际世变，以功名显者，独

先生讲学于南北诸学校，寂寞勤苦，逾三十年，不少间辍。持短笔，照孤灯，先后著书高数尺，传诵于海内外学术之林，始终未尝一借时会毫末之助，自致于立言不朽之域。与彼假手功名，因得表见者，肥瘠荣悴，固不相同，而孰难孰易，孰得孰失，天下后世当有能辨之者。呜呼！自剖判以来，生民之祸乱，至今日而极矣。物极必反，自然之理也。一旦忽易阴森惨酷之世界而为清朗和平之宙合，天而不欲遂丧斯文也，则国家必将尊礼先生，以为国老儒宗，使弘宣我华夏民族之文化于京师太学。其时纵有入梦之青山，宁复容先生高隐耶？然则白发者，国老之象征，浮名者，亦儒宗所应具，斯诚可喜之兆也。又何叹哉？又何叹哉？①

陈寅恪先生所说"青山""入梦""白发""浮名"，指1942年教育部公布杨树达、陈寅恪等先生为部聘教授，杨树达先生淡然处之，有"只有青山来好梦，可怜白发换浮名"诗句事。陈说揭示"功名"与"文化"之"肥瘠荣悴，固不相同，而孰难孰易，孰得孰失，天下后世当有能辨之者"，实在是极深刻的富有历史主义眼光的深见。

陈寅恪先生为王国维所撰纪念碑文，有强调学术自立的名言："……唯此独立之精神，自由之思想，历千万祀与

---

① 陈寅恪：《金明馆丛稿二编》，生活·读书·新知三联书店2001年版，第261页。

天壤而日久，共三光而永光。"20世纪50年代初，他在答复中国科学院请他担任中古史研究所所长的意见时又说："没有自由思想，没有独立精神，即不能发扬真理，即不能研究学术。""独立精神和自由意志是必须争的，且须以生死力争。""一切都是小事，惟此是大事。"陈寅恪先生为杨著所作序文"自致于立言不朽之域"的称誉，亦体现了对于"独立之精神，自由之思想"的肯定和坚持。有论者分析说："这与其说是为杨树达作序，到（倒）不如说是陈寅恪因感而发，表达了他对为人治学以及文化与时势的遭际的心声，铮铮有凛然之气。"①

1951年，中国科学院准备出版杨树达先生的《积微居金文说》，杨先生仍拟将陈寅恪先生的序言置于卷首，陈先生亦欣然同意。然而1952年中国科学院编译出版局致信杨先生称：陈寅恪序文的"立场观点有问题"。② 同年11月，《积微居金文说》出版，陈先生的序文果然被删去。1952年12月6日，陈寅恪先生致杨树达先生的信中说到此事："手示敬悉。大著尚未收到。贱名不得附尊作以传，诚为不幸。然拙序语意迂腐，将来恐有累大者，今删去之，亦未始非不幸也。"③

杨树达先生的《积微居金文说》和陈寅恪先生的序文出版时的遭遇，在他们风云变幻的学术生涯中只是一段小

---

① 陆键东：《陈寅恪的最后20年》，生活·读书·新知三联书店1995年12月版，第83页。
② 杨树达：《积微翁回忆录》，上海古籍出版社1986年11月版，第345页。
③ 杨树达：《积微居友朋书札》，湖南教育出版社1986年7月版，第96页。

小的插曲，但是却能够反映其学术立场和学术品质。两位学者的性格虽有差异，但是就坚持"独立之精神，自由之思想"而言，则意志共同。因而所谓"铮铮有凛然之气"也罢，所谓"立场观点有问题"也罢，正反两种评价，其实是既可以针对陈寅恪先生，也可以针对杨树达先生的，尽管两位先生言行之风格的缓急刚柔确实有所不同。

一生淡于"功名"、"持短笔，照孤灯"、"寂寞勤苦""不少间辍"的杨树达先生在《积微翁回忆录自序》中曾经这样写道："余性不喜谈政治。中年涉世，见纯洁士人一涉宦途，便腐坏堕落，不可挽救；遂畏政治如蛇蝎。由今日观之，人在社会，决不能与政治绝缘。余往时所见，实为错误。至仕途腐烂，亦国民党及军阀之政权时如此，非所语于今日人民政府之时代也。昔年在京，往复论学之人有喜谈政治者，而政治上犯大错误之人如陈独秀者，与余虽未谋一面，然以讨论文字学之故，亦曾有书札往还。此等皆属学问上之因缘，与政治绝无关涉也。虑或误解，聊复言之。"① 虽然检讨了往时之见的"错误"，但是因"虑或误解"所作的解释，仍然使人感到内心与所谓"中年涉世，见纯洁士人一涉宦途，便腐坏堕落，不可挽救；遂畏政治如蛇蝎"有所不同的另一种"畏政治如蛇蝎"的疑惧。

当然，所谓"人在社会，决不能与政治绝缘"，是人生的现实。学者崇尚"独立之精神，自由之思想"，也并不意

---

① 杨树达：《积微翁回忆录》，第1—2页。

味着逃避社会矛盾，放弃社会责任。以杨树达先生而言，抗战时期"何当被甲持戈去，杀贼归来一卷娱"（1939年12月24日诗）、"却喜健儿能杀贼，故探圣典记攘戎"（《六十述怀》诗）等诗句，都深抒"杀贼"壮志，饱含救亡激情。他在1939—1940年间开《春秋》课，所著《春秋大义述》一书1943年由重庆商务印书馆出版，"意欲令诸生严夷夏之防，切复仇之志，明义利之辨，知治己之方"（《春秋大义述自序》）。可知抗敌救国之热忱。其说其事，可以看作"故探圣典记攘戎"诗句的注脚。1946年，闻一多先生被暗杀，消息传来，杨树达先生激愤至极，他在日记中写道："报载闻一多见刺死，今日真乱世也！书生论政，竟不能容，言论自由之谓何哉？"悲恨之声，至今读来令人感动。

（二）汉代婚姻礼俗的总结

杨树达先生以"礼俗"确定研究的对象，原意当包括礼仪制度与民间风俗，而其中的礼仪制度，自然与通常理解的政制不同，实是一种因"俗"而生，又制约着"俗"，与"俗"始终存在密切关系的"礼"。"礼俗"，是社会生活中特别值得重视的现象。然而，自20世纪50年代以来，"礼俗"，似乎已经退出了社会科学常用语汇。江绍原先生早年在北京大学的讲义《礼俗迷信之研究》，于80年代末经整理出版，定名为《中国礼俗迷信》[①]，于是人们长期感

[①] 渤海湾出版公司1989年10月版。

到生疏的"礼俗"一语,重新进入读者的视野中。

《汉代婚丧礼俗考》第一章"婚姻"分七节,即:议婚;婚仪;婚年;重亲;绝婚;改嫁改娶;妾媵。以这样全面的视角来考察汉代婚姻史,可以说此前还没有过。而其中论述,又多有可以增益对汉代社会历史之认识的精深之见。

历史研究,重在发现历史的时代特质。杨树达先生的汉代婚姻史研究新见迭出,例如有关汉代"重亲"现象的分析,就可以使人们对于古代社会生活的理解得以深化。

第四节"重亲"写道:"婚姻之家复结婚姻,是为重亲。重亲有二:有姻家复为姻家,婚家复为婚家者。"所举史例有:"《汉书》三十八《齐悼惠王传》云:'懿王薨,子厉王次昌嗣,其母曰纪太后。太后取其弟纪氏女为王后,欲其家重宠。'"此外,"有彼此互为婚姻者"。例如,"《汉书》九十七《外戚传上》云:'孝惠张皇后,宣平侯敖女也。敖尚帝姊鲁元公主,有女。惠帝即位,吕太后欲为重亲,以公主女配帝为皇后。'《汉书》五十五《卫青传》云:'青有姊子夫,得幸武帝。又卫青尚帝姊阳信长公主。'"这种以婚姻形式强固宗族关系的做法,上至皇室贵戚,下至一般官僚大族,都曾经普遍采用。杨树达先生指出,因重亲之故,而稽其行辈,有不相当者,"或娶上辈之女子",也有"娶下辈之女子者"。

汉世重女权。当时贵族妇女在婚姻关系和家庭生活中占据较高地位,也留下了比较显著的社会历史印迹。《汉书》卷七二《王吉传》记载，汉宣帝时，王吉曾经上疏评论政治得失，谈到"汉家列侯尚公主，诸侯则国人承翁主"的情形，他认为："使男事女，夫诎于妇，逆阴阳之位，故多女乱。"① 将所谓"女乱"即政治生活中女子专权现象的原因，归结为社会生活中女子尊贵现象的影响。"使男事女，夫诎于妇"的情形在民间也有表现。妇女有较高的社会地位，在有些地区甚至成为一种民俗特征。《汉书》卷二八下《地理志下》关于陈国（今河南淮阳附近）地方风习，就有"妇人尊贵"的记述。② 与此相关，汉代妇女对于个人情感生活的体验形式，与后世比较，可能也有值得注意的差异。汉武帝的姑母馆陶公主寡居，宠幸董偃，一时"名称城中，号曰'董君'"。他建议馆陶公主以长门园献汉武帝。汉武帝大悦，在探望馆陶公主时尊称董偃为"主人翁"，相见欢饮，一时"董君贵宠，天下莫不闻"。于是，这种"败男女之化，而乱婚姻之礼，伤王制"的不合礼法的关系经皇帝的承认而得以合法化。据说"是后，公主贵人多逾礼制，自董偃始"。③ 汉昭帝的姐姐鄂邑盖公主"内行不修，近幸河间丁外人"。据《汉书》卷六八《霍光传》，票骑将军上官桀等甚至依照国家以往"以列侯尚公主"的制度，"欲为外人求封"，遭到拒绝之后，"又为外人求光禄大夫"。④ 丝毫不以为这是一种不光彩的关系。《汉书》卷

---

① 《汉书》，第 3064 页。
② 《汉书》，第 1653 页。
③ 《汉书》卷六五《东方朔传》，第 2854、2855、2857 页。
④ 《汉书》，第 2934 页。

六七《胡建传》则称丁外人为"帝姊盖主私夫"。① 当时上层社会对于这种关系,似乎也没有形成沉重的舆论压力。

汉家公主不讳私夫,天子安之若素,朝野亦司空见惯,贵族重臣甚至上书乞封。皇族妇女的这种行为能够堂而皇之面对社会,是有一定的历史文化背景为条件的。在当时的社会,寡妇再嫁,是自然而合理的事。史书记载的社会上层妇女比较著名的实例,就有薄姬初嫁魏豹,再嫁刘邦;平阳公主初嫁曹时,再嫁卫青;敬武公主初嫁张临,再嫁薛宣;王媪初嫁王更得,再嫁王乃始;许孊初嫁龙頟思侯,再嫁淳于长;汉元帝冯昭仪母初嫁冯昭仪父,再嫁郑翁;臧儿初嫁王仲,再嫁长陵田氏;汉桓帝邓后母初嫁邓香,再嫁梁纪,等等。有关史实,《汉代婚丧礼俗考》列入第一章"婚姻"第六节"改嫁改娶"中。杨树达先生总结说:"夫死,妇往往改嫁。""虽有子女亦然。""且有携其子女往改嫁之家者。"

汉光武帝时,帝姊湖阳公主新寡,刘秀与共论群臣,有心微察其意向。公主说:"宋公威容德器,群臣莫及。"表示对大司空宋弘德才与仪表的爱慕。刘秀愿意求撮合。据《后汉书》卷二六《宋弘传》,刘秀后来专意接见宋弘,让公主坐在屏风后面,又对宋弘说:"谚言贵易交,富易妻,人情乎?"宋弘则答道:"臣闻贫贱之知不可忘,糟糠

---

① 《汉书》,第2911页。

之妻不下堂。"刘秀于是对公主说："事不谐矣。"① 虽然宋弘拒绝了刘秀的暗示，其事最终"不谐"，但是湖阳公主给人们形成深刻印象的敢于主动追求有妇之夫的行为，可以看作反映当时社会风尚的重要信息。

关于平阳公主之再嫁，《史记》卷四九《外戚世家》褚少孙补述："是时平阳主寡居，当用列侯尚主。主与左右议长安中列侯可为夫者，皆言大将军可。主笑曰：'此出吾家，常使令骑从我出入耳，柰何用为夫乎？'左右侍御者曰：'今大将军姊为皇后，三子为侯，富贵振动天下，主何以易之乎？'于是主乃许之。言之皇后，令白之武帝，乃诏卫将军尚平阳公主焉。"② 可以看到，平阳公主择定再醮的对象时，非常大方地与"左右侍御者"公开讨论，"主笑曰"云云，也反映其态度的坦然自若。而从公主一方同意，事实上已经使婚姻成为定局，可知妇女在这种婚姻再构过程中往往居主动地位。且先"言之皇后"，后"令白之武帝"的程序，也说明女子在这种过程中的重要作用。

汉初丞相陈平的妻子，据说在嫁给陈平之前已曾五次守寡。《史记·陈丞相世家》说："户牖富人有张负，张负女孙五嫁而夫辄死，人莫敢娶。（陈）平欲得之。"城中有人办丧事，陈平"侍丧"，尽心竭力。张负于是对他产生良好印象，又随陈平至其家，看到家虽穷弊，然而"门外多

---

① 《后汉书》，第905页。
② 《史记》，第1983页。

有长者车辙"。张负对其子张仲曰：我愿意把孙女嫁给陈平。张仲以陈平贫不事事，一县中尽笑其所为，表示疑虑。张负坚持道，像陈平这样出色的人怎么能长久贫贱呢？决意成就这一婚姻。吴景超先生在分析汉代女子再嫁情形时曾经写道："其中嫁人次数最多的，要算陈平娶到的妻子。他的妻子姓张。"他又分析了"这位张女士的历史以及嫁给陈平的经过"，指出："这个故事，有好几点值得注意。第一，嫁过五次的女子，不厌再嫁。第二，寡妇的尊长，不但不劝寡妇守节，还时时刻刻在那儿替她物色佳婿。第三，嫁过几次的女子，也有男子喜欢她，要娶她。第四，寡妇的父亲，并不以女儿为寡妇，而降低其择婚的标准。此点从张仲的态度中可以看得出来。张负肯把孙女嫁给陈平，并非降低标准，乃是他有知人之明，看清陈平虽然贫困，将来终有发达的一日。"① 钱锺书先生在《管锥编》于"张负女孙五嫁而夫辄死，人莫敢娶"语后写道："按即《左传》成公二年巫臣论夏姬所谓'是不祥人也！'""人莫敢娶"，是因为有"克夫"的嫌疑，并非嫌弃她是"嫁过几次的女子"。②

杨树达先生总结汉代"夫死，妇往往改嫁"等现象时，所举除陈平妻、湖阳公主等故事之外，还有敬武长公主、宣帝外祖母王媪、孝元傅昭仪母，以及扬雄《答刘歆书》

---

① 吴景超：《两汉寡妇再嫁之俗》，《清华周刊》第37卷第9、10期合刊，1932年。
② 钱锺书：《管锥编》第1册，中华书局1979年8月版，第302页，第9页。

说到的"临邛林间翁孺者"等例。

汉代寡妇再嫁不受约束、不失体面的风习，至汉末仍然多有史证。正如有的学者所指出的："揭开《三国志》的妃后列传，最令人注目的便是魏、蜀、吴的第一个皇帝，都曾娶过再嫁的寡妇。"①

在婚姻离异时可以采取主动，同样是汉代妇女的权利。著名的朱买臣故事可以作为例证。《汉书》卷六四上《朱买臣传》说，朱买臣家贫，卖柴为生，常担柴道中，诵书歌讴，"妻羞之，求去"，"买臣不能留，即听去"。后来前妻与其夫家一同上坟，见朱买臣依然饥寒，还曾经"呼饭饮之"。②李白有《妾薄命》诗："雨落不上天，覆水难再收。君情与妾意，各自东西流。"后来朱买臣夫妻离异故事在民间传播，以此为主题的戏曲就有元杂剧《渔樵记》、清传奇《烂柯山》、京剧《马前泼水》等。其实朱买臣富贵后重见前妻事，并没有覆水难收的情节。汉代已经有"反水不收，后悔无及"的说法，见于《后汉书》卷一上《光武帝纪上》载马武言。③《后汉书》卷六九《何进传》则作"覆水不可收"。④"马前泼水"的衍化，其实可能也是后世人未能真正理解汉代人精神风貌的一种反映。我们所注意的，是朱买臣妻主动离婚的事实。女方"求去"，男方"不能留，即

---

① 董家遵：《中国古代婚姻史研究》，卞恩才整理，广东人民出版社1995年9月版，第258页。
② 《汉书》，第2791页。
③ 《后汉书》，第20页。
④ 《后汉书》，第2250页。

听去",前者要求离异,后者未能挽回,于是勉强应允。这种妇方主动提出协议离婚的情形,在汉代以后的中国正统社会中,是不多见的。

班固在《白虎通·嫁娶》中曾经强调:"妻,齐也,与夫齐体。"陈登原先生《国史旧闻》卷二八指出,汉代人虽然已经有轻视妇女的倾向,如《白虎通·三纲六纪》说"夫为妻纲",《说文解字》卷十二下说"二女为奻",《后汉书·梁鸿传》举案齐眉故事说"不敢仰视","然尚有不讳再嫁之事,尚有以妻为齐之说"。如果我们借用"妻,齐也"的说法总结汉代妇女在若干方面享有与男子大体相当的权利这一事实,可能也是适宜的。当然,这种权利与现代意义上的"女权"不能同日而语,但是回顾这段历史,对于真切地认识中国古代妇女史的全貌,应当是有益的。

推想在汉文化融合多种文化因素初步形成的时代,儒学礼制尚未能严格规范所有的社会层面,"夫为妻纲"的性别专制格局也还没有定型,于是也存在"妇人尊贵"的现象。鲁迅先生曾经盛赞汉代社会的文化风格:"遥想汉人多少闳放","毫不拘忌","魄力究竟雄大"。当时民族精神所谓"豁达闳大之风"[①]对社会生活产生的作用,显然也影响了汉代女权的形态。

有一种现象自然会引起读者的注意,这就是杨树达先

---

① 鲁迅:《坟·看镜有感》,《鲁迅全集》,第1卷第209页。

生使用《史记》《汉书》共有的资料时，多引用《汉书》。比如，他在总结汉代"重亲"现象时所举《汉书》卷三八《高五王传·齐悼惠王刘肥》、《汉书》卷九七上《外戚传上·孝惠张皇后》及《汉书》卷五五《卫青传》诸例，其实均已分别见于《史记》。《史记》卷五二《齐悼惠王世家》："齐厉王，其母曰纪太后。太后取其弟纪氏女为厉王后。王不爱纪氏女。太后欲其家重宠，令其长女纪翁主入王宫，正其后宫，毋令得近王，欲令爱纪氏女。王因与其姊翁主奸。"①《史记》卷四九《外戚世家》："吕后长女为宣平侯张敖妻，敖女为孝惠皇后。吕太后以重亲故，欲其生子万方，终无子。""卫子夫立为皇后。""诏卫将军尚平阳公主焉。"②《史记》卷一一一《卫将军骠骑列传》："青姊子夫得入宫幸上。""大将军以其得尚平阳长公主故，长平侯伉代侯。"③而第一节"议婚"中写道："又有由女子自主之者。"所举张耳、卫青、梁鸿三例，前两例均见于《汉书》：

> 外黄富人女甚美，庸奴其夫，亡邸父客。父客谓曰："必欲求贤夫，从张耳。"女听，为请决嫁之。女家厚奉给耳。（卷三十二《张耳传》）
>
> 平阳侯曹寿尚武帝姊阳信长公主，寿有恶疾，就

---

① 《史记》，第 2007 页。
② 《史记》，第 1969、1983 页。
③ 《史记》，第 2922、2940 页。

国。长公主问:"列侯谁贤者?"左右皆言大将军。主笑曰:"此出吾家,常骑从我,奈何?"左右曰:"于今尊贵无比。"于是长公主风白皇后,皇后言之,上乃诏青尚平阳主。如淳曰:本阳信长公主也,为平阳侯所尚,故称平阳主。(卷五十五《卫青传》)

其实,这两条史料均见于成书更早的《史记》。如《史记》卷八九《张耳陈余列传》:"外黄富人女甚美,嫁庸奴,亡其夫,去抵父客。父客素知张耳,乃谓女曰:'必欲求贤夫,从张耳。'女听,乃卒为请决,嫁之张耳。张耳是时脱身游,女家厚奉给张耳。"[1]《史记》卷一一一《卫将军骠骑列传》:"是时平阳主寡居,当用列侯尚主。主与左右议长安中列侯可为夫者,皆言大将军可。主笑曰:'此出吾家,常使令骑从我出入耳,奈何用为夫乎?'左右侍御者曰:'今大将军姊为皇后,三子为侯,富贵振动天下,主何以易之乎?'于是主乃许之。言之皇后,令白之武帝,乃诏卫将军尚平阳公主焉。"[2]

随后杨树达先生关于"若不待父母而私奔,则见怒于其父母",又引录了司马相如故事。其说又据《汉书》:

> 临邛多富人,卓王孙僮客八百人,程郑亦数百人。
> 乃相谓曰:"令有贵客,为具召之。"并召令。令既至,

---

[1]《史记》,第2571页。
[2]《史记》,第1983页。

卓氏客以百数，至日中请司马长卿，长卿谢病不能临。临邛令不敢尝食，身自迎相如，相如为不得已而强往，一坐尽倾。酒酣，临邛令前奏琴曰："窃闻长卿好之，愿以自娱。"相如辞谢，为鼓一再行。是时，卓王孙有女文君新寡，好音，故相如缪与令相重而以琴心挑之。相如时从车骑，雍容闲雅，甚都。及饮卓氏弄琴，文君窃从户窥，心说而好之，恐不得当也。既罢，相如乃令侍人重赐文君侍者通殷勤。文君夜亡奔相如，相如与驰归成都。家徒四壁立。卓王孙大怒曰："女不材，我不忍杀，一钱不分也！"人或谓王孙，王孙终不听。（卷五十七《司马相如传》）

而《史记》其实已先有记载。《史记》卷一一七《司马相如列传》："临邛中多富人，而卓王孙家僮八百人，程郑亦数百人，二人乃相谓曰：'令有贵客，为具召之。'并召令。令既至，卓氏客以百数。至日中，谒司马长卿，长卿谢病不能往，临邛令不敢尝食，自往迎相如。相如不得已，强往，一坐尽倾。酒酣，临邛令前奏琴曰：'窃闻长卿好之，愿以自娱。'相如辞谢，为鼓一再行。是时卓王孙有女文君新寡，好音，故相如缪与令相重，而以琴心挑之。相如之临邛，从车骑，雍容闲雅甚都；及饮卓氏，弄琴，文君窃从户窥之，心悦而好之，恐不得当也。既罢，相如乃使人重赐文君侍者通殷勤。文君夜亡奔相如，相如乃与驰归成都。家居徒四壁立。卓王孙大怒曰：'女至不材，我不忍杀，不分一钱也。'人或谓王孙，王孙终不听。"①

关于陈平事迹有三处引用（《汉书》卷四十《陈平传》），一见于第一节"议婚"中"妇家择婿，有以形相者"句下，一见于第二节"婚仪"中"夫家贫者，妇家或假贷币以为聘"句下，一见于同节"女将行，家长致戒"句下：

> 张负曰：固有美如陈平长贫者乎？
>
> 张负卒予子，为平贫，乃假贷币以聘，予酒肉之资以内妇。
>
> 张负卒与女，负戒其孙曰："毋以贫故事人不谨！事兄伯如事乃父，事嫂如事乃母！"

而这几条材料均先见于《史记》。《史记》卷五六《陈丞相世家》："张负归，谓其子仲曰：'吾欲以女孙予陈平。'张仲曰：'平贫不事事，一县中尽笑其所为，独奈何予女乎？'负曰：'人固有好美如陈平而长贫贱者乎？'卒与女。为平贫，乃假贷币以聘，予酒肉之资以内妇。负诫其孙曰：'毋以贫故，事人不谨。事兄伯如事父，事嫂如母。'平既娶张氏女，赍用益饶，游道日广。"②

又如第七节"妾媵"中关于"有外妇"的论说，杨树达先生引证曰：

---

① 《史记》，第 3000 页。
② 《史记》，第 2052 页。

> 齐悼惠王肥,其母,高祖微时外妇也。(《汉书》卷三十八《高五王传》)

而《史记》其实亦先有相应的记载:《史记》卷五二《齐悼惠王世家》:"齐悼惠王刘肥者,高祖长庶男也。其母外妇也,曰曹氏。"①

同样的例子,还可以举出一些。似乎杨树达先生论述汉史更重视《汉书》提供的史料。但是,同样在第一章"婚姻"第一节"议婚"中,作者说到"至若以一时政治关系而约婚姻,盖特例云",则引用了《史记》的记载:

> 张良出要项伯。项伯即入见沛公。沛公奉卮酒为寿,约为婚姻。(《史记》卷七《项羽本纪》)

而《汉书》卷一下《高帝纪下》也有相应的文字:"(张良)乃与项伯俱见沛公。沛公与伯约为婚姻。"②

可见,杨树达先生对于史学经典的看法,可能并没有重《汉》轻《史》倾向。出现同一史事引《汉书》而未引《史记》的情形,原因当在于著作《汉代婚丧礼俗考》一书时主要依据平日研读《汉书》时收集的资料,即确如杨树达先生在《汉代婚丧礼俗考自序》中所说:"往岁余治《汉书》,颇留意于当世之风俗,私以小册移录其文","诸生中

---

① 《史记》,第1999页。
② 《汉书》,第25页。

有以汉俗为问者，乃依据旧录，广事采获，成此婚丧二篇。"

在杨树达先生《汉代婚丧礼俗考》之后，刘增贵《汉代婚姻制度》就汉代婚姻关系进行了进一步的研究，于婚姻结构、婚姻礼俗、皇室婚姻、豪族婚姻等方面分别论述，新见纷呈。作者特别指出："汉代婚姻是我国婚姻史上的一个重要阶段，在这阶段里，奠定了'礼制'的指导原则。一方面是礼制的理想化，使其原则仪文更为确定完备；另一方面是礼制的普遍化，在此之前礼不下庶人，而汉代则礼由政府与士人之提倡而渐深入民间。"[①] 这样的见解，有助于我们更深刻地认识"礼"与"俗"的关系。刘著以杨树达《汉代婚丧礼俗考》作为重要参考书，所附《两汉及三国重要家族婚姻图》的形式亦大体仿效杨著。彭卫《汉代婚姻形态》稍后问世。[②] 正如李学勤先生在为该书所作序言中所说："汉代的婚姻关系，这是一个颇为重要而又很少有人着手的课题。过去，长沙杨树达先生著有《汉代婚丧礼俗考》，从群籍中钩稽史料，加以整理说明，为这一题目的研究开了先声。该书 1933 年由商务印书馆出版，距今已逾半世纪了。嗣后继起乏人，翻开中国社会科学院历史研究所编的《八十年来史学书目》，在杨书外只有一本台湾出版的书，可见研究者的寥落。彭卫同志的这部书，将汉代婚姻关系置于当时整个社会和文化背景中考察，吸取新

---

① 刘增贵：《汉代婚姻制度》，华世出版社 1980 年 1 月版，第 1 页。
② 彭卫：《汉代婚姻形态》，三秦出版社 1988 年 6 月版。

的学术成果，作多角度的剖析，其研究的广度和深度都胜于前人。"① 李学勤先生所说到的"在杨书外只有一本台湾出版的书"，正是刘增贵著《汉代婚姻制度》。我们看到，这一专题的研究者虽然数量"寥落"，其学术收获的质量却堪称上乘。当然，尽管后继者的学术成就在"研究的广度和深度"方面都应当"胜于前人"，但是杨树达先生等前辈学术大师"为这一题目的研究开了先声"的学术功绩仍然会永远铭刻在学术史的丰碑上。

（三）汉代丧葬礼俗的总结

《汉代婚丧礼俗考》第二章"丧葬"分十七节，即：沐浴饭含；衣衾；棺椁；发丧受吊；送葬；从葬之物；葬期；坟墓；归葬；合葬；祔葬；改葬；赙赠；护丧；丧期；居丧之礼；上冢。大致说来，包括殓式、葬仪、丧礼，应当说，有关"丧葬"的制度风俗，总结是相当全面的。

丧葬形式意味着人生终止时最后的定格，作为一种凝聚宗族关系的庄严表演，也被看作"礼"最重要的内容。

诚如李学勤先生所说："礼制的研究，对探讨古代社会及其文化的许多本质性的内涵极有裨益，可惜我们在这方面能够凭借的前人成果并不很多。"② 清人笺注礼经，往往为笺注而笺注，对于礼制深入、系统的研究，未能充分提供以世事史实相证的贡献。其实，以汉代社会生活情状理

---

① 李学勤：《〈汉代婚姻形态〉序》，《汉代婚姻形态》，三秦出版社 1988 年 6 月版，第 1—2 页。
② 同上书，第 1 页。

解礼制的存在和影响，可以得到更生动的认识。杨树达先生的《汉代婚丧礼俗考》正是做了这样的工作。

以第七节"葬期"为例，汉史资料中有明确记载的文字，据杨树达先生举列，葬期最短的有汉文帝"其间最近者七日"之例，最长的则有"迟至四百三十三日始葬者"，以及"自卒至葬盖五百许日"的极端实例。后两例均见于汉代石刻资料，真实性应当是可以确信的。杨树达先生又据《隶释》卷一〇《童子逢盛碑》文字，发现"虽死者为一年仅十二龄之童子，亦久殡至二百三十余日焉"。对于这种社会礼俗现象，他并没有停留在对史实的发现与记述的层次，而是认真针对其原因和背景，进行了深刻的文化分析。他指出，"盖汉人有时日禁忌之说"，"又有求择吉地之风"，"稽迟之故，或以此欤"？这样的分析，可以说大体揭示了葬期稽迟的原因。《论衡·讥日》所谓"葬历曰：'葬避九空、地臽，及日之刚柔，月之奇耦。'日吉无害，刚柔相得，奇耦相应，乃为吉良"，《论衡·辨祟》所谓"死者累属，葬棺至十，不曰气相汙，而曰葬日凶"[①]，《水经注》卷一九《渭水》所谓"汉成帝建始二年，造延陵为初陵，以为非吉，于霸曲亭南更营之"[②] 等，都是有力的史证。

有一些丧葬礼俗，是以往研究丧葬史者没有予以注意

[①] 黄晖撰：《论衡校释》（附刘盼遂集解），中华书局 1990 年 2 月版，第 989、1012 页。
[②] 〔北魏〕郦道元著，陈桥驿校证：《水经注校证》，第 463 页。

的，在杨树达先生的视界中，却受到了应有的重视。

例如，第八节"坟墓"说到"种树"，举《盐铁论·散不足》："今富者积土成山，列树成林。"又《汉北海相景君碑阴》："陵成宇立，树列既就。"《隶续》卷五《碑图上》汉不其令董君阙刻画墓前拜祭图，坟上有树。关于墓上植松柏的记录，有《汉书》卷七二《龚胜传》："胜因敕以棺敛丧事：'衣周于身，棺周于衣。勿随俗动吾冢，种柏，作祠堂。'"① 又如《西京杂记》卷三："（杜子夏）墓前种松柏树五株，至今茂盛。"② 《潜夫论·浮侈》："造起大冢，广种松柏。"③ 《太平御览》卷九五四引《风俗通》："墓上种柏。"④ 还有既种松柏又种梧桐的情形，《古诗为焦仲卿妻作》："两家求合葬，合葬华山傍。东西种松柏，左右种梧桐。"⑤ 《艺文类聚》卷七引《朱超石与兄书》曰："光武坟边杏甚美。"⑥ 说明坟墓种树的树种也包括杏树。这些资料对于认识汉代的生态条件、了解人为因素对于生态环境的作用，应当说是有益的。关于秦汉"坟墓""种树"，还有其他资料可以说明，而考古发现资料中汉墓画象石和画象砖所见林木丰茸之画面，也可以作为有关论述

---

① 《汉书》，第3085页。
② 〔晋〕葛洪撰：《西京杂记》卷三"杜子夏自作葬文"条，三秦出版社2006年1月版，第150页。
③ 〔汉〕王符撰，〔清〕汪继培笺，彭铎校正：《潜夫论笺校正》，中华书局1985年9月版，第137页。
④ 〔宋〕李昉等撰：《太平御览》，中华书局用上海涵芬楼影印宋本1960年2月复制重印版，第4235页。
⑤ 〔清〕沈德潜选：《古诗源》卷四，中华书局1963年6月版，第82页。
⑥ 〔唐〕欧阳询撰，汪绍楹校：《艺文类聚》，上海古籍出版社1965年11月版，第137页。

的补证。①

汉代皇室豪族坟墓的修筑有时还会动用军队。杨树达先生引用《汉书·霍光传》:"光薨,发三河卒穿复土,起冢。"又引《汉书·孔光传》:"将作穿复土,河东卒五百人起坟,如大将军王凤制度。"此前又有《史记》卷一〇《孝文本纪》的记载:"令中尉亚夫为车骑将军,属国悍为将屯将军,郎中令武为复土将军,发近县见卒万六千人,发内史卒万五千人,藏郭穿复土属将军武。"② 而送葬采用军列仪仗,也见诸史籍。杨树达先生在第五节"送葬"中"军士列阵以送"句下,所举凡十一例。如:

> 去病自四年军后三岁,元狩六年薨。上悼之,发属国玄甲,军陈自长安至茂陵。(《汉书·霍去病传》)
>
> 载光尸柩以辒辌车,黄屋左纛,发材官轻车北军五校士军陈至茂陵,以送其葬。(《汉书·霍光传》)
>
> 日䃅以帝少不受封。辅政岁余,病困,大将军光白封日䃅,卧授印绶。一日,薨,赐葬具冢地,送以轻车介士,军陈至茂陵。(《汉书·金日䃅传》)
>
> 安世薨,天子赠印绶,送以轻车介士。(《汉书·张安世传》)
>
> 凤薨,天子临吊赠宠,送以轻车介士,军陈自长

---

① 王子今:《秦汉陵墓"列树成林"礼俗》,《宝鸡文理学院学报》(社会科学版)2020年第3期。
②《史记》,第434页。

安至渭陵。(《汉书·外戚传上》)

（弘）将葬，有司复奏发五营轻车骑士，礼仪如霍光故事。(《后汉书·邓骘传》)

发北军五校轻车介士送葬，如大将军霍光故事。(《后汉书·吴汉传》)

假鼓吹，五营骑士三百余人送葬。(《后汉书·耿秉传》)

介士军阵送葬。(《后汉书·祭遵传》)

及葬，赠轻车介士。(《后汉书·梁商传》)

及葬，又使侍御史持节送丧，兰台令史十人发羽林骑轻车介士，前后部鼓吹，又敕骠骑将军官属司空法驾，送至旧茔。(《后汉书·杨赐传》)

《后汉书·祭遵传》一条，李贤注引《东观记》："遣校尉发骑士四百人，被玄甲、兜鍪，兵车军陈送葬。"其实，杨树达先生在第八节"坟墓"中所引《后汉书·宦者列传·单超》"及葬，发五营骑士，将军侍御史护丧"，也可以理解为同一类历史现象。军士服务于丧事的现象屡见于史籍，是值得分析的。可能以往研究军史的学者对此大多并没有特别注意。杨树达先生在第十四节"护丧"中引《汉书》卷三十一《项籍传》云："每吴中有大繇役及丧，梁尝为主办，阴以兵部勒宾客及子弟，以是知其能。"按《汉书·项籍传》："每有大繇役及丧，梁常主办，阴以兵法部勒宾客子弟，以知其能。"而《史记》卷七《项羽本纪》："每吴中有大繇役及丧，项梁常为主办，阴以兵法部勒宾客及子弟，以是知其能。"① 可知杨树达先生引文实杂合《史》《汉》。这种主办丧事时私下"以兵法部勒宾客及子弟"的做法，也使人联想到丧礼以军士作为正式仪仗与护卫的情形。

当然，杨树达先生《汉代婚丧礼俗考》中表述的论点也并不是绝对没有可以商榷之处的。例如，第八节"坟墓"说到"墓前起阙"的形式：

> 其数或三。
> 《汉书》卷六十八《霍光传》云：光妻显盖光时所自造茔而修大之，起三出阙。树达按：三出谓前与左右各一阙也。知者：《后汉书·礼仪志六》注引《古今注》云：明帝显节陵无垣，行马四出。彼四出谓四方，知此三出为三方也。

以"三方"理解"三出阙"，现在看来，显然是误解。所谓"三出阙"，是指阙的形制而言。这是一种最高等级的阙。"三出"，是指其形体之三重。不过，对于这样的疏误，后来学者当然是能够谅解，并且不至于被杨树达先生千虑一失所误导而无视考古学研究者和建筑史研究者的科学识见。关于《汉书·霍光传》"三出阙"，刘敦桢先生曾经指出："今按武氏阙、嵩山三阙及川中梓潼、绵阳诸阙皆

---

① 《史记》，第296页。

二出，显奢僭逾制，史臣特书之，故疑三出为陵制，非人臣所有。"① 现存汉阙的实例只有单阙和二出阙（又称子母阙）。二出阙的形制有两种，一种底座和阙身为一体，而上部分割出高低不同的主阙阙顶和子阙阙顶；另一种底座和阙身平面作平置之凸字形，母阙阙身宽而子阙阙身窄，二者有明确的主从关系。② 由此可以推知"三出阙"的大体形制，应当较"二出阙"更增一重。

关于丧葬礼俗的研究，杨树达先生十分注意引用出土资料。不仅前代和当代的金石学资料得到充分重视，有限的考古发掘资料作者也尽力搜罗，甚至日本学者有关朝鲜和东北地区的考古发掘收获也多有举列。

《汉代婚丧礼俗考》之后关于汉代丧葬礼俗的研究成果，比较突出的有李如森《汉代丧葬制度》③和韩国河《秦汉魏晋丧葬制度研究》④。这两种专著的共同特点，是予考古资料以极其充分的重视。这一特色，可以看作杨树达先生学术风格的继承。

（四）为史学辟一新径途

杨树达先生作为国学大师，虽起初因语言文字学成名，但于史学亦积累创获数十年，多有杰出贡献。1931年在清华大学任职时，从陈寅恪先生建议，"兼在历史系授课以避

---

① 刘敦桢：《大壮室笔记》，《刘敦桢文集》第一集，中国建筑工业出版社1982年11月版，第164页。
② 参看孙机：《汉代物质文化资料图说》，文物出版社1991年9月版，第180页。
③ 吉林大学出版社1995年3月版，沈阳出版社2003年6月版。
④ 陕西人民出版社1999年12月版。

国文系纠纷"①，与史学于是有了更为密切的学术关系。

杨树达先生在《汉代婚丧礼俗考自序》中写道："往岁余治《汉书》，颇留意于当世之风俗，私以小册逐录其文，未遑纂辑也。会余以班书授清华大学诸生，诸生中有以汉俗为问者，乃依据旧录，广事采获，成此婚丧二篇；见者颇喜其翔实，而予友曾君星笠乃见誉以为为史学辟一新径途，余知其阿好，未敢以自任也。"曾运乾先生所谓"为史学辟一新径途"，当然不是无原则的"阿好"，而是切实客观的评价。

杨树达先生对于"见者颇喜其翔实"的评价，看来是予以首肯的。"翔实"，其实是传统学术的基本准则。就史学论著而言，以"翔实"为标尺，要求史料征求之"详"，观点论说之"实"。对于史料的发掘运用，杨树达先生在《汉代婚丧礼俗考》一书的《自序》中在对于"为史学辟一新径途"一语表示"余知其阿好，未敢以自任也"的态度之后，又有这样一段文字：

……惟余时时闻今之治史者颇以国史史料不足为言，夫云史料不足者，必先尽取现存之史料——搜讨而类聚之，至于无可复搜无可复聚，而后知其果不足也。余今敢问：今之言者曾为此搜讨类聚之一段工夫否乎？如其未也，则吾人今日处地大物博富有矿藏之

---

① 杨树达：《积微翁回忆录》，第59页。

> 中国，固日日仰屋嗟贫矣，然吾中国果贫乎？抑由于国人之怠缓乎？今之持史料不足之说者，得毋类此乎？余区区此册，岂足与于述作之林，特欲令世之治史者知古人一言半语，皆吾史料之所存，必搜罗剔抉至于物无弃材而后始可断言其为丰为歉。然则今之持史料不足之论者姑俟十年二十年之后发言，殆未晚也。[1]

对于史料的发掘利用，杨树达先生称"尽取现存之史料一一搜讨而类聚之"，史料"工夫"的完成，应当"必搜罗剔抉至于物无弃材"，"至于无可复搜无可复聚"。杨树达先生内心以为"国史史料"堪称"富有矿藏"，称其"贫"，称其"歉"，都是不符合事实的，其误识的发生，殆由于学者的"怠缓"。

读杨树达先生关于史料的论说，使人联想到傅斯年先生曾经强力主张的"史学便是史料学"的观点。

傅斯年先生 1927 年在中山大学"中国文学史"讲台上教授"史料略论"课程，于 1928 年发表《历史语言研究所工作之旨趣》，都曾经一再宣传史料整理与研究的重要性，30 至 40 年代，他又发表《史学方法导论》《〈史料与史学〉发刊词》等，反复强调"史学的对象是史料"，"史学的工作是整理史料"，"史学便是史料学"。[2] 他在著名的《历史

---

[1] 杨树达撰，王子今导读：《汉代婚丧礼俗考》，第 1 页。
[2] 傅斯年：《史料论略（史学方法导论）》，《史料论略及其他》，辽宁教育出版社 1997 年 3 月版，第 2 页。

语言研究所工作之旨趣》一文中指出:"近代的历史学只是史料学。""材料愈扩充,学问愈进步","历史学当年之有光荣的历史,正因为能开拓的用材料,后来之衰歇,正因为题目固定了,材料不大扩充了,工具不添新的了"。"我们反对疏通,我们只是要把材料整理好,则事实自然很明显了。一分材料出一分货,十分材料出十分货,没有材料便不出货。两件事实之间,隔着一大段,把他们联络起来的一切涉想,自然有些也是多多少少可以容许的,但推论是危险的事,以假设可能为当然是不诚信的事,所以我们存而不补,这是我们对于材料的态度;我们证而不疏,这是我们处置材料的手段。材料之内使他发现无遗,材料之外我们一点也不越过去说。"[①]

这种对于史料的绝对重视,其实并非像有的学者所说,是将史学和史料学完全简单地等同起来,从而否定了史学的思辨性和理论性,而是从史学之基础的角度强调了史学的实证性、客观性和科学性。

在傅斯年先生的观念中,其实并不是以对于史料的整理搜罗而有意降低史学考察的价值。在《史学方法导论》中,"史料的发现,足以促成史学之进步,而史学之进步,最赖史料之增加"。他指出:"近来出土之直接史料,可据以校正史传者,尚有西陲所得汉简。此种材料,法人沙畹、德人康拉地皆试为考证,而皆无大功,至王静安君手,乃

[①] 傅斯年:《历史语言研究所工作之旨趣》,《史料论略及其他》,第40、44、45、47页。

蔚成精美之史事知识。""近代的历史学只是史料学，利用自然科学供给我们的一切工具，整理一切可逢着的史料"，"我们要能得到前人得不到的史料，然后可以超越前人；我们要能使用新材料于遗传材料上，然后可以超越同见这些材料的同时人。"① 这种对新见和新识的追求，对"超越前人"和领先"同时人"的追求，对"史学进步"的追求，表现出具有科学精神的历史学者的责任心和进取心。然而其基础，全在于"史料"的"发现与应用"。

傅斯年先生的主张，得到不少学者的赞同。但是真正按照这一原则从事史学研究并且取得丰硕成果的学者并不多。杨树达先生及其学术同志们实证主义研究的成功，正是实践这种对"史料学"予以特殊重视的学风的典范。

杨树达先生曾经说："吾意士生今日，不欲治史，则而已矣，苟欲治史也，则必先取吾最丰富之史料之正史审别之，钩稽；又取前哲之所辛勤积贮如考证派之所为者，利用之，整比之；又益以金石考古之所得，而以他国儒者所治者助之，然后精密正确之史渐可冀也。"② 要实现所谓"精密正确之史"的学术追求，第一要务是"史料"的"审别"和"钩稽"。而对前人研究成果的继承、"金石考古"资料的利用、国外学者思路的借鉴，也有重要的意义。杨树达先生《汉代婚丧礼俗考》一书之所以堪称"为史学辟

---

① 傅斯年：《史料论略（史学方法导论）》，《史料论略及其他》，第 24、21、5—6 页。
② 杨树达：《李伯悉先生诸史札记序》，《积微居小学金石论丛》（增订本），中华书局 1983 年 7 月版，第 255 页。

一新径途"，就选题开辟之创新而言，首先体现为对社会史研究的筚路蓝缕之功。就研究方法之优越而言，则除了对史料的细心钩稽之外，更突出表现在对社会民俗生活的特别关注，以及对考古文物资料的特别重视。

杨树达先生长期专心汉史研究，早年在北京师范大学的前身北京高等师范学校及清华大学执教时，就曾经开设《史记》《汉书》《淮南子》等课程，对于《盐铁论》《说苑》《新序》等汉代典籍亦有专门研究著作。特别是对汉代基本史籍《汉书》的研究，潜心多年，累有新识。杨树达先生曾自谓"《说文》《汉书》为余平生最嗜读之书"。所著《汉史探》《汉俗史》《汉碑考证》《汉书札记》等，都体现出汉史研究的成就，曾被陈寅恪先生称举为"汉事颛家，公为第一，可称汉圣"。他长期精研王先谦《汉书补注》，在教授《汉书》前后，"于《补注》研读数通，颇能瞭其得失"，"知《补注》篇帙虽富，遗义尚多"，于是"时时泛滥文籍，凡与班书有涉，辄加纂述，岁月稍久，记述遂多"。于是先有1924年问世的《汉书补注补正》，后有1955年由科学出版社出版的《汉书窥管》。《汉书窥管》一稿1943年于中国科学院编译馆审查通过，有友人告知评语甚佳，而杨树达先生在日记中感叹："此书前后费心血将二十年，乃以付不知谁何诸年少审查，纵得佳评，亦余之辱也。"并在作于1955年的《汉书窥管自序》中称："发愤补苴，遂终全帙。卅年精力，幸资小结。"显然，杨树达先生是把《汉书》研究的成果，看作多年积累的最重要的学术收获之一的。

对汉史的倾心，还表现在杨树达先生《积微居诗文钞》中为数不多的咏史诗，竟然均以汉史为咏诵对象。他的《读汉书觉韩信论项羽印刓敝不忍予之说非实有作》诗及其他两首合之为《汉事杂咏三首》，此外又有《四皓》《读陈涉世家》《汉高祖》《读史及曹魏事感赋》《读韩信传》等，都体现了对汉史的关注和熟习，而其中意境之高远，也反映了作者史识的卓越。

杨树达先生汉史研究的学术水准，是得到这一领域权威学者的充分肯定的。陈直先生在《汉书新证》一书的《自序》中说到前人成果时曾经写道："清代治朴学者，兼治《汉书》，王先谦先生，采集为《汉书补注》。""《汉书补注》未收之书，如无名氏之《汉书疏证》，此书当为杭世骏所撰。""在《汉书补注》之后，最近成书者，则有杨树达先生《汉书窥管》，对于训诂校勘，很有参考之价值，在古物方面，亦间有征引。《汉书疏证》，不能与之相比。"[①] 读者自然会发现，所谓"征引""古物"的做法，先自《汉代婚丧礼俗考》已经采用。

《汉书窥管》不仅"在古物方面，亦间有征引"，在版本的应用上，也有注意考古的新收获。所选用版本，不仅以涵芬楼百衲本《廿四史》影印北宋景祐本《汉书》为定本，并参以闽本、南监本、官本，旁及汲古阁本、南雍本、德藩本、景德本、浙本、粤本、汪本、毛本等二十余种，又特别

[①] 陈直：《汉书新证》，天津人民出版社1979年3月版，第3—4页。

引用近人罗振玉排印的敦煌残卷子本、敦煌出土木简两种。

这样的做法，可以看作杨树达先生《汉代婚丧礼俗考》在注意利用考古文物资料方面"为史学辟一新径途"学术创新的继续。

《汉书窥管》的出版较《汉代婚丧礼俗考》晚近22年，其中有可以体现《汉代婚丧礼俗考》面世之后作者对于这一专题的新思考，也是值得有心学习《汉代婚丧礼俗考》一书的读者们注意的。

三、翦伯赞《秦汉史九讲》导读

翦伯赞这个名字，在中国古代史研究者心目中，已经成为一个代表性的学术符号。或许还可以说，对于所有爱好中国文史的人们，这个名字是一代学者的学养史识、社会表现与人生际遇的象征。翦伯赞先生的学术成就，突出体现为他对秦汉史研究的贡献。

我在回顾20世纪的秦汉史研究时曾经写道："大致在20世纪40年代之后，全面研究与综合总结秦汉时期历史的学术专著，陆续有多种出版，并且形成了比较显著的社会文化影响。如翦伯赞《中国史纲》第2卷《秦汉史》（重庆大呼出版公司1946年版）……"。① 可以说，翦伯赞的

---

① 王子今：《20世纪的秦汉史研究》，《秦汉研究》第13辑，西北大学出版社2019年9月版，第66—101页。

《中国史纲》第 2 卷《秦汉史》对于中国秦汉史研究，具有开创性和推进性的意义。此后，翦伯赞新著《秦汉史》[①]的学术影响，也是人所共知的。

关心历史学发展历程的朋友们一定都记得，李大钊、郭沫若、翦伯赞、范文澜、侯外庐等著名历史学者通过自己的学术实践，推进了中国历史科学的进步。李大钊的一系列最早介绍唯物史观的论文，郭沫若主编的《中国史稿》、翦伯赞主编的《中国史纲要》、范文澜主编的《中国通史》、侯外庐主编的《中国思想通史》等，都是具有崇高学术地位和广泛社会影响的名著。这些论著形成的学术群峰，学人以为高山仰止，可以看作新史学的纪念碑。其中关于秦汉史的论述，大多作为论说重心，倾注了作者的颇多心力，尽管许多结论可以因新的发现和新的研究有所修正，仍然是我们应当重视的。人们也都看到，后来由于极左思潮的影响，有的以马克思主义为标榜的史学论著有缺乏实证功力而强行附和于政治的倾向。史学界曾经长期纠缠于并没有很重要的学术意义的争论之中，史学研究公式化的倾向也形成过显著的影响。在一个特殊的历史阶段，服务于政治阴谋的所谓"影射史学"又曾经盛行一时。20世纪六七十年代史学的这种反常倾向，对秦汉史的影响也是显著的。而秦汉史学术走向偏失导致的灾难，也许可以从一个重要事件考察其表现，此即著名秦汉史学者翦伯赞

[①] 北京大学出版社 1983 年 5 月版。

受迫害致死的悲剧。

这是一个人的悲剧，一个家庭的悲剧，一个学校的悲剧，也是秦汉史这一历史学学科方向的悲剧。

今天我们回顾中国史学在那个年代遭受的重创，中国杰出史学家在那个年代经历的摧残，自然应该记取历史教训。同时，我们也可以由此了解史学在中国社会动荡历程中的特殊位置。而学术史和政治史、社会史的关系，也会成为我们思考的主题之一。

收入"大家小书"的翦伯赞《秦汉史九讲》，包括"前言：怎样研究中国历史"以及九个专题的论说，即：秦王朝建立及其历史形势；秦汉历史上的若干问题；论陈胜、吴广的起义；论王莽改制及其失败；两汉的尚书台与宫廷政治；两汉时期的雇佣劳动；关于两汉的官私奴婢问题；论东汉末的党锢之祸；中国历史学的开创者司马迁。所论内容虽然不能说对秦汉史实现了全面覆盖，但是已经涉及秦汉史的一些重大问题。其中"论陈胜、吴广的起义"是传统史学并不专门考察和论述的主题。"两汉时期的雇佣劳动""关于两汉的官私奴婢问题"更关系到当时社会形态、生产方式、阶级关系对社会文化发展进程的重要作用，可以看作马克思主义史学的研究实践。

翦伯赞《秦汉史九讲》选定的内容，可以为我们大致勾勒出秦汉历史进程的基本走向，显现当时社会面貌的大略风格，说明这一时期我们民族精神的时代特点。应当肯定，这是普及秦汉史知识的一本有意义的读物。其中有些关注点，现今历史研究虽然有多方面的推进，却依然着力薄弱，甚至在某种意义上可以说存留着学术空白。比如"秦王朝建立及其历史形势"一篇中，翦伯赞对于秦与东方国家的关系的分布论述，就有特别的价值。有的论述，如："正当秦国向东发展的时候，强大的晋国也在向南发展，灭虢灭虞，占领了今日山西平陆、河南三门峡一带的土地，堵住了秦国东进的道路，因而秦晋的冲突就排上了历史的日程。"（第24页）秦军"渡过黄河，占领了魏国河曲东部的土地"，"又攻占魏国的蒲阳（今山西永济县北），迫使魏国献出上郡十五县。从此秦国就把魏国的势力从今日陕西境内全部赶了出去，并把黄河天险变成了自己前进中的战壕。"（第28页）而后"在昭襄王统治秦国的五十六年中（前306—前251），是秦国以不可抗拒的威力扫荡中原诸国的时期"（第29页）。对当时秦与东方强国战略动态的分析，生动明了地解说了秦崛起与秦统一的历史。翦伯赞在"秦王朝与亚洲诸国的关系"一节指出："在公元前3世纪末，秦帝国是世界上最先进的国家，秦帝国的建立及其活动，推动了中国历史的发展，也对当时的亚洲起了文明的先导作用。它发展了和邻近各国之间的关系，打破了东方世界的原始封闭性，替后来两汉时期各国之间更广泛更频繁的接触创造了条件。"（第46页）秦帝国是否当时"世界上最先进的国家"，也许还可以讨论，但是注意到秦帝国"打破了东方世界的原始封闭性"的新的文化态势，就世界史视角的考察而言，是非常重要的学术发现。就此进行新的探索和新的说明,无疑是必要的。翦伯赞还写道:"当秦王朝的活动在东方世界激起一系列的历史事变时,西方世界的历史浪花也飞溅到中国西部的边疆,拍击着帕米尔高原西部的山峰。"(第52页)这样的认识,对于近年成为学术热点的丝绸之路史研究,也是重要的提示。匈奴人、西域人在两汉时期长期称中原人为"秦人"的历史迹象,可以与考古发现相结合,说明前张骞时代的中西文明交流。

"论东汉末的党锢之祸"一讲,副标题是"中国士大夫所领导的第一次政治抗争"。翦伯赞说,"党锢之祸"是"东汉末桓、灵之际"发生的"一次大规模屠杀士大夫的惨案"。他写道:"党锢之祸,是中国士大夫第一次出现于政治斗争的前线,也是中国士大夫所领导的政治抗争之第一次的失败。这件事虽然已经成了历史的陈迹,但是它却提出了一个问题,即士大夫为什么要出现于政治斗争的前线。"(第199页)翦伯赞的回答是:"他们是社会中最富于弹性或忍耐性的一个阶层。""当士大夫出现于政治斗争的前线,发动政治抗争的时候,这就充分地说明当时政治的暴虐与黑暗已经不仅为贫苦的农民所痛恨,也为有教养的地主和小所有者所不能忍受了。"(第200页)翦伯赞写道,"士大夫反宦官的政治抗争",显现出极广泛的参与度,"在当时,所有有正义感的士大夫,几乎都参加了这个斗争。这些士大夫因为喊出了人民的要求,每一个人都是一面正义的旗帜"(第209页)。在这些士大夫中,"有在野的名流，有在朝的中下级官吏（也有高级官吏），也有太学的学生"（第210页）。当时舆论形势和政治动态，表现为"在野的处士，在朝的中下级官吏和当时的太学生三种力量的平行发展，相互声援"（第212页）。不过，翦伯赞说："中国的知识青年第一次出现于政治斗争前线的，就是东汉末的太学生。"（第211页）还指出："知识青年，往往出现为革命的先锋，这在中国史上，也是屡见不鲜的"，"当时的太学生是以何等英勇的姿态，出现于东汉末年的历史"。[1] 翦伯赞以为太学生运动始于东汉的意见可能需要修正。西汉后期太学生请愿，已经见诸史籍。吕思勉注意到，早在西汉，已经发生过太学生请愿运动。他写道："今世学校，有所谓风潮者，汉世即已有之。"并举《汉书》卷七二《鲍宣传》所见太学诸生为营救鲍宣，拦截丞相乘车，并守阙上书事。[2] 田昌五、安作璋也对这一历史事件曾经有所关注。他们指出："由于太学生中不少人来自地主阶级的下层，对外戚、宦官集团的横行无忌和贪财腐化十分不满，因而不断酝酿着反对当权集团和改良政治的运动。西汉哀帝时，他们曾声援因反对丞相孔光而获罪下狱的司隶校尉鲍宣。"[3] 汉哀帝执政时期发生的这起也可以称为"太学生运动"的政治事件，见于班固《汉书》卷七二《鲍宣传》

---

[1] 翦伯赞：《秦汉史》，北京大学出版社1983年5月版，第407—408页。
[2] 吕思勉：《秦汉史》，上海古籍出版社1983年2月版，下册第719页。
[3] 田昌五、安作璋：《秦汉史》，人民出版社1993年8月版，第486页。

的记述。①

读翦伯赞的相关史论,是可以感受到正直的史学家的热血激情的。他通过政治史的分析明确指出:"东汉末年,士大夫反奴才政治的抗争是失败了,他们留下来的只是一页血肉狼藉的历史。但是他们的鲜血,却写成了一篇慷慨悲壮的政治宣言。在这血写的宣言中,明白而有力地指出了当时的暴虐与黑暗的政治已经没有改良的希望。换言之,当时的反动政权决不接受任何修改的建议,它一定要坚持反动,而且要反动到底。如果人民不能忍受这种反动,唯一的办法,只有武装暴动。因此,随着'党锢之祸'而来的,再不是'匹夫抗愤''处士横议''学生请愿',而是'黄巾的大暴动';再不是士大夫被屠杀,而是屠杀者被屠杀了。"而"中国的士大夫""运动"后世遭遇一次次的失败,"不过,跟着他们的失败而来的,也和东汉一样,再不是士大夫的哭脸,而是农民的大刀"。(第217—218页)

在学习翦伯赞的历史论作,接受其知识传递、学术营养和思想启示的另一面,读者们也会注意到,翦伯赞的历史论说,许多都不免带有写作和发表时的时代痕迹。有时有些史论在先、史证在后,即所谓"以论带史"甚至"以论代史"的倾向,现在的年轻学子大概会很不习惯。又比如在"前言:怎样研究中国历史"部分,作者反复使用

---

① 《汉书》,第3093页。王子今:《王咸举幡:舆论史、教育史和士人心态史的考察》,《读书》2009年第6期。

"封建"的概念，言"封建主义""封建制度"（第 2 页）、"封建道德""封建剥削和压迫""封建统治阶级""封建时代"（第 3 页）、"封建贵族地主"（第 5 页）、"封建地主""封建社会"（第 17 页）。对于"封建"一语的简单套用，许多学者已经有清醒的思考。对于"过去的中国历史学"贴"唯心主义"（第 8 页）、"进化论"（第 11 页）、"循环论"（第 12 页）等标签，予以生硬批判的做法，现在看来，似乎也是我们不能同意的。

"秦王朝建立及其历史形势"一讲，后有张传玺"附记"："1960 年秋，翦老着手改写旧著《中国史纲》第二卷（秦汉史），至次年春，写完第一编第一章的三节。后因主编《中国史纲要》，此改写工作中辍，直到去世。本文的第一、二节与第三节先后发表于王仲荦主编《历史论丛》第二辑（1981 年）、第三辑（1983 年）。"（第 55 页）也就是说，我们目前看到的有些文字，在翦伯赞的工作计划中，可能还有半成品的性质。

对于秦政的评论，翦伯赞这样写道："秦始皇用焚书坑儒的粗暴办法对待文化思想问题，这件事是应该受到谴责的。但是这件事的发生，并不是秦始皇个人的偶然冲动，而是当时意识形态领域内的阶级斗争，是新兴地主阶级反对残余的旧封建贵族的政治斗争在文化思想上的反映。秦始皇只是执行新兴地主阶级的阶级使命而已。"（第 61 页）对于相关辩解的历史合理性，今天的读者也会有自己的思索，自己的品量，自己的判断。

四、陈梦家与简牍学

陈梦家是中国大陆于简牍学方面有显著的突出贡献的学者。他主持了武威汉简的整理和校勘，推定其中的《仪礼》简为与二戴本有所不同的庆氏本，第一次比较全面地将简牍研究与文献研究结合起来，使传统文献研究在方法上有所革新，也使简牍学的研究领域有所扩展。陈梦家又曾经负责《居延汉简甲乙编》的编纂工作。对于居延汉简的研究，他改进了以往就简牍论简牍的方式，重视简牍出土地点的分析，于是将简牍学从单纯的文字研究和文书研究，提高到科学地运用现代考古学理论与方法的高度，提高到通过简牍资料的研究，从较宽层面认识历史文化的高度。学术界对于汉代的简册制度、烽燧制度、邮传制度、职官制度、纪时制度的认识，都因陈梦家的研究而得以深入。他承担叙论、校记、释文的《武威汉简》，以及汉简研究专著《汉简缀述》，已经被看作简牍整理和简牍研究的经典。

由于陈梦家的工作成绩，中国大陆的简牍研究，在20世纪60年代并不落后于海外，而此后大陆地区的简牍学，也因此具有了良好的学术基础和合理的科学导向。

(一) 简牍学研究与历史文献的整理

陈梦家从1960年开始从事简牍学研究。

1959年7月，甘肃武威出土大批汉简。甘肃省博物馆请中国科学院考古研究所支援整理。时任所长的夏鼐委托陈梦家担任这项工作。1960年6—7月间，陈梦家前往兰州参加了这批简的整理和研究工作。① 有学者在回忆文章中写到当时的情形："要把这批出土的散乱残断的竹木简，加以整理复原，并确定它是一本今已失传的《仪礼》本，这首先需要临摹、缀合、校刊等技术性的工作，任务是艰巨。当时博物馆的新馆还没有盖起来，只在一间仓库样的工房内工作。""时值盛夏"，陈梦家"不分上下班，晚上在灯光下用放大镜俯身工作"。当时不仅物质条件十分困难，陈梦家还承负着不能个人发表文章、不能对外联系等精神方面的压力。"但他全不计较，发扬古代文化的责任感促使他忘我地工作，仅用了三个月的时间便完成了任务。1962 年出版了《武威汉简》一书，供学术界研讨。"②

据陈梦家的同事回忆，自参与并主持武威汉简的整理和研究之后，"梦家先生的研究兴趣，陡然从金文铜器方面转到了汉简方面"。一位学养深厚的，已经在古文字学、青铜器学、古文献学等领域取得重要成果的学者③热情投身

---

① 关于陈梦家参与整理武威汉简的时间，有不同的说法。周永珍说："1959 年夏，我陪同先生到甘肃省博物馆工作。"（周永珍：《忆梦家先生》，《文物天地》1990 年第 3 期）《汉简缀述》编者说在 1960 年夏，"一九五九年七月，武威磨嘴子六号墓发现了四六九枚竹木仪礼简，梦家先生于一九六〇年六月至七月间去兰州参加了这批简的整理和研究工作"（《汉简缀述》，中华书局 1980 年 10 月版，第 317 页）。徐苹芳《中国汉简的发现与研究》也说陈梦家 "1960 年起研究汉简"（《汉简研究的现状与展望》，92 年汉简研究国际讨论会报告书，关西大学出版部 1993 年 12 月版，第 40 页）。于世民《〈尚书通论〉前言》也说其事在 1960 年 6 月（《尚书通论》，河北教育出版社 2000 年 12 月版，第 4 页）。笔者从 1960 年说。
② 周永珍：《忆梦家先生》，《文物天地》1990 年第 3 期。今按：《武威汉简》，甘肃省博物馆、中国科学院考古研究所编著，文物出版社 1964 年 9 月版。
③ 陈梦家 1956 年在《尚书通论》初版序中写道："我于 25 年前因研究古代的宗教、神话、礼俗而治古文字，由于古文字研究而转入古史研究。"据周永珍说，"在甲骨学上，他对董作宾的'贞人'说和甲骨断代有所补（转下页）

于简牍学研究，这实在是中国简牍学的幸事。

由于逐渐形成了利用陈梦家的研究成果为基础、遵循陈梦家的研究范式进行工作的简牍学研究群体，方才使得此后若干年考古发掘中出土的大批简牍材料具备了可以进行整理和研究的前提。后来，李学勤所提出"对古书的反思"①、"走出疑古时代"② 等论点所体现的利用新出简牍资料的历史文献研究的进步，正是以此为条件的。

武威汉简本《仪礼》的发现，是 20 世纪简牍佚籍第一次比较集中的发现。其研究，体现了历史文献研究在新条件下的空前进步。武威汉简本《仪礼》的整理，也是中国历史文献学在 20 世纪取得的重大成就之一。

陈梦家在历史文献研究方面的成果，原已有《老子分释》③、《尚书通论》④ 等多种。⑤ 郭沫若曾经考论《周易》

（接上页）充和纠正，将所谓'文武丁卜辞'，区分为'𠂤组'、'子组'和'午组'，首先作出它们应属武丁时期的推断。所作西周铜器的断代研究，对郭沫若创立的标准器断代法也有进一步的发展，从不同角度把分散的铭文内容串连起来，探寻判断年代的根据，阐述重要史事和典章制度，并且比较深入地研讨了铜器的组合、形制和花纹问题。"另外，他还对《尚书》《竹书纪年》等古史文献、西周年代、六国纪年和历代度量衡问题等，作过一定的专门研究。"周永珍：《陈梦家》，《中国大百科全书·考古学》，第 68 页。

① 《李学勤集》，黑龙江教育出版社 1989 年 5 月版，第 41—46 页。
② 《走出疑古时代》，辽宁大学出版社 1994 年 3 月版，又修订本 1997 年 12 月版，第 1—19 页。
③ 重庆商务印书馆 1945 年 11 月版。
④ 商务印书馆 1957 年版；又增订本，中华书局 1985 年 10 月版。
⑤ 陈梦家发表的历史文献研究论文，还有《古文尚书作者考》（《图书季刊》新第 4 卷第 3、4 期，1944 年）、《汲冢竹书考》（《图书季刊》新第 5 卷第 2、3 期，1944 年）、《尧典为秦官本尚书考》（《清华学报》第 14 卷第 1 期，1947 年）、《世本考略》（《周叔弢先生六十五岁生日纪念论文集》，1950 年）等。

的"经部作于战国初年的楚人馯臂子弓",而《易传》"著书的年代当得在秦始皇三十四年之后"。他认为八卦的构成时期不在春秋以前的主要论据,是金文中"决不曾见有天地对立的表现","确实可靠的春秋以前的文献也没有天地对立的观念"。① 对于郭沫若有关《周易》成书年代的推定,陈梦家指出,天地上下对立的观念发生很早,甲骨卜辞中有牝牡合书、左右对称诸例,有"下上若"的说法,金文亦见此例,这就是上天下地之意。郭沫若以春秋前不可能存在天地对立的观念而断言《易》之不产生于春秋之前,是缺乏力证的。陈梦家指出:"《易》无成于春秋中叶以后的确证。而《史》《汉》所叙传《易》系中的馯臂子弓亦自无理由认为作《易》者。"② 就《易》学而言,陈梦家的许多论著其实都有所涉及。李学勤《周易经传溯源》引录陈梦家《殷虚卜辞综述》③、《西周铜器断代》④、《六国纪年》⑤ 等专著以及《解放后甲骨的新资料和整理研究》⑥、《战国楚帛书考》⑦ 等论文,共计13处之多。⑧ 可知陈梦家的学术工作对《易》学进步确有贡献。

---

① 郭沫若:《青铜时代·〈周易〉之制作年代》,《郭沫若全集·历史编(第1卷)》,人民出版社1982年9月版,第381页。
② 陈梦家:《郭沫若〈周易的构成时代〉书后》,郭沫若《周易的构成时代》附录,长沙商务印书馆1940年3月版。
③ 科学出版社1956年7月版,中华书局1988年1月版。
④ 《考古学报》1955—1956年。
⑤ 学习生活出版社1955年12月版。
⑥ 《文物参考资料》1954年第5期。
⑦ 《考古学报》1984年第2期。
⑧ 李学勤:《周易经传溯源》,长春出版社1992年8月版,第2、3、5、13、127、128、134、137、178、179、192、197、213页。

可以看到，陈梦家以实践体现出对王国维"古来新学问起，大都由于新发见""纸上之学问赖于地下之学问"以及"二重证据法"的主张的信服和遵从。他以敏锐的学术眼光，发现甲骨文资料、金文资料和帛书资料的文化价值，并且认真投入研究，不久就成为这些领域公认的专家。从这一角度说，他始终站在学术的前沿，始终勤于探讨、勇于攻坚，于是成为成就卓著的古文字学家、考古学家。

陈梦家重视全面的学术训练，重视从不同角度切入，以探索古代文化。在谈到研究古史的道路时，他曾经说："在工具方面，没有小学的训练就无法读通古书，无法利用古器物上的铭文；没有版本学和古器物学的知识就无从断定我们所采用的书本和器物的年代；没有年代学、历法和地理作骨架，史实将无从附丽。"① 正是对古代文化多层面、多方位的关注，使得他在并非专意研究古文献时，也能够通过对古文字学、古器物学、古史年代学、古历法学以及历史地理学的探讨，极大地推进了历史文献的研究。

在讨论马王堆帛书《周易》的卦序卦位时，李学勤提到陈梦家的简牍学研究成果：

> 关于"帝出于震"章的来源，至少有两条线索可寻。
>
> 《汉书·魏相传》云："又数表，采《易阴阳》及

---

① 转见周永珍：《忆梦家先生》，《文物天地》1990 年第 3 期。

《明堂月令》表奏之，曰：……东方之神太昊，乘震执规司春；南方之神炎帝，乘离执衡司夏；西方之神少昊，乘兑执矩司秋；北方之神颛顼，乘坎执权司冬；中央之神黄帝，乘坤艮执绳司下土。"所述五方之神本于《月令》，而八卦方位与"帝出于震"章相合，陈梦家先生考定此奏在汉宣帝元康年间，距《说卦》的出现不过几年，所谓《易阴阳》可能是另一种《易》书。

关于陈梦家先生的"考定"，李学勤注："陈梦家：《汉简年历表叙》，《汉简缀述》，中华书局1980年。"[1] 这只是陈梦家的简牍研究收获应用于历史文献研究的一例。

陈梦家直接以简牍研究推进历史文献研究的工作，当然是武威汉简的整理和研究。

1959年7月，甘肃武威磨咀子六号汉墓出土汉简480枚，以木简居多，竹简较少。其中除11枚为日忌及杂占简外，其余469枚均为《仪礼》简。[2] 武威出土的汉简《仪礼》，被认为是"从所未有的发现"。如陈梦家说："先秦典籍的原本，今已无存。今欲见汉代典籍的面貌，大约不外帛本、简本、纸本和石本。帛本、纸本未有出现，而近世

---

[1] 李学勤：《周易经传溯源》，长春出版社1992年8月版，第213页。
[2] 武威《仪礼》简共有三本：①甲本木简，宽0.75厘米，长55.5—56厘米，约合汉尺二尺四寸，共7篇：《士相见》16简，《服传》57简，《特牲》49简，《少牢》45简，《有司》74简，《燕礼》51简，《泰射》106简，共398简；②乙本木简，宽0.5厘米，长50.05厘米，约合汉尺二尺一寸，只《服传》一篇37简；③丙本竹简，宽0.9厘米，长56.5厘米，仍约合汉尺二尺四寸，《丧服》一篇34简。

在洛阳故城南太学遗址所出的熹平石经，其中虽有《仪礼》残石，散在四方，就可以搜集到的仅有数百字（详《汉石经集存》第三九二至四七〇号）。今此所出《仪礼》，竹简、木简并有，存四百六十九简，二万七千三百三十二字，首尾完整，次第可寻，实为考古发现上非常的一件大事。"①后来简本和帛本汉代文献屡有发现②，当然非 20 世纪 50 年代所能预见，但是武威汉简《仪礼》发现的意义和整理的功绩依然未能稍减。

武威汉简《仪礼》甲、乙和丙本不但有竹、木之异，它们之间的内容亦有所别，甲、乙本是《服传》，而丙本是《丧服》经记。甲本 7 篇篇首、题记、篇题、篇次，反映其编次和今本编次不同，和两戴本及刘向《别录》本亦不同。不但篇次不同，篇题亦有所异。陈梦家指出："甲本将士礼置于前半，而将诸侯大夫礼置于后半，其先后次第似有胜于两戴与《别录》者。"③

经过整理和研究判定，"武威出土甲、乙、丙三本《仪礼》九篇，除甲、乙本《服传》和今本有很大的出入外，其它甲本六篇和今本大略相同，丙本《丧服》经、记同于今本。但它们的篇次既不同于两戴，又不合于《别录》、郑

---

① 甘肃省博物馆、中国科学院考古研究所：《武威汉简》，文物出版社 1963 年 9 月版，第 4 页。
② 参看骈宇骞、段书安：《本世纪以来出土简帛概述》，万卷楼图书有限公司 1999 年 4 月版；陈松长：《帛书史话》，中国大百科全书出版社 2000 年 1 月版；王子今：《简牍史话》，中国大百科全书出版社 2000 年 1 月版。
③ 甘肃省博物馆、中国科学院考古研究所：《武威汉简》，第 12 页。

玄，它只可能是三家以外的一个家法本子"。① 陈梦家认为，根据文词和字形的考察，"这个本子也很可能是庆氏《礼》，故其经文不违离于今本，其文句略同于今本，而其字形有异于两戴本和古、今并存的今本者"。②

陈梦家为《武威汉简》所写的《叙论》，全文凡11.3万字，又《校记》6万字。作为《仪礼》研究来说，完成了分量最为充实，质量亦尤为优异的研究论著。

利用简牍资料研究历史文献，陈直的《汉书新证》和《史记新证》有值得称道的贡献。陈直《汉书新证》即"以本文为经，以出土古物材料证明为纬。使考古为历史服务，既非为考古而考古，亦非单独停滞于文献方面"，"有百分之八十，取证于古器物"。陈直所做工作，以"证"为主，其中也涉及对历史文献的校订。我们说用考古资料考订和校正历史文献，自然以简帛本文献的发现最值得重视，这涉及简帛的版本学价值的问题。李学勤说，尽管出土简帛文献"就有传本的几种而言，其与传本的不同，不一定是简帛比传本好"，然而通常说来，"新发现的简帛书籍大多数是佚书秘传，年代又这么古远，自然是不容置疑的善本"。③ 研究保存较完整的简牍本文献，陈梦家进行了富有开创性的工作。此后卓有成就的新发现，即先秦秦汉简帛

---

① 甘肃省博物馆、中国科学院考古研究所：《武威汉简》，第13页。
② 同上书，第52页。
③ 李学勤：《新出简帛与学术史》，《简帛佚籍与学术史》，时报文化出版企业有限公司1994年12月版，第6页。

文献的研究，从某种角度来说，其实都是陈梦家事业的继续。陈梦家的武威汉简《仪礼》研究，在一定意义上为简帛佚籍研究确定了一种样式，一种规范，一种标尺。

陈梦家的武威汉简《仪礼》的研究，还引发了有关《仪礼》研究有意义的讨论。沈文倬不同意陈梦家以武威《仪礼》为庆普本的意见，认为简本《仪礼》是"古文或本"①。高明通过对武威简本《仪礼》的研究，考察两汉时期今古文的实质和变化，得出结论：武威简本《仪礼》是目前所见的第三个汉本；对比发现今古文及简本的差异主要是各自使用本字和假借字；东汉今古文的分歧实质是两派解经对经文的谐声字取舍不同。②

（二）简牍学研究与古代制度的复原

1957年，劳榦的《居延汉简图版之部》在台北出版。3年之后，1960年，他的《居延汉简考释之部》也得以面世。1959年，在陈梦家主持下，据马衡保存的148版图版，计2500多枚简牍，整理出版了《居延汉简甲编》。《甲编》中所收部分简牍，是劳榦的论著中所没有的。以这两部书，以及贝格曼去世后由斯德哥尔摩民族学博物馆东洋部部长索马斯达勒姆（Bo Sommarstrom）整理出版的《蒙古利亚额济纳河流域考古研究》为依据，内容完整的《居延汉简甲乙编》得以于1980年出版。《居延汉简甲乙编》

---

① 沈文倬：《〈礼〉汉简异文释》（一），《文史》第33辑，中华书局1990年10月版。
② 高明：《论武威汉简〈仪礼〉与〈仪礼〉郑注》，《周秦文化研究》，陕西人民出版社1998年版，第906—922页。

出版后，使简牍学研究层次的深入和研究领域的拓宽得到了新的条件，许多研究者相继发表了有关居延汉简的专著和论文，涉及汉代史研究的论著，也普遍开始重视利用简牍资料。

应当看到，大陆的汉史研究，因《居延汉简甲编》的出版得到了新的契机。如果考虑到大陆1966年开始的十年动乱的特殊背景，注意到"文革"后恢复高考最先入学的历史系77级、78级史学新人当时只能通过这部书接触简牍资料，则《居延汉简甲编》的学术意义更应当得到肯定。

在1962年初，《武威汉简》的编写工作最终完成之后，陈梦家接着便集中精力，对居延汉简、敦煌汉简和酒泉汉简进行了整理工作。其中包括对居延汉简的出土地点与额济纳河流域汉代烽燧遗址的分布和形制的研究。其意义对于简牍学而言至为重要，是因为这一工作第一次使得中国简牍研究正式置于现代考古学理论与方法的基点上。从1962年初到1966年9月逝世前，在3年多不满4年的时间里，陈梦家共完成了14篇论文，约30万字。①

应当说，主要是居延汉简研究的成绩，使得陈梦家成为公认的大陆简牍学研究者中成就最为突出的学者。陈梦家推出的研究论著，使得大陆简牍学研究迈进到新的阶段。

---

① 《〈汉简缀述〉编后记》，《汉简缀述》，第317页。

陈梦家有关居延汉简的论文，在他生前已经发表5篇：《汉简考述》[①]、《汉简所见奉例》[②]、《汉简所见居延边塞与防御组织》[③]、《汉简年历表叙》[④]、《玉门关与玉门县》[⑤]。由于其研究成果的数量和质量，陈梦家在当时的简牍学研究中已经成为公认的学术权威。

在1966年9月逝世前，陈梦家又完成了9篇研究汉简的论文：《汉简所见太守、都尉二府属吏》《西汉都尉考》《关于大小石斛》《汉代烽燧制度》《河西四郡的设置年代》《汉武边塞考略》《汉居延考》《西汉施行诏书目录》《武威汉简补述》。这9篇生前尚未发表的论文，加上已经发表的5篇，以及原先作为《武威汉简》中的一章的《由实物所见汉代简册制度》，共计15篇，编为《汉简缀述》一书，于1980年由中华书局出版。据此书编者的《编后记》，没有发表的9篇论文，"有的是初稿，有的已修改誊清，看来当时梦家先生是准备将它编辑成册的，《汉简缀述》就是他自己题的集名"。[⑥] 有的学者则说，陈梦家"亲自将其集结为《汉简缀述》一书"。[⑦]

陈梦家在谈到作著《殷虚卜辞综述》时，曾经说道："作此书时，曾时常注意到两件事：一是卜辞、文献记载和

[①]《考古学报》1963年第1期。
[②]《文物》1963年第5期。
[③]《考古学报》1964年第1期。
[④]《考古学报》1962年第2期。
[⑤]《考古》1965年第9期。
[⑥] 陈梦家：《汉简缀述》，第317页。
[⑦] 王世民：《〈尚书通论〉前言》，陈梦家：《尚书通论》，河北教育出版社2000年12月版，第4页。

考古材料的互相结合;一是卜辞本身内部的联系。"① 他在进行汉简研究时,依然"时常注意"这两个方面。同时,通过汉简研究,考察当时的制度,尤其为陈梦家所关注。他在《汉简考述》中写道:"我们在整理汉简的过程中,感到汉简的研究不仅是排比其事类,与文献相比勘或者考订某些词、字或片断的历史事件,而需要同时注意以下诸方面:第一,关于出土地问题,即遗址的布局、建筑构造,以及它们在汉代地理上的位置。""第二,关于年历的问题,利用汉简详确的排列'汉简年历表',可以恢复两汉实际应用的历法。""第三,关于编缀成册和简牍的尺度、制作的问题。""第四,关于分年代、分地区、分事类研究与综合研究相互结合的问题。"陈梦家说:"凡此皆需先加分别,然后才可综合不同年代、不同地区的汉简,互相补充,全面的研究表现于汉简上的官制、奉例、历制、烽火制、律法、驿传关驿等等,并与文献互勘,用以了解汉代经济的、社会的、军事的种种面貌。"②

《汉简缀述》正是循这样的思路从事考察,充分利用简牍材料,对汉代的政治制度、军事制度、邮驿制度进行说明的。

对于武威郡以及武威郡治姑臧的考论,已见于《武威汉简》之《叙论》。③《河西四郡的设置年代》一文又依据

---

① 陈梦家:《殷虚卜辞综述》,中华书局1988年1月版,第9页。
② 陈梦家:《汉简考述》,《汉简缀述》,第2页。
③ 甘肃省博物馆、中国科学院考古研究所:《武威汉简》,第3—4页。

简牍资料，分别为河西四郡设置作时间定位，订正了史籍记载的错误。此外，《玉门关与玉门县》《汉武边塞考略》《汉居延考》等论文，都是军事历史地理的专论。陈梦家在这组论文中从不同层次说明了汉代河西作为重要的政治历史舞台的形成过程。因为是以出土简牍作为主要研究资料的，所以其结论的可信度相当高。这一方面研究的重要性，正如陈梦家所说，"没有……地理作骨架，史实将无从附丽"。《汉简考述》一文的第一篇"额济纳河流域障塞综述"，第二篇"邮程表与候官所在"，也是以地理"作骨架"的工作，从而为进一步的研究准备了基本条件。

同样，如果没有"年代学、历法""作骨架"，"史实"也"将无从附丽"。也就是说，如果只有空间的定位，没有时间的定位，则历史认识的基点仍然不存在。陈梦家利用居延汉简进行的关于"年代学、历法"研究的成果，有题为《汉简年历表叙》的论文。

《汉简所见居延边塞与防御组织》在《汉简考述》部分恢复汉代居延边塞防御组织的基础上，又做了进一步的工作。所使用材料，以居延简为主，也部分利用了敦煌简和酒泉简。陈梦家强调，汉代北方诸郡，由于地理上、军事上和经济上的关系，和内郡在组织上稍稍有所不同。出于防御武备、屯田、转输以及处理民族关系的需要，"边郡守除了直辖诸县民政外，还要管辖二或二以上的部都尉，而在其境内存在有受制于中央大司农、典属国的农都尉和属国都尉。边郡太守府和内郡一样，有一套治事的官僚组织，即阁下和诸曹,另外又有仓库。太守所属的部都尉,也是开府治事的,它也有略同于太守府的官僚组织,即阁下和诸曹;除官僚系统外,它有候望系统(候、塞、部、隧),屯兵系统(城尉、千人、司马),屯田系统(田官),军需系统(仓、库)和交通系统(关、驿、邮亭、置、传、厩等)。后者或者属于郡"。① 陈梦家还指出,边郡太守兼理本郡的屯兵,其所属长史专主兵马之事。在其境内的属国、农都尉,虽然在系统上属于中央典属国与大司农,但是也兼受所在郡的节制。至于部、郡都尉,则直属于郡太守。张掖郡属下的两个部都尉,各守塞四五百里,凡百里塞设一候官,有候统辖而与塞尉直属若干部;部有候长、候史,下辖数隧;隧有隧长,率卒数人。② 这篇论文,主要论述了防御组织中的候望系统,亦兼述屯兵系统的一部分,以简牍资料与文献记载相结合,将有关组织的结构体系,大体已经梳理清楚。

关于边郡太守府和都尉府的官僚组织和属吏,文献记载虽有涉及,但是不免阙失疏略。陈梦家在《汉简所见太守、都尉二府属吏》一文中就此专门进行论述。此项研究据陈梦家自述,"以汉简为主而与史书相印证,并利用少数的汉代铜器、碑刻、封泥、印玺上的铭文稍加补充。它对于西汉晚期和东汉初期的边郡官制,提供了比较详备的系

---

① 陈梦家:《汉简所见居延边塞与防御组织》,《汉简缀述》,第37页。
② 同上书,第68页。

统"①。重视多种文物资料的综合利用,并且结合"史书"记载,以相互印证,这种方法在汉史研究中的运用,先有杨树达《汉代婚丧礼俗考》和《汉书窥管》的范例②,而陈直的《汉书新证》和《两汉经济史料论丛》等论著,其应用尤为练达③。而陈梦家在汉简研究中注意"以汉简为主而与史书相印证",同时又"利用"其他文物资料以为"补充",这一方法对于汉简研究者的启示意义无疑也是显著的。

关于汉简官制研究,陈梦家又有《西汉都尉考》一文。他指出,部、农、属国都尉和少数骑都尉都是边郡防御的重要设置,其分布和兴废都有关两汉边防守备的兴衰。④这一研究,也丰富了我们对于汉代制度的认识。

可以反映当时社会政治生活和社会经济生活若干重要信息的汉代所谓奉给或吏禄制度,其内容包括秩级、奉禄数量、官职和奉禄性质。陈梦家以河西出土汉简补充文献记载之不足,在《汉简所见奉例》一文中总结了两汉时期有关制度的变化,他指出:"两汉奉例的变化可分为以下诸期:(一)汉高祖末及惠帝初,因秦制以石为秩,初具二千石至佐史诸秩等第。(二)武帝末至西汉末以钱为奉,间代

---

① 陈梦家:《汉简所见太守、都尉二府属吏》,《汉简缀述》,第97页。
② 参看王子今:《〈汉代婚丧礼俗考〉导读》,杨树达《汉代婚丧礼俗考》附录,上海古籍出版社2000年12月版,第25页。
③ 李学勤:《陈直先生其人其事》,黄留珠:《陈直先生治学精神与思想初探》,《陈直先生纪念文集》,西北大学出版社1992年5月版,第22—25页,第47—56页。
④ 陈梦家:《西汉都尉考》,《汉简缀述》,第134页。

以布帛，其间秩名减除、官职秩级有升降，三百石以下两度益奉什五。（三）王莽（新）承西汉奉钱之秩，最后六年曾企图以谷物代钱为奉，建武二十六年以前似受其影响。（四）东汉建武二十六年四月创立半钱半谷奉例，施行至东汉末，未有变更，延平例中所见半谷为半米。""由此可知班固《汉书·百官公卿表》所代表的，往往是班固当时理解的西汉之制，不尽符合不同年代稍稍改易的地方，其例与《地理志》相同。"官员的秩级与奉禄，是政治制度、经济制度的重要构成内容，《汉简所见奉例》一文使两汉奉例的历史演变趋势得以明朗，实是对汉代制度研究的重要贡献。陈梦家在文章结尾处自谦地说："作者初治汉书，很不熟悉，而汉简材料又尚待系统整理，因此本文所涉论的必有不少错误，希望读者指正。"① 虽然随着资料的日益增多和研究的逐步深入，对于这一制度的认识一定也有所推进，但是陈梦家的工作对此项研究的贡献，有必要给予充分的肯定。

汉代烽燧制度应用于军事防御和信息传递，是体现当时先进技术的一种文化存在。有关汉代烽燧制度的研究，王国维、劳榦、贺昌群等学者曾经各有专论。② 陈梦家搜

---

① 陈梦家：《汉简所见奉例》，《汉简缀述》，第146页。
② 王国维：《流沙坠简》卷二《烽火类》（中华书局1993年9月版）；劳榦：《居延汉简考释》考证四（商务印书馆1949年版），《释汉代之亭障与烽燧》（《中央研究院历史语言研究所集刊》十九本，1948年10月），《从汉简所见之边郡制度》（《中央研究院历史语言研究所集刊》八本二分，1939年9月）；贺昌群：《烽燧考》（中央大学《文史哲》季刊第二期，1940年，又《北京大学四十周年纪念论文集》乙编上，《贺昌群史学论著选》，中国社会科学出版社1985年2月版）。

集了较多的汉简资料，对诸家之说有所补正，实际上大大推进了这项研究的深入。他在《汉代烽燧制度》一文中就烽台的建筑、烽火记录、烽具、烽火品、烽燧的设置和烽燧的职责六个方面对汉代边防烽燧体系的结构和作用进行了全面的总结。陈梦家所进行的汉代制度前与《墨子》城守之法、后与唐代《烽式》的比较，对全面认识汉代烽燧的形制有积极的意义，对简牍研究的方法，也提供了可资借鉴的样板。

（三）简牍学研究与社会文化的考察

在陈梦家的学术工作中，古文字的考证，古器物的考证，古文献的考证，并非都是就文字而文字、就器物而器物、就古书而古书的研究，而最终都归结于对中国社会文化的考察，对中国社会文化的理解。他的《殷虚卜辞综述》的许多章节，其实都是通过文字和器物，展示了社会文化的多彩画面。陈梦家的简牍学研究，同样与有些学者从字到字、从简到简、从物到物的惯式不同，而是于具体的研究之中，透露出他对社会文化的深刻体味，对社会文化的宏大关怀。

《武威汉简》的"释文"部分有"杂简及其它考释"一节。其中首先是"日忌、杂占木简考释"。列有"日忌木简"七枚，"杂占木简四枚"：

1. 河平□〔年〕四月三日诸文学弟子出谷五千余
斛　六　　　　　　　　　　　　　　　（背）

□□□不乏塞人　买席辟壬庚　河魁以祠家邦必扬　　　　　　　　　　　　（正）

　　　　　　　　　　　　　　　　日忌木简甲

2. 甲毋置宅不居必荒　乙毋内财不保必亡　丙毋直衣□……　　　　　　　　　　　日忌木简乙

3. 丁毋威□□多作伤　戊毋度海后必死亡　己毋射侯还受其央　　　　　　　　　日忌木简乙

4. 〔庚〕……　　〔辛〕……　　壬毋□□必得　　　　　　　　　　　　　　　日忌木简乙

5. 　　　　　　〔辰〕毋治丧

　　　　　　　　　　　　　　　　日忌木简丙

6. 午毋盖屋必见火光　未毋饮药必得之毒　申毋财衣不烦必亡　　　　　　　　　日忌木简丙

7. 酉毋召客不闹若伤　戌毋内畜不死必亡　亥毋内妇不宜姑公　　　　　　　　　日忌木简丙

8. □有生财有吏事　有恶言者有客思之有谛泣令人远行　　　　　　　　　　　　杂占木简

9. ……有憙事　君思之　君子思之　有憙事　令人得财　　　　　　　　　　　杂占木简

10. ……有　取有　之者有风雨

　　　　　　　　　　　　　　　　杂占木简

11. ……见妇人　　　　　　　杂占木简①

---

① 甘肃省博物馆、中国科学院考古研究所：《武威汉简》，第136—137页。

陈梦家随后有约5000字的考论。如分析简1，指出"河魁乃十二神中之土神，主疾病"，"据出土简，知汉世有祠河魁之俗矣"。又指出："'以保家邦'之邦不避讳，同出《仪礼》简则皆避之，知民间卜筮书可不避也。"陈梦家还写道："另有一简，过残。又有席片一，上亦有墨书迹。"这些现象，也值得研究者参考。对于河西汉简中所见"占书、日禁之书"等，陈梦家分析说："汉俗于日辰多忌讳，又信占验之术，王充讥之。《后汉书·张奂传》谓武威'俗多妖忌，凡二月五月产子及与父母同月生者悉杀之。奂示以义方，严加赏罚，风俗遂改'。所谓妖忌乃土著之所信奉，而统治阶级之迷信实无所异。此改风易俗之张奂，在武威任内生子猛，占曰'必将生男，复临兹邦，命终此楼'，后果验云。不信民间之忌而信占验之术，此所以此墓主虽为饱学经师而于日禁之书有死生不能忘者，故与所习儒书同殉焉。"① 鲁迅《中国小说史略》第五篇说："中国本信巫，秦汉以来，神仙之说盛行，汉末又大畅巫风，而鬼道愈炽。"② 应当说，在整个汉代，巫风和鬼道都全面影响着社会生活的诸多方面。陈梦家对于武威汉简"占书、日禁之书"的分析，也是这一时代文化特征的具体说明。

睡虎地秦简《日书》作为反映民间礼俗信仰的数术书，其发现引起了学界的重视。《日书》研究集中了颇多学者的

---

① 甘肃省博物馆、中国科学院考古研究所：《武威汉简》，第137—138页。
② 《鲁迅全集》，第9卷第45页。

学力，已经多有力作推出①，然而有关研究的奠基之作，应当包括陈梦家对武威出土"占书、日禁之书"的研究成果。

收入《汉简缀述》的《武威汉简补述》一文，分"日忌简册"和"关于'文学弟子'的考述"两个部分。其第一部分将原以为分属二册的"日忌"简试重拟编为一册，并复原如下：

1. 甲毋置宅不居必荒　乙毋内财不保必亡 丙毋直衣邙□□□
2. 丁毋威□□多作伤　戊毋度海后必死亡 己毋射侯还受其央
3. 〔庚辛……〕　壬毋□□必得□□ 〔癸毋……〕
4. 〔子毋……　丑毋…… 寅毋……〕
5. 〔卯毋……〕　〔辰〕毋治丧□□□□ 〔巳毋……〕
6. 午毋盖屋必见火光　未毋饮药必得之毒 申毋财衣不烦必亡
7. 酉毋召客不闹若伤　戌毋内畜不死必亡

---

① 参看李学勤：《〈日书〉和楚、秦社会》，《简帛佚籍与学术史》，时报文化出版企业有限公司1994年12月版，第146—147页；刘乐贤：《睡虎地秦简日书研究》，文津出版社1994年7月版。

亥毋内妇不宜姑公

陈梦家说，以上文字"都是八字一句，有韵，字体亦相近，故可并为一册。此册至少七简，今失其一"。陈梦家又写道，敦煌莫高窟所出一失题残卷（巴黎，伯2661），《敦煌缀琐》九〇录其文，其中有这样两段文字：

> 甲不开藏，乙不纳财，丙不指灰，丁不剃头，戊不度□，己不伐树，庚辛不作酱，壬不书家，癸不买履。
>
> 子不卜问，丑不冠带，又不买牛，寅不召客，卯不穿井，辰不哭泣、不远行，巳不取妇，午不盖房，未不服药，申不裁衣、不远行，酉不会客，戌不祠祀，亥不呼妇。

其内容与汉日忌简册各有异同。简册可辨者十二条，和残卷相同的是乙、戊、辰、午、未、申、酉、亥等八条。而甲、丙、己、戌四条与残卷不同。陈梦家说，残卷"丙不指灰"可能是"直衣"的误录。"戊不度□"，"度"下所阙应是"海"字。"辰不哭泣"和简"毋治丧"应是一事。《论衡·辨祟》"辰日不哭，哭有重丧"，可知东汉已有辰日不哭、不治丧的习俗。又敦煌残卷"申不裁衣"与武威汉简"申毋财衣"同。《论衡·讥日》说"时日之书，众多非一"，又说："裁衣有书，书有吉凶，凶日制衣则有祸，吉日则有福。"陈梦家注意到敦煌残卷所录"裁衣"之忌：

春三月申不裁衣，夏三月酉裁衣凶，秋三月未不裁衣，冬三月酉凶。

丁巳日裁衣煞人，大凶。

秋裁衣大忌申日，大吉。

申日裁衣，不死已凶。

凡八月六日十六日廿二日不裁衣，凶。

…………

晦朔日裁衣被虎食，大凶。

陈梦家进行对比后还写道："凡此以申日忌裁衣最多。残卷分别'寅不召客''酉不会客'而简作'酉毋召客'，稍异。残卷'丑不冠带，又不买牛'与简'戌毋内畜'不同。残卷以丑日不冠，与汉俗不同。"陈梦家又引《论衡·讥日》所谓"造冠无禁，裁衣有忌""沐有忌，冠无讳"，指出："此可证汉代裁衣有忌而造冠与戴冠无日忌，则此残卷所记乃是汉以后始有。"[①] 有关"裁衣"宜忌的规定多见于《日书》[②]，

---

① 陈梦家：《武威汉简补述》，《汉简缀述》，第285—286页。
② 如睡虎地秦简《日书》甲种有所谓"折衣常"。整理小组释文写道："折衣常（裳）。"又整理小组注释："折，读为裂，即制字。"刘乐贤说："此简之'折衣常（裳）'，在'衣篇'中作'裂衣'（二六正贰）。银雀山汉简中制字作折、裂，证明整理小组之说正确。"（刘乐贤：《睡虎地秦简日书研究》，文津出版社1994年7月版，第37页）李家浩释文："折（制）衣常（裳）。"（湖北省文物考古研究所、北京大学中文系：《九店楚简》，中华书局2000年5月版，第186页）今按："裂"字原有之义是裁、断。《管子·大匡》："裂领而刎颈者不绝。"尹知章注："裂，谓掣断之也。"戴望《校正》："丁云：'裂，折之俗字。'《说文》：'折，断也。'"又睡虎地秦墓竹简《为吏之道》："三曰擅裂割。""裂"也可解为"裁"。如此，则"折衣""裂衣"似乎以释为"裁衣"更为妥当。银雀山汉简中也可见"制"字作"折"之例以及"制"字作"裂"之例，后者"裂"字，其实也可作"裁""断"解。

而陈梦家在整理武威汉简时已有所涉及，是较早关注这一社会生活现象并且进行初步研究的学者。

在题为"关于'文学弟子'的考述"的内容中，陈梦家讨论了在武威日忌杂简背面书写记事中所见"文学弟子"称谓的意义。

他指出，"文学弟子"最可能是指郡国文学官的弟子。有关考论探索了西汉"文学"作为一种身份的源流，也涉及当时学制和政制，包括教育制度和选举制度以及相关的社会文化现象。①

对于狭义的"文化"，陈梦家也多有值得重视的论点发表。例如关于汉代的文书书写形式，陈梦家的简牍学成果中也有考证和说明。

古有"漆书"之说。例如《东观汉记·杜林传》中所谓"于河西得漆书《古文尚书经》一卷"。

马衡曾经在《凡将斋金石丛稿》卷七《书籍制度》中写道："至写字所用之材，最初以漆书，其后利用石墨。因为照进化程序而言，应先用天然材料，而后有比较进步之人工制造材料。漆为木汁，无待于发明，文字最初用漆书，应为合理之事实。漆之燥湿不易调节，故又改用石墨，亦即石炭，俗谓之煤。顾微《广州记》曰：'怀化郡掘堑得石墨甚多，精好可写书。'戴延之《西征记》：'石墨山北五十里，山多墨，可以书。'是皆天然之墨，今称燃料曰煤，盖

---

① 陈梦家：《武威汉简补述》，《汉简缀述》，第286—290页。

即墨字也。又其后以松烧烟，加胶制墨，则出自人工制造矣。但《后汉书·杜林传》所载'漆书古文《尚书》一卷'，及《后汉书·儒林传》所言'贿改兰台漆书经字'，恐已非真漆书。盖后汉时人造书墨已盛行，不应尚用漆书，或此为相传古本，非汉时所书也。"① 东汉"漆书"所谓"为相传古本，非汉时所书"的推测看来没有什么根据。虽然"漆为木汁，无待于发明"，但是既然有"天然之墨"，则不必用墨书在用漆书之后。

陈梦家《由实物所见汉代简册制度》一文中说到《后汉书·杜林传》及《儒林传》两例，指出："凡此漆书，恐怕仍然是墨书。"② 但是，后来还有学者认为："简牍的书写，应以墨的使用、漆的生产和笔的发明为前提条件。"③ 李学勤就此有所讨论。他指出，据考古发现，"所有简上的文字，都是用毛笔写的，蘸的是黑色的墨。完全没有用漆写的"④，"古人有'漆书'之说，前人已指出'漆'是指墨色黑而有光，并不是用漆写字"。⑤

这里所说的"前人"，似至少应当包括陈梦家。⑥

---

① 马衡：《凡将斋金石丛稿》，中华书局 1977 年 10 月版，第 267—268 页。
② 甘肃省博物馆、中国科学院考古研究所：《武威汉简》，第 62 页；陈梦家：《汉简缀述》，第 300 页。
③ 高敏：《简牍研究入门》，广西人民出版社 1989 年 10 月版，第 3 页。
④ 李学勤：《失落的文明》，上海文艺出版社 1997 年 12 月版，第 209—210 页。
⑤ 李学勤：《古文字学初阶》，中华书局 1985 年 5 月版，第 55 页。
⑥ 对于"漆书"问题，陈直则写道："至于文献记载，竹简多有称漆书者，细看出土不同时代之各竹木简，皆用墨书，不见有漆书者。但不能因其未见漆书的即断定无漆书，这一点尚有待于将来地下材料之发掘。"《六十年来我国发现竹木简概述》，《文物考古论丛》，天津古籍出版社 1988 年 10 月版，第 240 页。至于书写时以漆调墨以及漆器上的"漆书"，可参（转下页）

《汉书》卷三〇《艺文志》共著录当时公家秘府所藏38种图书，计597家，其中有的以"篇"计，有的以"卷"计，以"篇"计的大约占72%。实际计有8842篇，4340卷，篇数超过篇卷合计数的67%。有的著作则有分别以"篇""卷"计的情形①，按照一般的理解，帛书以"卷"计，简册以"篇"计。这种情形，可能是同一书兼有帛书和简册两种本子。马衡指出："《汉书·艺文志》撮录群书，或以篇计，或以卷计。以篇计者为竹木，以卷计者为缣帛。卷之数不如篇多，又可见西汉时代缣帛虽已流行，而其用尚不如竹木之广。"②陈梦家《由实物所见汉代简册制度》则提出"以篇计者为竹木，以卷计者为缣帛"的说法是可以商榷的。例如《后汉书·杜林传》"漆书古文《尚书》一卷"，既是简册而又称"卷"。又如《史记·司马相如列传》说，司马相如去世，天子使者前往取所著书，其妻说道："长卿未死时，为一卷书，曰有使者来求书，奏之。无他书。""其遗札书言封禅事。"也是简册称"卷"的实例。出土汉简也有称"卷"的例子。如居延汉简（8.1和46.7）是两册簿书的署检，称"吏病及视事书卷"，可证簿札之成编者可以称为"卷"。又如居延汉简（208.5）在署检上端写一"卷"字，这已成为后世档案卷宗的滥觞。按照这一认识

(接上页) 看李均明、刘军、刘绍刚说，见李均明、刘军：《简牍文书学》，广西教育出版社1999年6月版，第23—24页。
① 例如："《尚书古文经》四十六卷。为五十七篇。""《礼古经》五十六卷，《经》十七篇。""《春秋古经》十二篇，《经》十一卷。""《尔雅》三卷，二十篇。"
② 马衡：《凡将斋金石丛稿》，第262页。

推断,《汉书·艺文志》中"以卷计者",可能其中也有相当一部分也是简册,而并非缣帛。那么其中简册本图书所占的比例,还会大大超出我们前面所做的估算。事实更可以充分证明"西汉时代缣帛虽已流行,而其用尚不如竹木之广"。缣帛的价格是相当昂贵的,皇家图书档案中收藏的书籍尚且以简册为主,民间流行的书籍当然以简册本更为普及。

陈梦家《由实物所见汉代简册制度》一文推断:"在刮削平整,打磨光滑以后,书写之前,似经过一道用特殊液体涂染的手续。"武威汉墓"出土木简表面有光亮,似涂胶质者"。① 这一发现,对于认识当时的文书制度,也是有意义的。

《史记·孔子世家》说,孔子老而读《易》,"韦编三绝"。《汉书·儒林传》也写道:"晚而好《易》,读之韦编三绝。"颜师古注:"'编',所以联次简也。言爱玩之甚,故编简之韦为之三绝也。"有人据此以为"古者用韦编简",不过,文物考古资料中始终没有看到"韦编"的实例。② 也有人认为用韦编简与用丝麻不同,是由简牍的穿孔编贯。清代学者李淳在《群经识小》卷四《论方策》中就推测说,简狭而长,编简者大约是在简的端部穿孔,"按其次第以韦穿之",孔子读《易》,韦编三绝,说的就是这种情形。陈

---

① 甘肃省博物馆、中国科学院考古研究所:《武威汉简》,第57页;陈梦家:《汉简缀述》,第295页。按,薛英群则根据对居延汉简的考察指出:"木简表面未见有'特殊液体涂染手续'。"薛英群:《居延汉简通论》,甘肃教育出版社1991年5月版,第127页。"手绩"似为"手续"的误写。
② 李学勤说:"用韦即皮条编组的简,目前还不曾发现。"《古文字学初阶》,中华书局1985年5月版,第55页。

梦家指出:"敦煌出土《急就章》,'第一'两字刻在觚端斜削之处,而'第'与'一'之间作有穿束之孔。此'第一'之'第'犹'卷一'之'卷',最初是名词,后来引申为次第的形容词。简册所称'第一''第二'乃是'册一''册二'之义。由此可知书册分'第'之法由于韦束,而韦束乃编束木札或木觚之上端穿孔之用,不宜作为编缀编册的绳纶。因如以韦编册,则卷用不便。"① 而王尧等考察新疆出土吐蕃简牍时,确实发现简牍"在右端常有一洞,可以用绳子穿联在一起",研究者以为"即所谓'韦编'"。②

陈梦家《由实物所见汉代简册制度》一文还通过武威汉简《仪礼》的实例考察了当时简牍书写时每一简容字大致的定规:

> 甲本木简七篇是占数最多的,其中大多数以六十字为常例,当然每简容许有一、二字的上下。《泰射》一篇百十四简,最为严谨,多数简为六十字,较少的为五十九字或六十一字。《少牢》一篇的前四十一简,每简字数略多于六十字而不超过七十字。只有《特牲篇》第四十一至五十三的十三简,是利用旧简,一行八十字上下,和七篇中其它部分不同。
>
> 乙本木简短而狭,字也小,故一简容字一百至一

---

① 甘肃省博物馆、中国科学院考古研究所:《武威汉简》,第75页;陈梦家:《汉简缀述》,第312—313页。
② 王尧、陈践:《吐蕃简牍综录》,文物出版社1986年3月版,第5页。

百零数字，其第十七简最多，为一百二十三字，几乎为甲本一简的倍数。

丙本竹简的字数很参差，多者五六十字，少者二三十字。这由于它是分章的《丧服》经，每章另行起，故新章前一行多不足行；又由于因避竹节要多空一些，否则它也是以六十字为标准的。①

《后汉书·光武帝纪上》李贤注引《汉制度》说到帝王下颁的文书有策书、制书、诏书、诫敕四种形式。"策书"又有篆书和隶书两种书体："策书者，编简也，其制长二尺，短者半之，篆书，起年月日，称皇帝，以命诸侯王。三公以罪免亦赐策，而以隶书，用尺一木两行，唯此为异也。"王国维《简牍检署考》指出，简牍书体有这样的等级差别："事大者用策，篆书；事小者用木，隶书。"陈梦家《由实物所见汉代简册制度》一文也讨论了汉代简牍书体，他认为，当时大致有这样四种情况：一是篆书，用于高级的官文书和重要仪典的书写；二是隶书，用于中级的官文书和一般经籍的书写；三是草书，用于低级的官文书和一般的奏牍草稿；四是古文，用于传习先秦写本经文。②

有的研究者提出，事实上，古代书体是随时代不同、

---

① 甘肃省博物馆、中国科学院考古研究所：《武威汉简》，第62—63页；陈梦家：《汉简缀述》，第300页。
② 甘肃省博物馆、中国科学院考古研究所：《武威汉简》，第72页；陈梦家：《汉简缀述》，第310页。

场合不同而有复杂变化的。因而王国维和陈梦家的说法各有不完善之处。不过，我们现今考察简牍的文体，尽管有时存在皇帝诏书书写草率，而习字之作竟颇为工雅的情形，但从总体来说，篆书、隶书、草书在汉代文书形式中已经大体形成了等级差别，这是确实存在的。

简牍文字的修改，据陈梦家的分析，大致有这样 3 种形式：一为削改。这是最为多见的情形。在简牍实物上可以看到被削去薄薄一层表面，而补写的字迹往往晕开，易于识别。削改的实例大致有 7 种：1. 写错一字，削改后改写一字，原字位不动；2. 写错偏旁，只削改偏旁，其余部位不动；3. 写错几个字，削改后仍补写几个字；4. 漏写数字，将一小段削去重写，改写后字位拥挤；5. 多写了字，删除改写后，原占字位有了空缺；6. 错字削去后遗忘未及补写；7. 误重抄书一段，删削后不作补书，留出空白。二为涂改。削改一般是事后发现错误削除原写而改写的，涂改则是书写当时即发现错误，不加删除，匆忙用水涂抹字迹，重新书写，因而补写后字迹周围保留有涂抹痕迹。三为添写。因简札宽度有限，在字迹较小、排列紧密的情况下，在原字间侧补写更小的字；在原字较大、排列疏散的情况下，则直接补写在两字之间。[①]

陈梦家《由实物所见汉代简册制度》一文通过对武威汉简《仪礼》的具体研究，总结了当时简牍书写时所使用

[①] 甘肃省博物馆、中国科学院考古研究所：《武威汉简》，第 66 页；陈梦家：《汉简缀述》，第 304 页。

的 11 种符号的意义。后来简牍的发掘者和研究者在记录和分析简牍的内容时，也多涉及简牍上的符号。①

居延汉简中多有汉帝诏书简。陈梦家通过分析出土于居延地湾的长达 67.5 厘米的著名的甲 2551 简，认为这枚最长的简是三尺之策，判定其是西汉诏书目录编册中的一枚。此目录为编册第二简。陈梦家推定这一简册共十简，编目最多不会超过 60，但一定在 52 以上。所见目录的内容为：

1. "县置三老，二"　　这是这一诏书目录编册中的第二条，大约是汉高祖二年（前 205）二月颁布的诏令，见于《汉书·高帝纪上》。陈梦家又推断列为这一诏书目录编册中第一条的，可能是"约法三章"。

2. "行水兼兴船，十二"　　这是这一诏书目录编册中的第十二条，陈梦家以为"此当指治水及行船之事"，其实，从睡虎地秦简《日书》的内容看，"行水"，应是指水路行旅、水路航运。而"兴船"，可能是指造船。

3. "置孝弟力田，廿二"　　这是这一诏书目录编册中的第二十二条。

4. "征吏二千石以上以符，卅二"　　这是这一诏书目录编册中的第三十二条。

5. "郡国调列侯兵，卌二"　　这是这一诏书目录编册中的第四十二条，内容涉及郡国调迁列侯兵事，此事史

---

① 甘肃省博物馆、中国科学院考古研究所：《武威汉简》，第 70—71 页；陈梦家：《汉简缀述》，第 308—309 页。

书失载，陈梦家推定此诏书的颁布，在吕后元年（前187）诏之后，汉景帝后三年（前141）诏之前，大约在汉文帝时代。

6."年八十及孕、朱需颂骰，五十二"　这是这一诏书目录编册中的第五十二条。①

关于汉代文书制度和文书习惯的研究，看似琐碎，却多能够反映当时的文化体制和文化风貌，对于文化史的研究是十分必要的。

1959年，甘肃武威磨嘴子十八号汉墓出土木简10枚，记载汉明帝永平十五年（72）幼伯受王杖事，并录有汉成帝建始二年（前31）九月"年七十受王杖"的诏书，以及河平元年（前28）殴击持有王杖者应当处以弃市之刑的诏令。这就是著名的"王杖十简"。由于简上没有编号，出土时次序已经打乱，关于这10枚简的排列方式，学术界存在不同意见。陈梦家《王杖十简考释》提出的编排方案，是最早发表的比较成熟的意见。②

(四) 史家诗作：呐喊与歌哭

陈梦家早年以诗作知名。青年陈梦家的诗句能够震动人心，感染精神，不仅在于他的创作很早就与风花雪月的无聊呻吟划清了界限，在抗战救亡时期又有《在前线》组诗这样的热情奔扬之作问世，还在于他的呐喊与歌哭，很早就是以对民族历史和民族文化的理解和感怀为基点的。

---
① 陈梦家：《西汉施行诏书目录》，《汉简缀述》，第276—277页。
② 甘肃省博物馆、中国科学院考古研究所：《武威汉简》，第140—147页。

他的《塞上杂诗》《唐朝的微笑》《秦淮河的鬼哭》《古战场的夜》《秋旅》《太平门外》等作品，字句间都饱含深沉的历史感想和文化思绪。有些诗句有很深远的意境，如"劫风吹没千载的城廓"①，"静悄悄睡进荒野的泥土"②。"'我没有别的奢望，我只/让自己长起，到时候成熟；……'"③正如有的学者指出："陈梦家热爱古代文化，就正是要给它以生命。"这些诗句"都标志着作者对于古代文化的深厚涵养与诗性感受"。④ 如他在《铁马的歌》中写道："没有忧愁，/没有欢欣；我总是古旧，/总是清新。/我是古庙/一个小风铃。/太阳向我笑，/锈上了金。"⑤ 通过这样的诗句来认识和了解中年时代开始简牍研究的陈梦家，依然是适宜的。他虽然深怀"清新"精神，却能够面对"古旧"，立足"古旧"。这一风格贯彻于他的文学生涯，同样也贯彻于他的学术生涯。

陈梦家学术盛年不逢学术盛时，在55岁正全力投入简牍研究时不幸逝去，使得从某种角度看来，大陆的简牍学有所停滞并出现了一定意义上的倒退。

陈梦家的简牍研究论著中的若干具体结论可能因资料的新发现和研究的新进展有修正的必要，但是他的学术精神，以及他从事简牍学基础建设的功绩将在学人心中永存。

---

① 陈梦家：《鸡鸣寺的野路》，见《梦家诗集》，中华书局2006年7月版，第110页。
② 陈梦家：《葬歌》，《梦家诗集》，第26页。
③ 陈梦家：《红果》，《梦家诗集》，第41页。
④ 蓝棣之：《前言》，《梦家诗集》，第9页。
⑤ 陈梦家：《梦家诗集》，第104页。

陈梦家是在1966年异常的政治风浪中以异常的方式结束学术生命的。56年过去，我们在怀念他的同时，应当将简牍研究的新进步作为最好的纪念。我们也希望，简牍学研究能够在社会形势的安定、考古发现的累积以及学术交流的扩展等方面，于比较陈梦家所处的学术时代更好的条件下，实现健康的发展。

五、"弄瓦翁"陈直：秦汉史研究的学术旗帜

有代表性的学人，是一个大学的光荣。一个学术方向，也往往有若干位各有学术个性的标志性人物。这样的学者，不仅以自己的学术成就充实了我们民族文化的宝库，同时提示着探索的路径，引领着后学者前行。西北大学陈直教授在秦汉史研究领域，就是这样的代表性人物。

1925年，王国维在清华国学研究院设《古史新证》演讲课。在此之前，他已有《殷卜辞中所见先公先王考》《续考》《殷周制度论》《毛公鼎考释》等以甲骨文、金文为主要资料的实证性著名论文发表，《古史新证》可以看作在这些论著的基础上又迈上了新的学术阶梯。在《古史新证》第一章"总论"中，王国维提出了著名的古史研究"二重证据法"。他说："吾辈生于今日，幸于纸上之材料外，更得地下之新材料。由此种材料，我辈固得据以补正纸上之材料，亦得证明古书之某部分全为实录，即百家不雅训之

言亦不无表示一面之事实。此二重证据法惟在今日始得为之。"在王国维讲这番话时，陈直先生24岁。所谓"吾辈生于今日"之"幸"以及"此二重证据法惟在今日始得为之"，王国维反复说到的"今日"所表现的中国学术的时代进步，陈直一代学人得以亲身体验。陈直先生是在秦汉史学界实践"二重证据法"的有影响的学者。张岂之先生说："（陈直）严谨，材料扎实，文献材料和考古实物两相结合，立论准确，文风朴实无华。"① 彭树智先生指出："他是考古学家，但他不满足于发掘报告，而是进一步使用考古为历史服务，从而把考古学和历史学研究提高到一个更高层次的研究水平。""用研究环节把二者结合起来，实际上是这两个学科研究的创新思想。我认为，这一点对我们今天的历史学、考古学、社会史、文化史乃至思想史的研究，都有深刻的启迪意义。"② 李学勤先生写道："他治学朴实精深"，"学有端绪，却又能开辟新境"。"陈先生一生治学的基本方针"，就是他在《汉书新证》自序中所说："以（《汉书》）本文为经，以出土古物资料证明为纬，使考古为历史服务，既非为考古而考古，亦非单独停滞于文献方面。"李学勤先生明确指出："把考古和文献互相结合起来，借以研究古代历史文化，即王国维提倡的二重证据法。""王氏所说'纸上之学问'指文献，'地下之学问'指考古。

---

① 张岂之：《治学与为人——纪念陈直先生逝世十周年暨诞辰九十周年》，《陈直先生纪念文集》，西北大学出版社1992年5月版，第15页。
② 彭树智：《学术与心术的统一——写在陈直先生逝世十周年暨诞辰九十周年之际》，《陈直先生纪念文集》，第19页。

他当时讲的新发现，共列举五项：殷墟甲骨文、敦煌及西域简牍、敦煌卷子、内阁大库书籍档案、古代少数民族遗文，至今仍是专门研究的对象。"对于陈直先生坚持其治学基本方针在相关研究领域的新的推进，李学勤先生说："陈直先生的研究范围，则超过了这五项。我们知道汉代文物极为零散繁多，真是所谓片砖残瓦、散金碎玉，而陈先生却积几十年的功力，加以汇集萃聚，一一与文献相印证，为汉代研究别开生面。如他自己所说，这一新道路，'为推陈出新者所赞许，为守旧不化者所睢盱，知我罪我，所不计已'。"对于这种学术风格予以指责的声音现在已经不大听得到了。正如李学勤先生所说："他开拓的道路，已为学术界大多数所肯定了。这正是把王国维提倡的二重证据法作了进一步的发挥，从而取得丰富的成果。"①

陈直先生曾任西安市文物管理委员会委员、陕西省社科联顾问、陕西省历史学会顾问、中国考古学会理事、中国秦汉史研究会筹备组组长。刘士莪先生回忆，陈直先生在西北大学历史系开设"考古学通论"课程，"虽不是首创"，但就西北大学所处的历史、地理位置来说，"实不失为一种远见"。他的教学"言简意赅"，"不尚空谈"，"以渊博的文献知识，变文物为活教材"。"既抛弃了金石学的传统，又非就文物谈文物，而是把文物与文献有机的结合起来，互相印证，互相补充，其功力达到了炉火纯青的境

---

① 李学勤：《陈直先生其人其事》，《陈直先生纪念文集》，第23—24页。

界。"① 笔者在1978年初至1981年底就读于西北大学考古专业，当时，陈直先生是历史系考古教研室主任、秦汉史研究室主任。陈直先生虽然没有给我们直接授课，但是他在《考古》《文物》等刊物发表的学术论文，都被我们看作必读的教材。陈直先生不仅参与主持西北大学历史系承担的《汉书》中华书局1962年6月版的标点，又与冉昭德先生主编《汉书选》②，是公认的汉史研究文献学建设的功臣。他的《汉书新证》1959年10月天津人民出版社初版，1979年3月第二版面世，被看作"《汉书》学"新成就的代表，公认为《汉书》研究的经典。随后他的主要论著《史记新证》③、《两汉经济史料论丛》④、《摹庐丛著七种》⑤、《居延汉简研究》⑥、《文史考古论丛》⑦等学术精品的集中面世，以厚积薄发的态势，显现出对学界的积极的冲击，对秦汉史研究形成了明显的引领与激励的作用。

在社会动荡年代，陈直先生曾经在金融机构谋生。20世纪40年代末时势变化，承蒙名学者、教育部长马叙伦推荐，由当时的西北大学校长侯外庐先生约请，1950年起执教于西北大学历史系。这和近年一些学人愿意跳出学术圈、往经济前景较好的行业发展不同，表现了相反的人生取向。

---

① 刘士莪：《对先师陈直先生的回忆》，《陈直先生纪念文集》，第32—33页。
② 中华书局1962年12月版。
③ 天津人民出版社1979年4月版。
④ 陕西人民出版社1980年12月版。
⑤ 齐鲁书社1981年1月版。
⑥ 天津古籍出版社1986年5月版。
⑦ 天津古籍出版社1988年10月版。

1963—1964年，陈直先生曾经以讲师身份应翦伯赞先生邀请赴北京大学讲学，应佟冬先生邀请赴东北文史研究所讲学。这样的情形，以被邀请人特别的学识和邀请人的特别的慧眼，曾经传为美谈。

陈直先生的论著从《汉书新证》1959年10月由天津人民出版社最初推出到由西北大学出版社2000年11月出版插图本《读金日札》，前后历时逾41年，"摹庐丛著"18种终于全部出齐。2006年起，中华书局重印陈直著作。选本则有2010年三秦出版社、陕西师范大学出版社版"长安学丛书·长安学者文集"的《陈直卷》、2012年三秦出版社版《陈直著作三种》相继问世。2021年8月，西北大学出版社又将列入"西北大学名师大家学术文库"的《陈直著作选》上下卷贡献给学界。《陈直著作选》上卷收录《汉书新证》《史记新证》，下卷收录《两汉经济史料论丛》《文史考古论丛》。秦汉史研究者和关心秦汉历史文化的朋友们都会对这部优秀的选本表示欢迎和感谢。时值西北大学120周年校庆，《陈直著作选》的推出，也是一种学术光荣的纪念。①

陈直先生有旧体诗作，载《〈摹庐诗约〉选》，收入西北大学秦汉史研究室主编《陈直先生纪念文集》。② 他的"取证马迁史"（《近成〈楚辞拾遗〉一卷》），"披香致嘉

---

① 陈直：《陈直著作选》，"西北大学名师大家学术文库"，西北大学出版社2021年8月版。
② 西北大学出版社1992年5月版。

祥"(《报谢保之从兄兼述陇居近况》其二)诗句,总结了其学术生活的个性特点。原注:"'披香',指'披香殿当',亦出于汉城,殿在未央宫内。"其实,"嘉祥",有可能指著名的武氏祠汉画象石出土地点山东嘉祥。陈直先生治学继承乾嘉学风。但是对于文物实证的重视,因时代进步、条件的优越,某些方面有明显的超越。他写道:"乾嘉诸老辈,攻金石刻辞。吾家数昆季,亦颇斟酌之。言笑有新获,传观乐不支。"(《保之从兄四十初度赋此致贺》其二)又如:"淮南有《鸿烈》,梁宫发奇光。敢傲乾嘉老,眼福意气扬。""淮南"句说"淮南"半瓦,"梁宫"句说"梁宫"瓦当。他以为自己的"眼福",已经超过了"乾嘉"前辈学者。其实,就学术综合能力和考察水准来看,从某种角度说,也是可以"敢傲乾嘉老"的。因"有新获"而"乐不支""意气扬","言笑"之间,表达了对学术的深心热爱。

陈直先生曾自号"弄瓦翁"。他十分关注历史文化遗迹中出自腐土泥垢之下最普通的建筑材料——残存秦砖汉瓦,以及前引李学勤先生所言"片砖残瓦"之外的"散金碎玉"等,从中发现了重要的学术信息。他的《关中秦汉陶录》作为积累多年对"秦汉"时期文化重心地方"陶"质文物遗存的研究心得,已经成为公认的秦汉陶文研究的名著。他的许多判断,被认作学术定论。学术史不断进步,新发现层出不穷。他的有些意见或许会出现"先生之学说,或有时而可商"的情形,当然应当因新材料的发现有所修正和充实，但是他的学术方法的启示意义，仍然有长久的积极影响。他倡导的"以（史籍）本文为经，以出土古物资料证明为纬"的学术理念，他坚持的创新追求和实证原则，都将永远指导我们开拓宽广的学术境界，争取全新的学术创获，提升到更高的学术层级。

中国社会科学院考古研究所图书资料室编《中国考古学文献目录（1949—1966）》①是比较规范的高质量的考古学论著目录。我们看到"考古学分论"中的"秦汉时代"部分，总题下有陈直先生的4篇论文：《秦始皇六大统一政策的考古资料》《西汉屯戍研究》《关于西汉的徒》《汉晋过所通考》。"秦汉时代"部分列有5个主题，都有陈直先生的论文，即"（一）农业、手工业和商业"题下的《从秦汉史料看屯田采矿铸钱三种制度》《两汉纺织漆器手工业》《两汉陶器手工业》《盐铁及其他采矿》《汉代人民的日常生活》《汉代的米谷价及内郡边郡物价情况》；"（二）建筑遗址与建筑材料"题下的《福建崇安城村汉城遗址时代的推测》《秦汉瓦当概述》；"（三）壁画"题下的《望都汉墓壁画题字通释》；"（四）器名考释"题下的《洛阳汉墓群陶器文字通释》《古器物文字丛考》《汉镜铭文学上潜在的遗产》《四种铜镜图录释文的校订》《关于西安三桥高窑村西汉铜器铭文的几点意见》《广州汉墓群西汉前期陶器文字汇考》；"（五）器物研究"题下的《西汉的陶器》。可见陈直先生于

---

① 文物出版社1978年12月版。

秦汉文物视野之宽，研究覆盖面之广。20世纪五六十年代的这些论文发表于《历史研究》《文史哲》《光明日报》《考古》《文物》《历史教学》以及《学术研究》（广东）等报刊，不仅体现出作者较早关注秦汉产业发展和社会底层生产者的生活，对新出土文物亦及时进行考察研究。发表密度也值得注意。1963年，他的论文在《文物》第2期、第11期发表2篇。《西北大学学报》（人文科学版）1957年第2、3、4期连续发表3篇。《考古》1961年第4期、第11期，1962年第3期，1963年第2期、第8期，均发表了陈直先生的论文。1963年第2期同期就发表了2篇。

《中国考古学文献目录（1949—1966）》"考古学分论"中的"秦汉时代"所收录报刊发表学术论文，陈直先生是最多的。我们还注意到，陈直先生发表的考论文章，许多是短文。如《考古》发表的几篇论文，往往只占两三页版面，有的只有一页。发表于《西北大学学报》（哲学社会科学版）1979年第1期的《秦兵甲之符考》，全文竟然不到500字。这些论文虽然文字简短，然而内容精到，后来学者的研究不能不用心参考。

实事求是的治学风格，务求其真的探索精神，终生不懈的创新追求，使得陈直先生成为秦汉史研究的学术旗帜。陈直先生的学术影响经久不衰，表现之一，就是曾经师从陈直先生学习简牍学，曾担任他的学术助手的林剑鸣先生因《秦史稿》《秦汉史》《法与中国社会》等论著获得学术声誉。陈直先生指导的唯一一届攻读硕士学位研究生黄留珠、周天游、张廷皓、余华青、吕苏生，都成为秦汉史研究、秦汉考古研究、秦汉文物研究方面的学术大家。

西北大学出版社2021年推出《陈直著作选》上下卷，修正了此前数种版本的不少错误，成为最新最好的本子。然而，学术事亦往往难免千虑一失，如果一定要指出微瑕，或许可以注意到，《汉书新证》《史记新证》初版均为繁体竖排，这符合古籍阅读的习惯，也与中华书局标点本《史》《汉》一致。现在均作简体横排。繁简转换有时也会出现小的问题。比如《汉书新证》部分，第342页"为语兒侯"，第351页"以诏书取兒去"，第352页"美人一苇箧一合，盛所生儿"，"兒""儿"字样的显示，似乎尚可斟酌。

六、 读方诗铭先生著《曹操·袁绍·黄巾》

中国古代政治史，从某种角度观察，似乎表现出"治"与"乱"的交替循环。由"乱"而"治"的历史过程，往往因开国君主及其功臣集团对自身建立政治功业、实现政治成就的实践的宣传而历来备受重视，但是，由"治"而"乱"的历史过程，其实也是富有启示意义的丰富多彩的历史文化现象，有助于我们在探索历史规律时，得到某些接近历史真实的认识。

东汉末年，是社会由"治"而"乱"的典型的历史阶段。

方诗铭先生从事东汉末年政治史的研究，多有大作问世。上海社会科学院出版社1996年出版的《曹操·袁绍·黄巾》一书，就是方诗铭先生在这一领域多年研究成果的总结。

《曹操·袁绍·黄巾》一书以方先生1990年访美讲学的讲稿《曹操——中国中古时期杰出的政治家》作为代绪论，全书17章，依次为：董卓的兴起与覆灭；吕布与并州军事集团；曹操起家与袁曹政治集团；曹操保卫兖州；曹操与"白渡贼"对东汉政权的争夺；曹操与"泰山诸将"；曹操军事力量的发展及其衰落；雄踞河北的袁绍；公孙瓒与袁绍争夺河北的失败；袁绍与"黑山贼"张燕；割据淮南的袁术；孙坚争夺荆、豫两州的战争；"丹阳兵"与孙策平定江东；刘备"争盟淮隅"；黄巾起义的先驱；青州与青州黄巾；汉季的"李弘"——张鲁。可以看出，方诗铭先生大体是通过对当时起过主要或次要作用的政治人物的生动描绘，来展示东汉末年政治史的生动画面的。

由于三国故事的普及，人们一般都对东汉末年至三国时期的历史，特别是对东汉末年至三国时期的历史人物比较熟悉。然而实际上，这一阶段的历史演进，即使对于历史学工作者来说，也还有许许多多有待于深入理解的历史现象，和许许多多需要重新认识的历史事实。

读《曹操·袁绍·黄巾》一书，可以领略作者对这一段历史的诸多新见解。

例如对于董卓集团及其政治实践的评价，作者指出：

"不但在东汉末年,即是在此后的史籍上,董卓长期被视为残暴凶恶的典型。对历史人物的评价,不是简单的将其看作好人或坏人,需要从董卓所处的东汉末年这个战乱时代,及其长期活动的这个特殊地区,即多种民族杂居的西北凉州,较为全面的对董卓控制东汉政权的成功和覆灭加以考察。"(第8页)方诗铭先生还写道:"至于史籍中,如《三国志》和《后汉书》的《董卓传》,其所描述的大量残暴'凶恣'的行径,即使完全真实,对于董卓等人出自当时凉州这样的地区,而又出自'习于夷风'的低文化层,也不能如旧史那样据此对董卓简单的加以否定。"(第24页)

方诗铭先生在"董卓的兴起与覆灭"一章的最后总结说:"在东汉末年这个战乱时代,特别在凉州地区,形成了董卓这样的历史人物。董卓所以能够控制东汉政权,是由于他在战争中逐渐拥有富于战斗力的凉州军事集团,在这方面显示了他的军事才能。在控制东汉政权的短暂日子里,董卓又显示了他的政治才能。失败被杀,是董卓所掌握的并、凉两州军队矛盾激化的结果,反对他的世族、名士仅是利用了这个矛盾。如果仅据董卓的'凶恣'简单否定这个人物,这是不符合历史实际的。"(第24—25页)

《曹操·袁绍·黄巾》一书是以历史人物的分析为主体的,但是与以往一般研究历史人物的论著不同,方诗铭先生十分注重探讨历史人物其心理的文化背景以及其行为的文化风格。他在《后记》中说:"着重写他们的个人性格、

早年生涯，如曹操是游侠，袁绍、袁术也是游侠，还有游侠的层次，如'气侠''轻侠'。"（第282页）

董卓"少好侠"，"以健侠知名"（第9页），吕布称"州里壮健"，王允"以剑客遇之"（第26—27页），曹操少时"任侠放荡"，"尝与袁绍好为游侠"（第40页），袁术"尚气侠"（第168页），孙坚"轻狡"（第184页），刘备有"枭雄"性格（第210页），等等，这些个人资质的风格特征都受到方诗铭先生的重视，以为分析其政治行为轨迹的定向基准。事实上，以此为基点来考察这些风云人物后来种种政治表演的形式和影响，确实是有重要意义的。

区域文化原本是传统史学相当注重的研究课题之一。两汉时期，是中国文化的一统形势终于最初实现的历史时期。这一时期的文化形态表现出特殊的风貌。当时源流不同的文化，既体现出趋于一统的风格，又保留有鲜明的区域特色。正如司马迁《史记·货殖列传》、扬雄《方言》、班固《汉书·地理志》中曾经指出的，尽管当时各地文化风貌的差异较前代已经显著淡化，然而所谓"天下""人民谣俗"仍然保留有明显的区域风格。这是汉代文化史的重要特征之一，也是汉代社会生活史的重要特征之一。两汉时代的许多社会文化迹象，其实都可以由此而找寻到历史的基因。

《曹操·袁绍·黄巾》一书在分析东汉末年政治史的演变时，注意到了当时区域文化对于政治变局的重要影响。书中对于各个政治集团的形成和发展的论述，几乎都涉及其区域文化因素的重要作用。除了前面说到的董卓与凉州军事集团的关系而外,"吕布与并州军事集团""曹操与'泰山诸将'""'丹阳兵'与孙策平定江东"以及"青州与青州黄巾"诸章,其实也都是揭示出区域文化特色及其历史影响的内容精彩的成功之作。

这部书的第十五章"黄巾起义的先驱",成功地分析了东汉末年黄巾起义与民间"巫"和"巫术"的关系,及其与原始道教的关系。不仅仅拘限于以往以为唯一方法的阶级斗争史的分析,而比较注重宗教文化史的分析、精神生活史的分析,这或许可以拓宽农民战争研究的道路。近来有学者重新总结数十年来农民战争史研究的得失,以至于引起了论辩。相信方诗铭先生的研究方法和研究收获,能够给大家以有益的启发。

方诗铭先生在《曹操·袁绍·黄巾》一书的后记中写道:"'吾人今日可依据之材料,仅为当时所遗最小之一部,欲借此残余断片,以窥测其全部结构,必须备艺术家欣赏古代绘画雕刻之眼光及精神,然后古人立说之用意与对象,始可以真了解。'这是陈寅恪先生《冯友兰中国哲学史上册审查报告》所说的。多少年来一直以此自勉,本书即是如此。"方诗铭先生又谦虚地说:"是否做到,或仅做到几分,希望得到同行和读者的指正。"我们读这部书,则切实深刻感受到科学、严谨的学术传统的内在力量。我们希望今后有更多的这样的学术著作面世,也希望这样的学术传统代有传人,永远沿承下去。

七、孙机《仰观集》：秦汉文物研究的学术向导

朋友们对于孙机先生学术成就的评价，往往持"仰观"的态度。回顾中国文物学史，保守地说，从张敞发表对"美阳得鼎"的意见起，也有两千多年了。在文物研究进步的历程中，名家名著如云，但是却鲜有如孙机先生成就如此气象者。孙机先生论著在国际学界的影响，也有目共睹。

孙机先生坚持科学精神，秉承实证传统，又是在研究工作中体现出高度的学术责任心的典范。他于寻常求精致，就微隐见广博，多年来推出的学术精品很多，文字和图样共同的优美，都值得我们永远学习。其中《汉代物质文化资料图说》① 一书，我经常是作为常用工具书放置在手边的。作为对秦汉历史文化最为关注的研究者，研读孙机先生就秦汉文物研究发表的真知，得释疑解惑，不能不深心感谢。

文物出版社出版《仰观集：古文物的欣赏与鉴别》② 作为孙机先生的又一部文集，其中以秦汉文物作为研究主题的文章，篇幅也占到全书的将近一半。《仙凡幽明之间——汉画像石与"大象其生"》一文是作者新作，在全书中篇幅最长，学术分量亦甚重。对于汉代画象研究的方法和路径，提出了很有价值的意见。针对"近年发表的研

---

① 文物出版社1991年9月版；增订本，上海古籍出版社2008年5月版。
② 文物出版社2012年6月版。

究汉画象石的若干论述,却和实际情况不无脱节之嫌"(第165页)的情形,作者进行了澄清、说明和驳议。所提出的意见,值得汉代画象研究者高度关注。

汉代图像资料为我们认识和理解汉代社会文化,包括汉代人的思想和生活,提供了丰富而生动的信息。只是因为多种原因,汉画研究还有许多学术空白,各种学术异见之中,也不免误解和谬说。《仙凡幽明之间》的讨论推进了汉代画象的研究。比如对"天门"意义的阐明、对"浪井"图像的解说等,都使得我们对汉代人信仰世界的认识有所深化。汉代画象研究是拓展空间相当可观的学术主题,许多问题的讨论还会继续。学术的生命力就体现在通过研讨争辩实现的拓进之中。我特别期望中青年学者,特别是攻读硕士和博士学位的研究生,有心致力于汉代画象研究。而孙机先生的学术风格和考察路径,是我们学习的榜样。

孙机先生在《仰观集》的后记中表达了"仰观各类文物之博大"的心思,又自谦地说:"俯察自己的这点体会之粗浅,每不胜惶汗。"(第516页)这样的态度,对照某些见解浅薄却自诩"大师"的狂阘之徒,真是别如天壤。

我曾经消极地预想,像孙机先生这样的学识和贡献,恐怕难有后人追及。但是现在认真思索,以文物研究如此"博大"的学术空间,新进学子如果努力学习,其前景或许可以有比较乐观的预计。不过,年轻学人首先要向孙机先生这样的学者们学习,学习他们的科学风格、务实精神和谦逊态度。

为《孙机文集》即将面世，扬之水先生著文《仰观与俯察——从文集看孙机先生的治学方法》，肯定了孙机先生"通览全局和纵贯古今的胸襟与识力"。就具体的研究方法和学问路径而言，作者写道："初从先生问学，师即告诫三点：一、必须依凭材料说话；二、材料不足以立论，唯有耐心等待；三、一旦有了正确的立论，更多的材料就会源源涌至。第一、二条虽苦，却因此每每可得第三条之乐。我每把它视作自己取到的三部真经。"扬之水先生还写道："想到老师曾以《兰亭集序》中语名自己的著述为《仰观集》，则也不妨说，仰观与俯察，便是先生一贯的研究方法，它自然也是学术研究之坦途。"① 得到启示之余，我也愿意于此把这样的"真经"介绍给年轻的学子们，希望他们在学术研究的道路上历"苦"求"乐"，多有进步。

八、"与华无极"：李学勤和他的秦史秦文化研究

李学勤先生虽然并非专力研究秦史和秦文化的学者，然而在秦史秦文化研究领域中，其学术论著最为集中，学术视界最为广阔，学术创获最为优异，学术贡献最为卓越。

李学勤先生是中国现代学术史上最著名的大师之一。

---

① 扬之水：《仰观与俯察——从文集看孙机先生的治学方法》，《读书》2023 年第 9 期。

刘钊教授在总结中国近现代以来文字学研究的学术史时曾经写道:"李学勤涉猎面广,学问渊博,在甲骨学、青铜器研究、战国文字、秦汉简帛、文化史、先秦史诸多方面都深有造诣。""思想敏锐,方法新颖,每每从大处着眼,小处着手,有极强的预见性。论证问题严谨周密,常有惊人的发明和发现","其中有许多非常精采的说法"。有些创见,"堪称是伟大的发明"。有时使得多年来"聚讼不解"的问题"涣然冰释",甚至可以说"一字释破天机"。① 李学勤先生所进行的秦史和秦文化研究,在他的科研实践中只占非常有限的比重。尽管如此,他的学术关注,往往对学界有所引导。他的考察方法,往往对学界有所启示。他的创新识见,往往对这一研究方向的总体水准大大提升,不仅在若干研究专题占据着学术制高点,有些认识,将长期对秦史、秦文化研究的推进发挥引领和指导的作用。

(一) 秦文物研究的先行者

对于秦史的总结,有学者走出了自早期秦史开始追溯,而并非仅仅考察秦王朝史、秦帝国史的学术路径。这一学术认识,其实李学勤先生很早就已经付诸实践。

早在 20 世纪 50 年代,李学勤先生就对秦国器物多所关注,发表了《战国时代的秦国铜器》②这样专门研究秦器的论文,此后又在《战国题铭概述(下)》③中,对易

---

① 姚孝遂主编:《中国文字学史》,吉林教育出版社 1995 年 9 月版,第 376—377 页。
② 《文物参考资料》1957 年第 8 期。
③ 《文物》1959 年第 9 期。

县和长沙出土的两件秦戈有所补论。《补论战国题铭的一些问题》一文，则根据对原器的目验，补正了对秦始皇四年吕不韦戈题铭的释读。① 在《关于东周铁器的问题》一文中，李学勤先生赞同不以《诗·秦风》的"驖"字作为铁器出现之证，并从文字衍变的角度进行了说明。② 这样的论点，体现了学术的高度清醒。

发表于秦史研究热潮方才兴起的年代的《秦国文物的新认识》③，是一篇学术内涵极其丰厚的论文。作者对新出秦器进行了深入的讨论，并且通过这些材料"分析秦与东方各国文化的异同"，对过去著录的秦国文物，也提出了新的认识。文中所分别论述的专题包括：不其簋与秦早期历史；春秋前中期秦器的序列；中山鼎与平安君鼎；秦郡县造兵器的新发现；论秦咸亭陶文。

在《北京拣选青铜器的几件珍品》（《文物》1982 年第 9 期）、《论河北近年出土的战国有铭青铜器》（《古文字研究》第 7 辑）、《〈中日欧美澳纽所见所拓所摹金文汇编〉选释》（《四川大学学报丛刊》第 10 辑《古文字研究论文集》）等论文中，李学勤先生也论及秦器。《谈文水出土的错银铭铜壶》一文所讨论的铜壶，虽然是一件燕器，然而

---

① 《文物》1960 年第 7 期。刘钊教授曾经评论："五十年代末李学勤的《战国题铭概述》一文"，"是真正科学地对战国文字进行分域研究的第一篇文章"。姚孝遂主编：《中国文字学史》，第 464 页。李学勤先生《战国题铭概述》将战国文字分为五系，秦为其一。又指出了秦系文字的特点："秦文字除少量的用笔刚劲的外，多为字体委靡，笔划屈曲柔弱之作。"
② 《文物》1959 年第 12 期。
③ 《文物》1980 年第 9 期。

出土于秦代墓葬中,据作者推定,大概"是在秦向东方发展过程中流落到秦人手里的",因而也与秦史有关。① 其他如《秦公簋年代的再推定》②、《秦孝公、惠文王时期铭文研究》③、《最新出现的秦公壶》④、《秦怀后磬研究》⑤、《"秦子"新释》⑥、《论秦子簋盖及其意义》⑦ 等,也都以真知灼见,推进了秦史秦文化的研究。

李学勤先生《战国秦四年瓦书考释》⑧、《记秦廿二年石臼》⑨ 等论文,对于学者较少讨论的其他材质的文物遗存也进行了认真的研究,提出了重要的意见。关于石鼓文的年代,以往存在多种认识。李学勤先生指出:"与石鼓有关的《秦风》云'游于北园','北园'据出土陶器知在今凤翔⑩,这对判断石鼓原在地和年代提供了新的线索。看来,石鼓大约为春秋中晚期的作品。"⑪ 这样的判断,是有说服力的。

《西汉金文中的咸阳》一文,通过对一件西汉青铜器的研究,澄清了有关秦行政地理的一个重要问题。其中涉及地名移用的人文地理规律,对秦汉北边的开发史,提供了

---
① 《文物》1984 年第 6 期。
② 《中国历史博物馆馆刊》第 13、14 期。
③ 《中国社会科学院研究生院学报》1992 年第 5 期。
④ 与艾兰合著,《中国文物报》1994 年 10 月 30 日。
⑤ 《文物》2001 年第 1 期。
⑥ 《文博》2003 年第 5 期。
⑦ 《故宫博物院院刊》2005 年第 6 期。
⑧ 《联合书院三十周年纪念论文集》。香港中文大学,1989 年。
⑨ 《秦汉研究》2007 年。
⑩ 原注:韩伟《北园地望及石鼓诗之年代小议》,《考古与文物》1981 年第 4 期。
⑪ 李学勤:《东周与秦代文明》,第 147 页。

新的文物信息。①

对于作为秦史重要物质遗存的秦器的研究，李学勤先生有最突出的学术贡献。他尤其善于将出土文物、传世文物和海外流散文物进行综合研究，其科学识见于是为许多学者所不及。

20世纪末涉及秦史秦文化的新的文物资料的发现，以秦封泥和秦玉牍最为引人注目。对于这些新的文化信息，李学勤先生有《秦封泥与秦印》②、《秦封泥与齐陶文中的"巷"字》③、《秦玉牍索隐》④等论文发表。关于秦封泥研究较新的论说，又有《秦封泥（官印）文字书法艺术集评》⑤等。

李学勤先生的秦文物研究，并不是简单地就器论器、就文物论文物，而总是能够通过器物研究透视当时的历史现象和文化存在，所提出的认识，都增进了我们对文明史的总体的理解。而秦人的历史创造，秦地的文化积累，也因透彻的分析和全面的评价而得以说明。李学勤先生不同意认为考古学的收获仅仅代表历史上的物质文化这一观点，他指出："有些论著认为，考古学的收获仅仅代表历史上的物质文化，这个观点恐怕是失之片面的。被称为锄头考古

---

① 《内蒙古师范大学学报》2007年第1期。参看王子今：《秦汉关中水利经营模式在北河的复制》，《河套文化论文集》（二），内蒙古人民出版社2007年2月版。
② 《西北大学学报》1997年第1期。
③ 《陕西历史博物馆馆刊》第8辑，三秦出版社2001年6月版。
④ 《故宫博物院院刊》2000年第2期。
⑤ 《书法》2017年第10期。

学的田野工作所得（除出土的古代书籍外），固然都是物质的东西，可是这些物质的东西又是和古代的精神文化分不开的。无论是建筑遗址，还是墓葬发现的各种器物，都寄托着古人的思想和观念，通过这些物质的东西，可以看到当时的时代精神。""各种工艺的变化，其实都在不同程度上反映了时代精神的变迁。""即使墓葬本身，也明显地体现着思想的变化。"① 这样的学术理念，贯彻于李学勤先生的研究实践中，也为越来越多的学者所赞同。

（二）秦简牍学的主帅

在文物构成中，有文字的遗存保留了更为重要的信息。在纸尚未普及之前，简牍是重要的书写材料。正如李学勤先生曾经指出的："简牍所提供的史料特别丰富，尤其是律文，反映了当时的社会政治情况，异常宝贵。这方面的研究，目前仍处于开创阶段，还有待于更深入的研究。"② 刘钊教授曾经写道："已发现的战国简牍文字基本上是楚国和秦国的文字，这些文字的单字量很大，所记录的内容亦非常有价值，一直为学术界所重视。"③ 亦正如李学勤先生所指出："现已发现的战国至秦代的简牍，大体可分为楚简和秦简牍两大类。""秦简牍是近年新发现的，其批数较楚简为少，然而内容却更有其重要性。"④ 对于简牍文书的研究，李学勤先生付出了艰辛的工作。从《谈近年新发现的

---

① 李学勤：《东周与秦代文明》，第 291—292 页。
② 同上书，第 269 页。
③ 姚孝遂主编：《中国文字学史》，第 440 页。
④ 李学勤：《东周与秦代文明》，第 260、265 页。

几种战国文字资料》①起，历时60余年，尤其是对秦简牍的研究，创获尤为显著。他的发明和贡献，起到了学术引领的作用。他对中青年学者的教示和建议，起到了学术指挥的作用。

1975年，湖北云梦睡虎地11号秦墓出土竹简1155枚（另有残片80片）。内容计有10种：《编年记》《语书》《秦律十八种》《效律》《秦律杂抄》《法律答问》《封诊式》《为吏之道》，以及《日书》甲种、《日书》乙种。这是第一次发现秦简，其内容之丰富，为研究当时的历史文化提供了前所未见的宝贵资料。李学勤先生发表的《云梦睡虎地秦简概述》，很快就引起了国内外学术界的轰动。②云梦睡虎地秦简出土之后，集中了一批著名学者专家进行整理，1978年有《睡虎地秦墓竹简》平装本出版，不过，睡虎地秦简中简数占三分之一的《日书》甲种和《日书》乙种，当时被看作"唯心主义的天命论的产物"而没有收入。1990年出版的《睡虎地秦墓竹简》精装本则将云梦睡虎地11号秦墓出土的10种简牍资料全部收齐，包括全部照片、释文、注释，其中6种并附有语译。1978年版《睡虎地秦墓竹简》平装本和1990年版《睡虎地秦墓竹简》精装本均由李学勤先生定稿。历年来，研究睡虎地秦简的论著已经出版、发表多种，秦史研究于是出现了新的面貌。李学勤先生

---

① 《文物参考资料》1956年第1期。
② 《文物》1976年第5期。

关于睡虎地秦简的研究成果，有《秦简的古文字学考察》、《秦简与〈墨子〉城守各篇》①、《睡虎地秦简日书与楚、秦社会》②、《秦律与〈周礼〉》③、《竹简秦汉律与〈周礼〉》④、《睡虎地秦简中的〈艮山图〉》⑤、《时分与〈吴越春秋〉》⑥、《〈日书〉盗者章研究》⑦等多种。李学勤先生关于睡虎地秦简研究的若干论说，被编入《失落的文明》一书中，列题为《周秦爵制》《秦简〈南郡守腾文书〉和〈语书〉》《〈编年记〉》《秦法律三种》《〈封诊式〉》《〈吏道〉》《〈日书〉》等。⑧

睡虎地秦墓竹简《日书》的研究论著中，饶宗颐、曾宪通先生《云梦秦简日书研究》较早问世。⑨林剑鸣教授主持的西北大学"《日书》研读班"推出了许多成果⑩，也因此形成了较为集中的《日书》研究的学术力量。刘乐贤在李学勤教授指导下完成的博士学位论文《睡虎地秦简日

---

① 《云梦秦简研究》，中华书局1981年7月版。
② 《江汉考古》1985年第4期。
③ 《温州师范学院学报》增刊《孙诒让纪念论文集》。
④ 《中国法律史国际学术讨论会论文集》，陕西人民出版社1990年9月版。
⑤ 《文物天地》1991年第4期。
⑥ 《历史教学问题》1991年第4期。
⑦ 《庆祝饶宗颐教授75岁论文集》，香港中文大学中国文化研究所，1993年。
⑧ 上海文艺出版社1997年12月版。
⑨ 香港中文大学出版社1982年版。
⑩ 如胡正明、林剑鸣：《日书：秦国社会的一面镜子》，《文博》1986年第5期；李晓东、黄晓芬：《从"日书"看秦人的鬼神观及秦文化特征》，《历史研究》1987年第4期；吴小强：《论秦人的宗教思维特征——云梦秦简〈日书〉的宗教研究》，《江汉考古》1992年第1期；贺润坤：《从云梦秦简〈日书〉的良、忌日看〈氾胜之书〉的五谷忌日》，《文博》1995年第1期；张铭洽：《秦汉〈日书〉"建除法"试析》，《陕西历史博物馆馆刊》第7辑，三秦出版社2000年11月版。

书研究》，列入"大陆地区博士论文丛刊"，由文津出版社于1994年7月发行，将睡虎地秦简《日书》研究推进到一个新的阶段。在《日书》研究的学术史上，李学勤先生的著名论文《〈日书〉和楚、秦社会》，具有标志性的意义和引导性的作用。

1986年，甘肃天水放马滩1号秦墓出土竹简460枚，内容包括《日书》和有纪年的上报御史的文书两类。同一墓中，还出土了用墨线绘在4块松木板上的7幅地图。李学勤先生在《放马滩简中的志怪故事》一文中发表了极其新异的学术见解。① 他指出，简文中有关死而复生的内容，可以看作志怪小说的滥觞，其年代较记述同类故事的《搜神记》早500余年。② 这样的发现别开生面，大大扩展了古典文学研究对象，拓宽了研究者的学术视野，"不仅使我们对中国文学的创作情况和中国文学的发展有了更多的了解，甚至改变着我们以往对文学史的认识"。③ 而秦文化的内涵，又得以从一个新的侧面向我们生动展现。

在前面提到的《时分与〈吴越春秋〉》一文中，李学勤先生是利用睡虎地秦简《日书》甲种分一日为十六分的资料以及放马滩秦简关于十六分生子性别的内容，来研究"时分"问题的。时间意识和生命意识考察的结合，也有启

---

① 《文物》1990年第4期。
② 李学勤：《放马滩简中的志怪故事》，《文物》1990年第4期，《简帛佚籍与学术史》，时报文化出版企业有限公司1994年版，第181—190页。
③ 赵敏俐：《试谈出土文献在文学研究中的作用》，《中州学刊》2000年第2期。

示性的意义。

1979年，四川青川郝家坪战国秦墓出土2件木牍，其中1件正面写有以秦王诏令形式颁布的法律，背面为与该法律有关的记事，共计121字。其中关于田制的内容，李学勤先生发表《青川郝家坪木牍研究》予以讨论。[①] 对于"田广一步，袤八则"的理解，是解读青川郝家坪秦牍的关键。李学勤先生在此文收入《李学勤集》[②]时所作附记中说："拙文《青川郝家坪木牍研究》发表后，又陆续读到林剑鸣、田宜超和刘钊、胡平生、黄盛璋、李零等位的论作。其中胡平生《青川秦墓木牍"为田律"所反映的田亩制度》[③] 提出阜阳双古堆汉简'卅步为则'一条新材料。在张家山汉墓竹简整理小组《江陵张家山汉简概述》[④] 一文中，我们已接受'八则'即二百四十步之说，并引张家山汉简加以证实。这次拙文重新刊印，就把有关部分削正了。"[⑤] 对于"则"字的认识，李学勤先生在没有看到阜阳双古堆的资料时已经做出了正确的判断，使诸多研究者深心佩服。[⑥]

1989年，湖北云梦龙岗秦墓出土竹简150余枚，木牍

---

① 《文物》1982年第10期。
② 黑龙江教育出版社1989年5月版。
③ 原注：《文史》第19辑，中华书局1983年版。
④ 原注：《文物》1985年第1期。
⑤ 李学勤：《李学勤集——追溯·考据·古文明》，黑龙江教育出版社1989年5月版，第282—283页。
⑥ 参看胡平生：《青川秦墓木牍"为田律"所反映的田亩制度》，《文史》第19辑，中华书局1983年版；胡平生、韩自强：《解读青川秦墓木牍的一把钥匙》，《文史》第26辑，中华书局1986年版。

1件。内容包括《禁苑律》等。就这一新资料，李学勤先生亦有《云梦龙岗木牍试释》面世。①

湖南里耶秦简发现之后，李学勤先生亲临长沙参加"湘西里耶秦简学术研讨会"。因其数量远远超过目前国内所出秦简的总和，且内涵丰富，可以增进对于秦历史文化和社会制度等各方面的认识，对里耶秦简发现的意义有"21世纪中国重大考古发现之一"的评价。李学勤先生发表的《初读里耶秦简》一文，也对里耶秦简的研究起到前导的作用。② 相关介绍，又有《眉县青铜器、里耶秦简的内容及其文字学价值》③ 等。

李学勤先生主编的《简帛研究》和《出土文献》，已经出版多辑，为简帛学界普遍认可。这样专门的简帛研究学刊的出现，无疑有益于推动相关研究的深入。其中发表的关于秦代简牍的研究成果，自然受到秦史和秦文化研究者的关注。

(三)《东周与秦代文明》：秦史秦文化研究的学术高峰

由侯外庐先生题写书名、李学勤先生著《东周与秦代文明》，是第一部科学地、全面地研究和总结秦物质文化史以及相应的精神文化史和制度文化史的学术专著。这部书的英文版经美国哈佛大学张光直教授审译，由耶鲁大学出版社列为"中国早期文明丛书"之一，于1985年出版。

---

① 《简牍学研究》第1辑，甘肃人民出版社1997年1月版。王子今：《李学勤教授的秦史与秦文化研究》，《秦陵秦俑研究动态》2003年第1期。
② 《文物》2003年第1期。
③ 《中国书画》2003年第5期。

据李学勤先生说明:"'社会等级'一章,英文版依我本来安排,是在第二部分最后,'结论'的前面,中文版则遵照出版社意见,改到第一部分之末。另外,英文版附有参考书目和索引。"日文版"由在东京的研文出版社于1991年印行,书题改为《春秋战国时代的历史与文物》。"现在看来,"'社会等级'一章",还是按照李学勤先生的"本来安排",置于"第二部分最后,'结论'的前面"更为合理。

《东周与秦代文明》的面世,明显将秦史和秦文化的研究提升到一个新的学术水准。

这部书的第一部分,在"导论"之后分别论周,晋,韩、赵、魏,晋附近列国,中山,燕,齐,泗上诸侯,楚,楚以北列国,徐、吴、越,巴、蜀与滇,秦,统一后的秦,社会等级。第二部分则以文化遗存的类别分章,分论青铜器,青铜农具和建筑饰件,铜镜,铁器,金银器、玉器,漆器,丝织品,货币,玺印,简牍、帛书、帛画,文字,最后有"结论"。作者把东周时代列国划分为7个文化圈:中原文化圈、北方文化圈、齐鲁文化圈、楚文化圈、吴越文化圈、巴蜀滇文化圈、秦文化圈。应当说,这是符合历史真实的东周文化区域的科学划分。事实上,我们还看到,巴蜀地方较早与秦地有较密切的联系,秦兼并巴蜀之后又使两地的文化有所融合,是显著的历史现象。① 李学

---

① 参看王子今:《秦兼并蜀地的意义与蜀人对秦文化的认同》,《四川师范大学学报》1998年第2期。

勤先生对秦文化圈有这样的分析:"关中的秦国雄长于广大的西北地区,称之为秦文化圈可能是适宜的。秦人在西周建都的故地兴起,形成了有独特风格的文化。虽与中原有所交往,而本身的特点仍甚明显。"他还指出,楚文化的扩展,是东周时代的一件大事。"随之而来的,是秦文化的传布。秦的兼并列国,建立统一的新王朝,使秦文化成为后来辉煌的汉代文化的基础。"① 这应当是对东周时期的秦与"统一后的秦"的历史文化的最合理的概括性记述。

文物出版社1991年11月出版的《东周与秦代文明》增订本,补有"新发现和新研究"一章。李学勤先生说明:"日文版的'补论'材料下限是1987年,中文增补本该章则延长到1990年初。"2007年11月又由上海人民出版社推出新版。上海人民出版社版"又加写了'跨世纪的进展',涉及材料下限为2007年秋"。②

《东周与秦代文明》文物出版社1991年11月版增订本"新发现和新研究"一章中有一段话,李学勤先生迻录于上海人民出版社2007年11月新版的《新版后记》文末:"东周和秦代考古发现和研究,正在日新月异地向前迈进,丰硕宏富的成果不是新补的章节所能容括的。希望在不久的将来,能有时机通盘改写这本小书。"近年秦雍城、秦栎阳、秦阿房宫、秦废丘、秦咸阳乐府等新的考古收获,实际上正在补充和更新李学勤先生的研究成果。秦始皇陵西

---

① 李学勤:《东周与秦代文明》,第11页。
② 同上书,"新版后记",第329—330页。

大墓的发掘、秦东陵的发掘，也很有可能实现新的"向前迈进"。只是我们期待的李学勤先生的"通盘改写"，已经不可能实现了。在这段话的最后，李学勤先生写道："海内外有些友人屡次要我按照这本小书的体例，再写几本其他时期的书，或许可统题为《考古学与古代中国文明》。对此我心向往之，谨对友人们的厚爱表示感谢。"① 李学勤先生"心向往之"的《考古学与古代中国文明》，当然是学界殷切期盼的。然而，这一重要工作，现在已经无法完成了。李学勤先生后来主持清华大学藏战国简的整理和研究，并领导"出土文献与中国古代文明研究协同创新中心"的工作，成就卓然。而其中有些内容是涉及秦史与秦文化的。例如《谈秦人初居"邽虚"的地理位置》②、《清华简关于秦人始源的重要发现》③ 等，对早期秦史即"秦人始源"与东方的关联提出了有说服力的新证。2011 年 8 月在兰州参加"甘肃省第二届简牍学国际研讨会"期间，李学勤先生还曾亲自专程前往可能与清华简"邽虚"有关的朱圉山实地考察。

（四）"秦社会阶级结构图景"的冷静描绘

秦史有于西北穷僻地方立国并迅速崛起的历史情节。春秋时人回顾"禹、汤"政治成就所谓"其兴也悖焉"，可以用来形容这一历史趋势。"其兴也悖焉"，注家以为"悖，

---

① 李学勤：《东周与秦代文明》"新版后记"，第 329—330 页。
② 《出土文献》第二辑，中西书局 2011 年 1 月版。
③ 《光明日报》2011 年 9 月 8 日。

盛貌"。悖，"一作勃"。① 《后汉书》卷六六《陈蕃传》、《续汉书·律历志下》、《三国志》卷二五《魏书·高堂隆传》的相关历史陈说，均作"其兴也勃焉"。② 秦国力迅速增强并最终实现统一，体现了历史变革的急烈。在《东周与秦代文明》一书最后一章"结论"中，李学勤先生说："尽管学术界对这一时期的历史有各种不同的认识和解释，没有人能够否认，东周到秦代是一个伟大的变革时期。""其社会、经济、政治、文化无不有极为明显的变化。因此，要深刻地了解这个大时代，我们必须用变革的观点去观察期间的历史脉络。"李学勤先生以四个方面的历史演进为主脉，勾画出这一历史"变革"的基本动态："1. 在考古学上：由青铜时代向铁器时代的过渡；2. 在经济史上：井田制的崩溃和奴隶制关系的衰落；3. 在政治史上：从以宗法为基础的分封制到中央集权的专制主义国家；4. 在文化史上：百家争鸣的繁荣和结束。"③ 李学勤先生的这一观点，有学者摘编入《失落的文明》④ 一书，题以"周秦变革"。对于这一历史"变革"的发生和演进，秦的文化表现与社会影响，作用至为重要。

在《东周与秦代文明》第一部分分论各区域文明遗存的内容中，"秦"和"统一后的秦"两章所占篇幅相

---

① 《左传·庄公十一年》，《春秋左传集解》，上海人民出版社1977年8月版，第154—155页。
② 《后汉书》，第2166、3056页；《三国志》，第710页。
③ 李学勤：《东周与秦代文明》，第285页。
④ 上海文艺出版社1997年12月版。

当多，在"社会等级"一章，更多地运用了秦的资料。这些情形，都表明了作者对秦史和秦文化的重视和熟悉。①

李学勤先生指出："东周和秦代的社会，有着严格的阶级结构，但古代的阶级是通过等级的形式表现出来的。所以研究当时的社会阶级，必须详细分析繁密的等级制度。考古材料，特别是古文字材料，关于等级提供了不少文献缺乏的可靠依据，使我们看到这一时期社会构成的若干真相。"结合有关秦史的考古发现，李学勤先生分析了秦的阶级关系、社会结构和秦的社会制度的性质，认为"必须重新描绘晚周到秦社会阶级结构的图景"。当时，"处于社会阶梯底层的，是人数相当可观的奴隶"。"秦简《日书》多处提到买卖奴隶。""法律正是以他们作为主人的财产来保护的。""秦律的隶臣妾还带有较早的奴隶制的遗迹，没有发展为汉律那样单纯的刑徒性质，是不足为怪的。持这一观点，不难发现秦以及同时的关东各国普遍使用刑徒劳力，和当时私家有大量奴隶有同样的社会史意义。"② 这是非常重要的认识。这一看法澄清了长期以来的历史成见，指出了理解秦史的重要线索。在《东周与秦代文明》的"结论"部分，李学勤先生再次强调："以往的学者总以为对秦的认识比较准确深入。近年有关秦的考古发现，却提出了很多

---

① 参看王子今：《李学勤新著〈东周与秦代文明〉简介》，《中国秦汉史研究会通讯》1985年第2期。
② 李学勤：《东周与秦代文明》，第160、167、168页。

新的问题，特别是涉及奴隶制方面的，使我们感到必须重新描绘晚周到秦社会阶级结构的图景。""睡虎地竹简秦律的发现和研究，展示了相当典型的奴隶制关系的景象"，"秦人的奴隶，大别之有官方的隶臣妾之类和私人的臣妾。仔细分析，可以看出这种奴隶制和《周礼》的规定一脉相承。隶臣妾之类刑徒，恐怕不能用汉代以下对刑徒的概念来理解。从秦律看，他们不都是因为触犯了法律而被加上刑徒身份的，其中还包括买卖而得，以及在战争中来降的敌人等，而且刑徒的身份如不经赦免，不能到一定年限解除，甚至株连到家属和后裔。这和汉律的隶臣妾等有根本的差别。"李学勤先生还指出秦与东方六国的国情差异："在秦简发现以前，学者已经从秦兵器的铭文里察觉大量刑徒的存在。[①] 与此作为对比，在东方六国的兵器铭文中则很难找到身份类似的人名。古书的情况也是一样，关于六国只能找出一些私人的臣妾，而少见官有的刑徒。[②] 这种现象恐怕只能解释为六国不像秦那样大规模地使用刑徒劳动力。"

李学勤先生写道："有的著作认为秦的社会制度比六国先进，笔者不能同意这一看法，从秦人相当普遍地保留野蛮的奴隶制关系来看，事实毋宁说是相反。"[③] "宗法制的

[①] 原注：张政烺：《秦汉刑徒的考古资料》，《北京大学学报》1958年第3期，第179—184页。

[②] 原注：参看裘锡圭：《战国时代社会性质试探》，《社会科学战线》编辑部编《中国古史论集》第1—40页，吉林人民出版社，1981年。

[③] 原注：李学勤：《新发现简帛与秦汉文化史》，《淮阴师专学报》增刊《活页文史丛刊》121号，1981年。

解体和奴隶制的削弱以致走向衰亡,是东周以来总的趋势。秦国建立于西周的中心区域,保存旧的奴隶制残余较多,统一全国后的十几年间还曾暂时把这种关系推广到六国故土,但这只能说是这种陈旧关系的回光返照。"① 对于"秦的社会制度"的这种认识,是非常清醒的判断。这种认识的发表,也表现出可敬佩的学术勇气。这是对"秦社会阶级结构图景"的真切描绘,也是对"秦社会阶级结构图景"的科学写真。

刘乐贤教授在研究睡虎地秦墓竹简《日书》的论著中指出:"《日书》将人良日与马良日、牛良日、羊良日、猪良日、市良日、犬良日、鸡良日、金钱良日、蚕良日等并列,其含义当与马良日等相似,其说明文字中有'不利出入人',与鸡良日下'勿出入鸡''可以出入鸡'等句式相同。《日书》中习见'入人''入人民、畜生(牲)''入货、人民、畜生(牲)'等句,李学勤先生认为,人民就是奴隶。② 因此,本篇'人良日'下的'不利出入人'是不利买卖奴隶的意思。可见,这里的'人良日'主要是为买卖奴隶而设的(后代的选择通书中常有买卖奴婢吉凶日的条项),与下文金钱良日主要为买卖货物而设是同样的情况。"③ 以"奴隶"释"人民",是有社会结构判断和社会

---

① 李学勤:《东周与秦代文明》,第 290—291 页。
② 李学勤:《睡虎地秦简〈日书〉与楚、秦社会》,《江汉考古》1985 年第 4 期。
③ 刘乐贤:《睡虎地秦简日书研究》,文津出版社 1994 年 7 月版,第 125、126 页。

阶级分析的意义的。

在历史资料如此真确的情况下，现今如果仍然不能摆脱旧说，坚持成见，以普及形式宣传秦统一即封建制战胜奴隶制的错误判断，显然是历史认识的倒退。

（五）秦统一："中国文化史上的重要转折点"

考察秦史，不能回避秦王政二十六年（前221）实现统一的同样具有"变革"意义的历史事件。秦统一，依翦伯赞之说，"造成了中国史的紧张性"，"触发了中国史之全面运动"，"在东方世界激起一个历史浪涛"。[①]秦的统一，是中国历史上的一件大事，也是世界历史上的一件大事。对于秦灭六国，历来多有史论和政论的批评。但是，对于统一的实现，否定者其实并不多。李学勤先生即指出："秦的统一功业是不可以抹杀的"，尽管后来"秦朝的暴政触发了新的社会矛盾危机"，以致"存在的时间很短"。[②]

秦统一除了帝国疆域的扩张、政治格局的确定、行政效率的提高、管理水准的提升而外，"器械一量，同书文字"[③]导致的经济生活的方便和文化发育的进步，是显而易见的。史家应当注意秦"同书文字"的意义。多数学者大概都赞同何兹全先生的判断："在这个大帝国内，有几千万人口使用着同一的文字，有大体相同的文物制度。在公

[①] 翦伯赞：《秦汉史》，北京大学出版社1983年5月版，第17页。
[②] 李学勤：《东周与秦代文明》，第6、294页。
[③]《史记》，第245页。

元前三世纪，秦帝国是世界上一个最大的国家，也是文化最高的国家之一。"① 秦统一文字，意义非常重要。不过，所谓"书同文"②，并不是一个简单的只靠行政命令就可以在短时期内全面实现的过程。文字的变革，因秦王朝年祚之短暂，并没有真正完成。李学勤先生指出，"书同文"的事业在汉初继续进行，实际上到汉武帝时代才可以说逐步走向定型了。"经过这一转折，汉代的文字和先秦文字差异相当大，以致那时的学者已难通谙先秦的文字。"对于古文字学的对象，一般地说，学界"以秦代统一文字作为下限"，这是因为"秦统一文字是中国文字演变史上的一次大转折"。③ 秦王朝的"书同文"虽然并不像有些人理解的那样迅速成功，但是，当时能够提出这一有益文化进步的规划，并且开始了这一有益文化进步的实践，已经是值得肯定的伟大创举。

李学勤先生《东周与秦代文明》指出，秦的统一，"是中国文化史上的重要转折点"，继此之后，汉代创造了辉煌的文明，其影响，"范围绝不限于亚洲东部，我们只有从世界史的高度才能估价它的意义和价值"。④ 所谓"汉承秦

---

① 何兹全：《秦汉史略》，上海人民出版社1955年5月版，第18页。
② 《礼记·中庸》："今天下车同轨，书同文，行同伦。"〔清〕阮元校刻：《十三经注疏》，中华书局据原世界书局缩印本1980年影印版，第1634页。《续汉书·祭祀志上》："书同文，车同轨，人同伦。"《后汉书》，第3166页。《三国志》卷五七《吴书·陆绩传》："……又曰：'从今已去，六十年之外，车同轨，书同文，恨不及见也。'"第1329页。
③ 李学勤：《古文字学初阶》，中华书局1985年5月版，第2页。
④ 李学勤：《东周与秦代文明》，第294页。

制"之说，反映了秦汉这种沿袭关系。①

(六) 中青年秦史秦文化学者永远的恩师

因张岂之先生邀请，李学勤先生最先承允担任兼职教授的学校，是西北大学。西北大学历史系陈直教授和林剑鸣教授从事秦史研究累年，学识深沉，成就突出。李学勤先生对陈直先生非常尊重。他曾回忆约定准备拜望陈直先生时，突然传来坏消息的情形。情感深切，语句感人。李学勤先生肯定陈直先生倡导的学术风格"朴实精深"，又能够"开辟新境"，特别是运用"把考古和文献互相结合起来"的方法，因此能够取得"令人钦敬"的学术成绩。②李学勤先生在西北大学多年为历史专业和考古专业的同学辛勤授课讲学，也始终提倡这种学术精神，主张"把文献和考古成果综合起来"。③ 他强调，"考古工作中发现的种种文化遗存，都是在一定历史条件下产生和形成的，也只有置诸特定的历史背景之中才能得到认识和理解"，因此，只有"将考古学与历史理论和文献知识结合起来，更好地在历史研究中运用考古学的丰硕成果"，才可能"重建已被湮没遗忘的古代历史，探索历史发展的规律"。④ 这一主张形成了积极的学术影响。

可以说，现今从事秦史秦文化研究的许多学者，大都

---

① 参看王子今：《秦汉时期的历史特征与历史地位》，《石家庄学院学报》2018年第4期。
② 李学勤：《陈直先生其人其事》，《陈直先生纪念文集》，第23—24页。
③ 李学勤：《东周与秦代文明》，第10页。
④ 李学勤：《东周与秦代文明》，文物出版社1984年6月版，第1页。

得到过李学勤先生的学术指导。长期以来，李学勤先生密切关注陕西、甘肃、四川文物考古事业的进步。他往往不辞辛劳，亲身考察秦史秦文化遗址和考古发掘工地。每有涉及秦史与秦文化的文物发现，他常常较早参与鉴定和讨论，以新颖深刻的学术见解予研究者以有益的启示，并且往往会对文物的保护和进一步的研究、理解和说明，提出指导性的意见。

我曾经在1984年考察战国秦汉武关道遗址，发现了应该是战国秦经营的蓝桥河栈道遗迹。回到西安后，向正在西北大学讲学的李学勤先生汇报，他对"武候"瓦当的发现有重要的提示。考察收获包括陕西丹凤古城镇战国遗址的发现，后来和周苏平、焦南峰联名发表《陕西丹凤商邑遗址》[1]，李学勤先生在《东周与秦代文明》修订本中第三十章"新发现和新研究"中有所肯定："1984年，在陕西丹凤西3公里的古城村进行调查[2]，证实是战国至汉代的遗址。这里发现的鹿纹半瓦当，花纹类似雍城的圆瓦当，几种云纹圆瓦当则近于咸阳的出土品。有花纹的空心砖、铺地方砖，也同咸阳的相似。一件残瓦当有篆书'商'字，说明当地就是商鞅所封商邑。这是一个有历史价值的发现。"[3] 这样的肯定和鼓励，今天读来依然亲切。李学勤先生对我的硕士学位论文《论汉代陆路运输》有切实的指导。

---

[1]《考古》1989年第7期。
[2] 原注：王子今、周苏平、焦南峰：《陕西丹凤商邑遗址》，《考古》1989年第7期。
[3] 李学勤：《东周与秦代文明》，第308页。

在我后来撰写《秦汉交通史稿》时，又对考察视角应当关注交通对于社会文化的重要作用，予以明确的教示。这对于我端正研究路径，有非常重要的意义。我的《秦汉时期生态环境研究》，李学勤先生允诺赐序，只是因为太忙，没有赶上出版。就此，李学勤先生曾经表示遗憾。我从事的主题比较具体，考察比较微观的研究，如汉代遗存中猫骨发现的意义，李学勤先生也曾经给予积极的鼓励，他说，这不是一个小问题，是一个大问题。我有一次在清华大学历史学院作以"秦汉时期的海洋探索与早期海洋学"为主题的讲座，李学勤先生因故没能来亲自主持，专门写信说明。这一主题的最终成果，定名为《秦汉海洋文化研究》①。其中讨论秦宫苑中的"海池"的收获，承李学勤先生秦封泥研究论著的启示，利用了秦封泥"晦池"提供的信息。②

说到这里，我还想就这样一件事表达深心的感动。我在北京大学历史学系指导的博士研究生熊长云的一部著作《新见秦汉度量衡器集存》③，承董珊教授请求，李学勤先生欣然赐序。在难辞百忙的紧张日程中给予年轻学人的鼓励和指导，又见于《有关〈新见秦汉度量衡器集存〉》。④先生的深意，学生将永远感念。

李学勤先生培养、教导、提携的不同年龄层次的秦史

---

① 北京师范大学出版社 2021 年 9 月版。
② 王子今：《秦汉宫苑的"海池"》，《大众考古》2014 年第 2 期。
③ 中华书局 2018 年 8 月版。
④《中国书画》2019 年第 6 期。

秦文化研究者，从某种意义上可以说，已经成为这一学术方向的主力。今后李学勤先生的学生，以及他的学生的学生，他的学生的学生的学生，都将为这一方向的学术进步，继续发挥重要的作用。

九、 林剑鸣秦史论著两种附言

秦汉史研究专家林剑鸣教授曾经在西北政法学院、西北大学、中国政法大学任教。曾任西北大学秦汉史研究室主任、陕西省文物管理委员会副主任、中国政法大学法律史研究所所长、中国秦汉史研究会会长。曾经赴日本关西大学、早稻田大学、东京大学，香港中文大学和澳大利亚新南威尔士大学等高等学府研究、讲学，任客员教授。曾先后担任《中国文化史大辞典·秦汉卷》主编、《中国法制史·秦汉卷》主编、《中国经济史·秦汉卷》主编。林剑鸣教授自20世纪70年代初开始致力于秦史研究，所著《秦史稿》及有关一系列论文具有开拓性的学术意义，曾经产生了较广泛的学术影响。关于秦汉史的综合研究，关于简牍研究，关于秦汉考古与文物研究，关于中国法制史研究，林剑鸣教授也都有学术水准相当高的论著发表。

对简牍学的重视，体现出一种学术先觉。由林剑鸣教授发起，以西北大学历史系秦汉史研究生班为主体的一些青年师生和考古文物工作者，参考日本简牍学者的研究形式，组织了《日书》研读班。研读成果之一署名"《日书》研读班（导师：林剑鸣）"，在《文博》1986年第5期发表，题为《日书：秦国社会的一面镜子》。这一形式新颖的学术集体以相继发表的成果，如学术论文《从秦人价值观看秦文化的特点》[①]、《秦简〈日书·玄戈〉篇解析》[②]、《试论秦人婚姻家庭生育观念》[③]、《秦人政治生活中的神秘主义》[④]、《从云梦秦简〈日书〉看秦民间的灾变与救灾》[⑤]以及学术专著《秦简日书集释》[⑥]等，受到学术界的注目。林剑鸣教授所指导的《日书》研读班的一些成员十余年来仍然继续在《日书》研究的土地上认真耕耘，分别取得了可喜的成就。[⑦] 1979年起，林剑鸣教授开始在西北大学历史系开设的"秦汉史"选修课中，增加了简牍学基础知识的内容。此后又编印了题为《简牍学概论》的讲义，发给学生阅读。这一讲义又经过加工，参考日本著名简牍学者大庭脩教授《木简》一书的体例，完成了《简牍概述》一书。林剑鸣教授在该书《前言》中自谦地说："所谓《概述》，无非是本门科学的概括介绍，谈不到研究和创见，目的在于将前人研究成果通俗地、浅显地介绍给读者。当然，要做到这一点也绝非易事。幸好笔者较系统地学习过夏鼐、

---

① 林剑鸣，《历史研究》1987年第3期。
② 张铭洽，《秦汉史论丛》第4辑，西北大学出版社1989年4月版。
③ 吴小强，《中国史研究》1989年第3期。
④ 林剑鸣，《历史研究》1991年第4期。
⑤ 贺润坤，《江汉考古》1994年第4期。
⑥ 吴小强，岳麓书社2000年7月版。
⑦ 参看张强：《近年来秦简〈日书〉研究评介》，《文博》1995年第3期。

劳榦、陈槃、王国维，尤其是陈直先生的研究成果，在编写过程中又收到日本著名简牍学者大庭脩教授寄来的《木简》一书，使得编写本书有较丰富的参考资料。大庭脩教授的《木简》，出版于1979年，是专供初学者一般地了解简牍的入门书。其内容虽不无可商榷之处，其编排方法和体系结构则是较可取的。因此，笔者在原来讲义的基础上，采取《木简》一书的编排方法，重新写成《简牍概述》一书。"①《简牍概述》列入"秦汉史研究丛书"中，1984年9月由陕西人民出版社出版。应当说，这是国内最早的一部较系统较全面地介绍简牍学基础知识的专著。这部书受到海内外学术界的欢迎，台湾谷风出版社1987年予以再版。

《秦史稿》初版于1981年。《吕不韦传》初版于1995年，如果只计个人学术专著，亦不计合著，这是他最后出版的著作。两种书面世前后相距15年，其学术风格却并不相同。

（一）《秦史稿》再版后记

秦史虽然短暂，秦的盛衰兴亡，却是两千多年来史家长久思考的历史主题。

自楚汉战争时期至西汉初年，政论家们就表现出对秦史的特殊关注。贾谊《过秦论》为《史记》《汉书》采用。司马迁据《秦记》完成了《太史公书》，实现了中国史学真正的奠基。"汉承秦制"之后，秦政对中国行政史的影响长

---

① 林剑鸣编译：《简牍概述》，陕西人民出版社1984年9月版，第4页。

久而深固。千百年来，以"资治"为目的的史学总结均不能避开秦史。考察中国传统政治文化特质的学者也重视并期望从秦史的探索中有所发现。

20世纪以来，由王国维开启的史学新潮体现了中国史家的理论思考和工作实践走向科学化的进步。而秦史研究的新面貌，有两个显著特点：第一个特点，即对秦部族史、秦文化史和秦王朝史的综合研究。第二个特点，是对秦文化遗存的考古的重视。

王国维开始了这样的工作。陈直将文献考察和文物考察结合起来，成就尤为突出。曾经担任陈直先生学术助手的林剑鸣教授坚持这一学术方向，踏着先行者的足迹艰苦前行，并力求有所拓进，其名著《秦史稿》即正式将秦史做了从早期开发史到建国史再到统一王朝史的概括性的总结。

秦史和秦文化研究的推进，首先得益于考古资料的新发现。睡虎地秦墓竹简的出土，为秦史研究提供了新的史料基础。对秦史遗存的考古资料的重视和利用，是林剑鸣《秦史稿》的优异之处之一。秦都雍城考古、秦咸阳宫考古、秦始皇陵考古、秦直道考古以及若干秦墓群的考古发掘，都使我们对秦史和秦文化的认识空前深化。《秦史稿》对这些考古收获亦多有利用。秦始皇陵兵马俑博物馆以长年推出"秦俑·秦文化"丛书和《秦文化论丛》的持续性的学术贡献，实现了秦史与秦文化研究的学术力量的集结和学术成果的整合。因此秦文化研究在与其相类似的区域文化研究，如齐鲁文化研究、楚文化研究、赵文化研究、河洛文化研究、巴蜀文化研究、吴越文化研究的学术对比中，虽然不宜说绝对领先，但可以肯定绝不落后。林剑鸣教授作为"秦俑·秦文化"丛书总编撰委员会顾问和《秦文化论丛》编委会顾问，对这一学术成就多有贡献。他在《秦史稿》这样的论著中体现了对相关研究的关注和投入，也以《秦史稿》有力推促了秦史和秦文化的学术进步。

秦史和秦文化研究的魅力，吸引了几代学者的学术目光。今天具备更优越的研究条件的青年学者，自然会发现《秦史稿》一书在当时背景下不可避免的局限。他们也一定会以开明的眼光和积极的态度对待秦史与秦文化研究学术史上的各种迹象。在前辈学者的肩上，展望秦史与秦文化研究的学术前景，自然可以有更广阔的视野。

（二）《吕不韦传》序言

东周时期，中国历史发生激变，中国社会走向动荡，而中国文化也获得了的丰收。当时社会经济实现空前进步，同时若干强势军事政治势力迅速崛起。在这一历史阶段，列国"宰割天下，分裂河山"。[①] 一时英雄辈出。有两位在商业经营同时在军政决策方面均有突出表现的人物，其事迹留下了深刻的历史记忆。这就是先从政而后经商的范蠡，和起先以富商身份成为闻人，后来又介入高层政治生活，

---

① 《史记》卷六《秦始皇本纪》，第 279 页。

插足执政集团的决策班子，最终影响了中国政治史走向的吕不韦。唐人柳宗元《招海贾文》所谓"范子去相安陶朱，吕氏行贾南面孤"①，并说"范子"与"吕氏"故事，注意到这两位重要人物特殊的人生经历和特殊的历史表现。明人姚夔《耕云纪》所谓"吕不韦之识奇货，陶朱公之丰府库"②，大致也表达了同样的意思。

吕不韦是兼跨商界与政坛的名人。他以财富投资政治，以个人经济实力影响了政治进程。作为秦史重要人物，他的人生轨迹，与秦统一的历史进程相叠合。唐人李商隐诗句"嬴氏并六合，所来因不韦"③，明确肯定了吕不韦对秦实现统一这一历史大变局的作用。

《战国策·秦策五》"濮阳人吕不韦贾于邯郸"条记述了吕不韦决意就秦国政治继承人的择定进行政治投资的心理动态："濮阳人吕不韦贾于邯郸，见秦质子异人，归而谓父曰：'耕田之利几倍？'曰：'十倍。''珠玉之赢几倍？'曰：'百倍。''立国家之主赢几倍？'曰：'无数。'曰：'今力田疾作，不得暖衣余食；今建国立君，泽可以遗世。愿往事之。'"④ 司马迁《史记》卷八五《吕不韦传》专门为这个人物立传。其中指出吕不韦因经商成功积累了可观的财富："吕不韦者，阳翟大贾人也。往来贩贱卖贵，家累

---

① 〔唐〕柳宗元著：《柳宗元集》卷一八，中华书局1979年9月版，第510页。
② 〔明〕姚夔撰：《姚文敬公遗稿》卷七，明弘治姚玺刻本，第66页。
③ 〔唐〕李商隐：《井泥四十韵》，中华书局编辑部点校：《全唐诗》（增订本）卷五四一《李商隐》，中华书局1999年1月版，第6301页。
④ 〔西汉〕刘向集录：《战国策》，上海古籍出版社1985年3月版，第275页。

千金。"对于"建国立君"以求"利""泽"之成本以及"赢几倍"的核算,记述没有《战国策》具体,只是写道:"子楚母曰夏姬,毋爱。子楚为秦质子于赵。秦数攻赵,赵不甚礼子楚。子楚,秦诸庶孽孙,质于诸侯,车乘进用不饶,居处困,不得意。吕不韦贾邯郸,见而怜之,曰'此奇货可居'。"①吕不韦以"往来贩贱卖贵"的商业经验思考政治问题,是把可能有乐观政治前景的子楚看作经营对象"货"的。他后来果然取得了"立国家之主""建国立君"的政治成功。和"奇货可居"对应的说法,司马迁记述他对子楚的利用,称"欲以钓奇"。②司马迁以史家敏锐的眼光,发现了政治生活中在许多冠冕堂皇的道德标榜等宣传话语的背后,其实是"赢""利"的直接物质追求。

司马迁并非完全漠视儒学有关"义""利"的理念。《史记》卷二四《乐书》可见"明乎《齐》之诗者,见利而让也""见利而让,义也"的说法。③《史记》卷三〇《平准书》也写道:"《书》道唐虞之际,《诗》述殷周之世,安宁则长庠序,先本绌末,以礼义防于利。"④《史记》卷八三《鲁仲连邹阳列传》记载了这样的态度:"盛饰入朝者不以利污义,砥厉名号者不以欲伤行。"也强调"义""利"关系的原则。《史记》卷一三〇《太史公自序》概括《孟子

---

① 《史记》,第 2505、2506 页。
② 《史记》,第 2508 页。
③ 《史记》,第 1233 页。
④ 《史记》,第 1442 页。

荀卿列传》的内容，也说："猎儒墨之遗文，明礼义之统纪，绝惠王利端，列往世兴衰。"①《史记》卷九二《淮阴侯列传》也可见韩信对"乡利倍义"的否定。②《史记》卷四四《魏世家》引录了孟轲的话："君不可以言利若是。夫君欲利则大夫欲利，大夫欲利则庶人欲利，上下争利，国则危矣。为人君，仁义而已矣，何以利为。"对于"言利""欲利""争利"的批判，又称"好利"，是直接指向"秦"的："秦与戎翟同俗，有虎狼之心，贪戾好利无信，不识礼义德行。"③汉代政论家徐乐总结"秦失"的历史教训，也认为实现统一之后的秦帝国如果"贵仁义，贱权利"，"变风易俗，化于海内，则世世必安矣"。④

"秦与戎翟同俗""贪戾好利""不识礼义"的批判，和中原人对于草原游牧射猎民族"苟利所在，不知礼义"⑤的指责，是一致的。中原诸国对于秦人曾经"夷翟遇之"⑥，视之为"夷狄也"⑦，史称"诸夏宾之，比于戎翟"⑧。东方

---

① 《史记》，第3314页。
② 《史记》，第2624页。
③ 《史记》，第1847、1857页。《史记》卷一三〇《太史公自序》概括《孟子荀卿列传》的内容，也说："猎儒墨之遗文，明礼义之统纪，绝惠王利端，列往世兴衰。"第3314页。
④ 《史记》卷一一二《平津侯主父列传》，第2959、2958页。
⑤ 《史记》卷一一〇《匈奴列传》，第2879页。
⑥ 《史记》卷五《秦本纪》："秦僻在雍州，不与中国诸侯之会盟，夷翟遇之。"第202页。
⑦ 《史记》卷二七《天官书》："秦、楚、吴、越，夷狄也，为强伯。"第1344页。《汉书》卷二六《天文志》："秦、楚、吴、粤，夷狄也，为强伯。"第1301页。
⑧ 《史记》卷一五《六国年表》："秦始小国僻远，诸夏宾之，比于戎翟。至献公之后，常雄诸侯。论秦之德义，不如鲁、卫之暴戾者。"第685页。

人又有"秦戎翟之教"①,"秦与戎翟同俗"②的说法。司马迁在《史记》卷一五《六国年表》中说:"秦杂戎翟之俗,先暴戾,后仁义","秦之德义不如鲁卫之暴戾"。然而他又写道:"秦取天下多暴,然世异变,成功大。"③肯定了"秦"的"成功"。其中所谓"世异变"的说法值得深思。司马迁曾说"末世争利"④,秦人正是顺应了社会价值取向的"世异变",因而能够"取天下","成功大"。

《史记》卷一二四《游侠列传》中有这样一段话,说明了"义"和"利"在战国晚期社会意识中的历史性"异变":"鄙人有言曰:'何知仁义,已飨其利者为有德。'故伯夷丑周,饿死首阳山,而文武不以其故贬王;跖、蹻暴戾,其徒诵义无穷。由此观之,'窃钩者诛,窃国者侯,侯之门仁义存',非虚言也。"对于所谓"已飨其利者为有德",司马贞《索隐》的解释是:"言已受其利则为有德,何知必仁义也。"⑤以往坚守"仁义"理念的动摇,以及"德"原则的淡化,是时代演进造成的。"已受其利则为有德",时势变化,使得"德"在"利"的面前,已经严重

---

① 《史记》卷六八《商君列传》:"始秦戎翟之教,父子无别,同室而居。"第2234页。
② 《史记》卷四四《魏世家》:"无忌谓魏王曰:'秦与戎翟同俗,有虎狼之心,贪戾好利无信,不识礼义德行,苟有利焉,不顾亲戚兄弟,若禽兽耳。此天下之所识也,非有所施厚积德也。'"第1857页。
③ 《史记》,第686页。
④ 《史记》卷一三〇《太史公自序》:"末世争利,维彼奔义;让国饿死,天下称之。作《伯夷列传第一》。"第3312页。虽肯定"末世争利"的时代趋向,但是对于"伯夷"奔义",依然是赞赏颂扬的。
⑤ 《史记》,第3182页。

贬值。

司马迁在《史记》卷三〇《平准书》中以"太史公曰"的口吻更为明朗地肯定了战国以来的"事变"怎样否定了儒学"以礼义防于利"的传统宣传："《书》道唐虞之际，《诗》述殷周之世，安宁则长庠序，先本绌末，以礼义防于利；事变多故而亦反是。是以物盛则衰，时极而转，一质一文，终始之变也。"所谓"时""转""事变"，"天下争于战国，贵诈力而贱仁义，先富有而后推让。故庶人之富者或累巨万，而贫者或不厌糟糠；有国强者或并群小以臣诸侯，而弱国或绝祀而灭世。以至于秦，卒并海内"。[①]秦统一，是全面影响中国政治格局和文化面貌的重大的历史事变。秦人之所以能够实现统一，"并天下"[②]、"竟并天下"[③]、"尽并天下"[④]，是顺应时代趋势的结果，也是秦文化重实用、重实力之传统[⑤]的与世运相合的表现。而出身"大贾人"、"往来贩贱卖贵，家累千金"的吕不韦，正是以

[①]《史记》，第1443页。
[②]《史记》卷五《秦本纪》，第220页；《史记》卷六《秦始皇本纪》，第235、243、258、265页；《史记》卷一五《六国年表》，第686、757页；《史记》卷二八《封禅书》，第1366、1370、1371页；《史记》卷三七《卫康叔世家》，第1605页；《史记》卷八六《刺客列传》，第2536页；《史记》卷八八《蒙恬列传》，第2565页；《史记》卷九七《郦生陆贾列传》，第2699页；《史记》卷一一三《南越列传》，第2967页；《史记》卷一一四《东越列传》，第2979页。
[③]《史记》卷八七《李斯列传》，第2546页。
[④]《史记》卷七三《白起王翦列传》，第2341页。
[⑤] 王子今：《秦文化的实用之风》，《光明日报》2013年7月15日第15版"国学"；《秦"功用"追求的极端性及其文化影响》，《陕西历史博物馆馆刊》第20辑，三秦出版社2013年12月版；《略说秦"力士"——兼及秦文化的"尚力"风格》，《秦汉研究》第7辑，陕西人民出版社2013年10月版。

"贵诈力""先富有"的商人资质，与秦国当时的进取国策和激越节奏完全合拍，从而成为一个特殊时段有影响的政治领导人。

吕不韦言子楚"奇货可居"时对"利"的明确谋求，司马迁并没有予以批评和斥责。这可能是因为他对于追求创造和积聚物质财富即"利"的心理和实践有所理解的缘故。《史记》卷一二九《货殖列传》中相关内容体现的社会理念，是有进步意义的。

从秦庄襄王元年（前249）起，到秦王政十年（前237）免职，吕不韦在秦国专权12年。而这一历史阶段，正是秦国军威大振、兼并战争取得决定性胜利、统一局面已经形成确定基础的时期。秦庄襄王元年，吕不韦亲自率领秦军灭东周，扫荡了周王室的残余，真正结束了以周天子为天下宗主的时代。如《吕氏春秋·谨听》所说："今周室既灭，而天子已绝，乱莫大于无天子。无天子则强者胜弱，众者暴寡，以兵相残，不得休息，今之世当之矣。"提出了"当今之世"实现新的"主贤世治"的时代期望。① 同年，秦军伐韩，取得成皋和荥阳，置三川郡。次年，秦

---

① 许维遹撰，梁运华整理：《吕氏春秋集释》，中华书局2009年9月版，第296页。《吕氏春秋·观世》也写道："今周室既灭，而天子已绝。乱莫大于无天子。无天子则强者胜弱，众者暴寡，以兵相划，不得休息而佞进，今之世当之矣。""而佞进"，高诱注："佞谄者进而升用也。"许维遹《吕氏春秋集释》引王念孙曰："'而佞进'三字与下文皆不相属，前《谨听》篇无。此三字疑当在上文'贤者在下'之下。"俞樾曰："'而佞进'三字，衍文也。《谨听》篇无，当据删。"刘师培曰："'而佞进'盖与'贤者在下'联词，在'不得休息'四字前。今本倒移其后，则谊不可通。"第400—401页。

军强攻魏、赵，得赵地37城。秦庄襄王三年（前247），秦军又攻韩、赵，置太原郡，并瓦解了进逼函谷关的五国联军。秦王政尚幼弱，而吕不韦实际执政的数年间，秦军顺利进取韩、赵、魏，又击破五国抗秦联军，逼迫楚国迁都。在吕不韦时代，秦国的经济实力已经远远优越于东方六国，秦国的军事实力也已经强锐无敌。当时，"以天下为事"①，期望"得志于天下"②，已经成为秦人直接的政治目标。应当说，秦实现统一，在吕不韦专权时大势已定。后来大一统中央集权的秦王朝的建立，吕不韦是当之无愧的奠基者之一。③

除了在军事政治方面的积极贡献，吕不韦在文化史上也有重要的地位。司马迁在《史记》卷一三〇《太史公自序》中用这样一句话概括吕不韦事迹："结子楚亲，使诸侯之士斐然争入事秦。"④ 可以说，吕不韦时代，是秦国吸引东方士人西行参与秦政，从而使秦的文化实力空前扩充的时代；也是秦文化汲取东方文化的成熟内涵，取得历史性跃进的时代。这一文化进步的突出标志，是《吕氏春秋》的问世。《史记》卷八五《吕不韦列传》写道，当时魏有信陵君，楚有春申君，赵有平原君，齐有孟尝君，都能够礼待士人，致使宾客倾心相从。吕不韦以秦虽军力强盛，却

---

① 《史记》卷六《秦始皇本纪》，第227页。
② 《史记》卷六《秦始皇本纪》，第230页；《史记》卷七九《范雎蔡泽列传》，第2420页；《史记》卷九四《田儋列传》，第2644页。
③ 王子今：《白描吕不韦》，《光明日报》2001年5月8日。
④ 《史记》，第3315页。

未能形成同样的文化气氛而深以为羞，于是，同样招致士人，给予优遇，食客一时多至三千人。当时，列国学者游学成风，多有倡论学说、著书流传天下者。吕不韦于是组织其宾客各自著述所见所思，"集论"以为《吕氏春秋》，以为天地万物古今之事，都充备其中。据说书成之后，曾经公布于咸阳市门，请列国诸侯游士宾客修正，号称有能增减一字者，给予千金奖励。① 可见这部书当时在秦国已经占据了某种文化权威的地位。

《汉书》卷六二《司马迁传》载司马迁《报任安书》有"不韦迁蜀，世传《吕览》"的名言，又与《周易》《春秋》《离骚》《国语》《孙子兵法》《韩非子》以及《诗经》等名著相并列，称其"贤圣发愤之所为作"。② 虽然"迁蜀""世传"之说时序有误，却是高度肯定了《吕氏春秋》的文化价值的。《汉书》卷三〇《艺文志》将《吕氏春秋》归入"杂家"之中，又说"杂家"的特点，是兼采合化儒家、墨家、名家、法家诸说，而所谓"国体""王治"，即合理的政体和成功的政策，正应当兼合诸学，博采众说，取百家思想之所长。③《吕氏春秋》的这一特点，应当与吕不韦往来各地、千里行商的个人经历有关。这样的人生阅历，或许可以使得见闻较为广博，眼光较为阔远，胸怀比较宽容，策略比较灵活。不过，《吕氏春秋》能够成为杂家集大成之

---

① 《史记》，第2510页。
② 《汉书》，第2735页。
③ 《汉书》，第1742页。

作的更主要原因，可能还在于即将来临的"大一统"时代，对文化形态提出了涵容百家的要求。而曾经领略过东方多种文化因素不同丰采的吕不韦及其宾客们，敏锐地发现了这一文化进步的方向，明智地顺应了这一文化发展的趋势。

《吕氏春秋》的重要文化价值，突出表现在撰著者有意在大一统的政治体制即将形成的时代，为推进这一历史进步进行着一种文化准备。《古今考》写道："吕不韦作此书，欲秦并天下而行之。"① 清人喻端士说："愚按吕不韦相秦十余年，此时已有必得天下之势，故大集群儒损益先王之礼而作此书。名曰《春秋》，将欲为一代兴王之典礼也。故其间多有未见与《礼经》合者。"② 这些分析，都是大致符合吕不韦"作此书"的动机的。

据《吕氏春秋·序意》，有人问这部书中《十二纪》的思想要点，吕不韦回答，调整天、地、人的关系使之和谐，要点在于"无为而行"。③ 他的这番话，很可能是说明《吕氏春秋》中《十二纪》写作宗旨的序言。全书的著述意图，自然也可以因此得到体现。所谓"无为而行"，对于未来政治的设计，是体现出合理的历史逻辑的。汉初的文景之治，证明了这一点。由于吕不韦政治生涯的终结，也由于秦王朝统治年祚的短暂，以致《吕氏春秋》中提出的有关思想，

---

① 〔宋〕魏了翁撰，〔元〕方回续：《古今考》卷一一，清文渊阁《四库全书》本，第143页。
② 〔清〕喻端士撰：《时节气候抄》卷四《秋九月》，清道光蜜香庵刻本，第75页。
③ 陈奇猷校释：《吕氏春秋校释》，第648页。

并没有来得及走向真正的成熟。

在政治文化的总体构想方面，吕不韦和他的助手们为秦的最高统治者进行了认真的设计。《吕氏春秋》中，《序意》申明"智"识应当"由公"的理念①，《顺民》强调执政要"顺民心"的原则，指出："先王先顺民心，故功名成。夫以德得民心以立大功名者，上世多有之矣。失民心而立功名者，未之曾有也。""凡举事，必先审民心然后可举。"②《贵公》发表了有关政治公平的主张："昔先圣王之治天下也，必先公。公则天下平矣。平得于公。""凡主之立也，生于公。"至于"天下非一人之天下也，天下人之天下也"的思想③，尤其体现了非常开明的政治意识。

《汉书》卷三〇《艺文志》谓《吕氏春秋》"秦相吕不韦辑智略士作"④，刘向也说："秦相吕不韦集知略之士而造《春秋》。"称许其"皆明于事情者也"⑤，都肯定了《吕氏春秋》执笔者的知识等级和文化层次。

《吕氏春秋》是战国百家争鸣时代最后的文化成就，同时作为文化史即将进入新阶段的重要的文化标志，可以看作一座文化进程的里程碑。尽管吕不韦在秦王朝建立时已经退出历史舞台，然而《吕氏春秋》的文化倾向，对秦政依然有一定的影响。宋代仍然有学者称美《吕氏春秋》。朱

---

① 陈奇猷校释：《吕氏春秋校释》，第648页。
② 同上书，第478—480页。
③ 同上书，第44页。
④ 《汉书》，第1741页。
⑤ 《汉书》卷三六《刘向传》，第1953页。

熹说,"云其中甚有好处"①,"道里面煞有道理"②,"道他措置得事好"③,推想所谓"措置得事好",很可能是在肯定《吕氏春秋》为即将出现的秦王朝所设计政治蓝图的合理。我们或许可以说,《吕氏春秋》一书的文化内涵,体现了吕不韦较其政治实践更为突出的历史贡献。④

吕不韦历来是富有争议的人物。在《汉书》卷二〇《古今人表》所列九个人物等级中列为"中中"。⑤《史记》卷八五《吕不韦列传》之后,历代史论对吕不韦评价者颇多,专门的传记则仅见于马非百《秦集史》中《人物传》三之九《吕不韦》,惜文字简略,大约只有2000字的史料辑合以及1500字以"元材案"为形式的论说。史料只是《史记》与《战国策》相关文字的简单拼合,及"《汉书·艺文志》"所见"杂家:《吕氏春秋》二十六篇"句。⑥ 林剑鸣著《吕不韦传》,可以说是现代史家第一部以吕不韦研究为主题的认真全面的学术论著。

林剑鸣先生是秦汉史研究大家。但这部《吕不韦传》与他的其他一些学术专著如《秦史稿》《秦汉史》《法与中

---

① 〔宋〕黎靖德编,王星贤点校:《朱子语类》卷一三八《杂类》,中华书局1986年3月版,第3277页。
② 〔宋〕黎靖德编,王星贤点校:《朱子语类》卷一一九《训门人七》,第2867页。
③ 〔宋〕黎靖德编,王星贤点校:《朱子语类》卷九九《张子书二》,第2537页。
④ 王子今:《论吕不韦及其封君河南事》,《洛阳工学院学报》2002年第1期;《〈吕览〉的社会福利意识和秦政的社会福利内涵》,《秦陵秦俑研究动态》2002年第2期;《〈吕氏春秋〉"大忠""至忠"宣传及其政治文化影响》,《宝鸡文理学院学报》(社会科学版)2008年第1期。
⑤《汉书》,第950页。
⑥ 马非百:《秦集史》,中华书局1982年8月版,第211—215页。

国社会》等有所不同,体现出对史学论著笔法的一种新的探索。林著《吕不韦传》自人民出版社 1995 年 5 月推出之后,2010 年 1 月又以《吕不韦与〈吕氏春秋〉》为书题由陕西人民出版社出版,形成了比较广泛的社会影响。

河南文艺出版社再次以《商人相国:吕不韦传》的形式向读者介绍林剑鸣先生的这部论著,是书界致力于历史知识普及的有意义的贡献。[①] 这部书的面世,相信应该受到读书人的欢迎,也会得到关心秦史与秦文化的朋友们的关注。

十、 秦汉考古研究与秦汉史研究: 《中国考古学·秦汉卷》

/

就考古学的分支及其与其他学科的关系而言,有学者主张可以区分为"史前考古学"和"历史考古学"。前者"承担了究明史前时代人类历史的全部责任",而后者"则可以与历史学分工合作,相辅相成,共同究明历史时代人类社会的历史"。"历史考古学的研究范围","限于有了文献记载以后的人类历史"。"历史考古学""必须与历史学相配合","从断定绝对年代的手段来说","历史考古学""主

---

① 林剑鸣:《商人相国:吕不韦传》,河南文艺出版社 2022 年 6 月版。

要依靠文献记载和年历学的研究"。① 对于"究明"秦汉时期的"历史"来说，考古学和历史学的"合作"，可以说有非常良好的基础，有特别充备的条件，有十分光明的前景。对于这个问题，《中国考古学·秦汉卷》有深刻全面的思考和旗帜鲜明的表述。

《中国考古学·秦汉卷》是《中国考古学》（九卷本）中的一卷，中国社会科学院考古研究所编著，刘庆柱、白云翔主编，2010年7月由中国社会科学出版社出版。② 全书14部分：绪论；第1章，秦代都城、行宫与直道；第2章，秦始皇陵；第3章，秦代官吏与平民墓葬；第4章，秦各项统一措施；第5章，汉代都城；第6章，秦汉地方城邑与长城；第7章，汉代帝陵与王侯大墓；第8章，汉代官吏与平民墓葬；第9章，秦汉时期的农业；第10章，秦汉时期的工商业；第11章，秦汉时期的简牍、帛书和铭刻；第12章，秦汉时期边远和少数民族地区的考古学文化；第13章，秦汉时期的中外交流及同周边地区的联系。从结构和内容可以看出，撰写者贯彻着一个重要的学术理念，即《绪论》中明确申明的："充分重视和利用历史文献，自觉地做好考古资料和文献资料的有机结合"，同时，"从历史考古学的性质、任务及其特点出发，根据考古资

---

① 夏鼐、王仲殊：《考古学》，《中国大百科全书·考古学》，中国大百科全书出版社1986年8月版，第16—17页。
② 中国社会科学院考古研究所编著：《中国考古学·秦汉卷》，刘庆柱、白云翔主编，中国社会科学出版社2010年7月版。

料、运用考古学的理论和方法以及相关学科的方法和手段，对秦汉时期的社会历史进行全面、系统的考古学研究，如城市及城市生活的研究，社会生产和商品流通的研究，科学和技术的研究，政治和经济制度的研究，埋葬制度和丧葬习俗的研究，社会意识和精神信仰的研究，中外之间和国内各地区之间文化交流的研究，人们衣、食、住、行等日常生活及行为方式的研究等"。工作的目的，论者明确地指出，是使得"秦汉考古""在秦汉社会历史和秦汉文明的全面揭示和深入研究中作出应有的贡献"（第17页）。全书贯彻这一宗旨，体现出秦汉考古研究与秦汉史研究相结合的学术成功。

在《绪论》中"秦汉考古的主要课题及其展望"部分，撰写者提出这样的研究主题：1. 城市与聚落考古；2. 墓葬考古；3. 物质文明的研究；4. 精神文明的研究；5. 政治文明的研究；6. 社会生活的研究（第23—31页）。显然，这些研究任务的设定，与秦汉史研究面对的工作，有着鲜明的共同性。事实上，近年秦汉考古事业的进步，确如《中国考古学·秦汉卷》执笔者指出的："呈现出大繁荣的局面，并且出现不少新的特点，突出表现在研究领域的拓展、研究的逐步深入和系统等方面。"这些"新的特点"中最醒目的，是对秦汉历史重要问题的密切关注和深刻探索。如论者所说："2004年以来，连续召开的'汉代考古与汉文化'系列性国际学术研讨会，对秦汉考古的繁荣产生了积极的推动作用。"（第13页）而秦汉考古工作的主要收获,"关于社会历史问题的考古学探讨,主要涉及秦汉时期的度量衡、历法、农业生产、纺织技术、体育活动,汉代物质文化的统一性和多样性,汉代南北方之间的物质文化交流,楚、秦洞庭、黔中、苍梧诸郡县的建置和地望,汉晋佛教图像所见早期佛教的传播,从中国境内出土的外来文物探讨中外文化交流等。滕铭予根据墓葬资料对秦文化从封国向帝国的转变进行了系统考察;刘庆柱根据古代都城布局形制的变化对都城布局形制与社会形态的关系进行了深入研究"(第15页)。因秦汉考古学研究者"在秦汉社会历史和秦汉文明的全面揭示和深入研究中作出应有的贡献","为秦汉社会历史的复原和解读作出""贡献"(第1页)的任务意识所决定,秦汉考古研究和秦汉史研究的密切结合已经成为一种确定的学术方向。这种学术自觉确认了秦汉考古研究者和秦汉史研究者的友军关系,同时提升了秦汉考古的学术品位。以对秦汉历史的总体判断为例,《中国考古学·秦汉卷》写道:"这一历史时期,随着秦始皇统一六国,东周时期诸侯割据的局面终于结束,一个多民族统一的、以郡县制度为基础的中央集权国家出现在世界的东方,中国历史进入了一个全新的时代——帝国时代。"汉承秦制,"发展了帝国时代的政治、经济、科学技术和文化,形成了以汉族为主体的中华民族,铸就了帝国时代历史的第一个发展高峰,并对后来中国历史的发展产生了直接的、极其深远和极其重要的影响"(第1页)。这样的表述,比较得体,比较到位,而所谓"帝国时代"一语的取用，亦与从事秦汉史研究的多数学者的意见表现出了高度的一致性。

"关于社会历史问题的考古学探讨"与历史学学术目标的接近，并不意味着抹杀考古学的学术个性。在这部书中，我们看到，对于有些以往秦汉史研究者或许并不明了的现象，经《中国考古学·秦汉卷》的揭示，可以引起重视，修正知识。比如根据考古资料得出的结论："秦汉时期水稻不仅是长江流域的主要粮食作物，并且其种植区迅速扩展……向北扩展到黄河流域以北至北纬40度线一带，并且在淮河以北、秦岭以东形成了关中平原、河内平原、伊洛河流域、黄淮平原等北方主要水稻种植区。"（第561页）对于"在黄河流域及其以北地区，秦汉时期的稻谷遗存"的发现和鉴定、研究，凡举列十数例（第560页）。可知这样的认识是符合历史真实的，对于秦汉农业史、水利史乃至气候史的说明，都有重要意义。以往有的学者以为当时黄河流域农耕生产以粟作为主的认识，应当予以澄清。

直道是秦始皇时代为加强北边防务、抵御匈奴南犯而开筑的由林光宫向北，直通长城防线上军事重镇九原的交通大道。直道直通南北，规模极其宏大。秦代经营的交通大道多利用战国原有道路，只有直道是在秦统一后规划施工，开拓出可以体现秦帝国行政效率的南北大通道。在中国早期交通建设的历史记录中，秦直道的建设，是首屈一指的重要工程。特别是在陆路交通建设中，其规划、选线、设计和施工，显示出空前的技术水准和管理效率。对于秦直道的走向，学界认识未能完全一致，讨论的热烈，表现出学术空气的活跃，也为更接近历史真实的论点的推出，准备了必要的条件。《中国考古学·秦汉卷》对于秦直道的重视，超过了以往同类著作。撰写者对争议各方的意见分别有所介绍，而最终的取舍，倾向于多数考古学者基于文物资料的判断（第72页）。这种尊重一线考古工作收获的态度，是正确的。在这部书定稿之后的考古发掘，使得这一认识的学术基础更为坚实可靠。

若干秦汉考古研究存在的学术争议，《中国考古学·秦汉卷》的处理是比较得当的。例如，我们看到，《绪论》中在讨论1966—1978年"秦汉考古的中断与恢复"时，关于"重要的考古发掘"，涉及"广州市区的秦汉造船工场遗址"。"关于现代科学技术在秦汉考古学的应用"，也说到"广州秦汉造船遗址出土木材"使用"科技手段"的"检测"（第7页）。但是在正文中避开争议，不做有关这一重要遗址性质的介绍和说明。"1969年，甘肃武威雷台汉晋墓葬得到清理，出土了著名的铜'马踏飞燕'等一批重要文物"所谓"汉晋墓葬"的表述（第5页），也是可以理解的。第8章《汉代官吏与平民墓葬》中"甘青宁地区汉墓"一节仍采用"武威雷台汉墓"的说法，注文说明资料出处："甘肃省博物馆：《武威雷台东汉墓》，《考古学报》1974年第2期。"① 随即写道："需要说明的是，此墓的年代……

---

① 今按：《考古学报》发表报告题《武威雷台汉墓》。发表于《文物》1972年第2期的清理简报，题《甘肃武威雷台东汉墓清理简报》。

学术界仍有争议。有人主张墓葬年代为西晋时期……"(第513页)既表达了撰写者的基本判断,又使读者了解学术讨论中的不同意见。这样的处理方式是适宜的。

由于对秦汉考古进行全面论说涉及面广阔,工作难度非常大,又因集体操作,协调不易,难免千虑一失,《中国考古学·秦汉卷》亦存在微瑕。如"秦直道"一节关于"秦直道的修筑技术",撰写者提出了这样的问题:"乌兰木伦河是秦直道沿途所经最大的一条河流,河床宽达100米,深20米,秦直道在此惟一的通过方式是架桥,当时是用什么方式、什么材料来架桥的?这些问题都有待于今后的考古工作来解答。"(第75页)提出秦直道通过河流的方式这样的问题具有重要意义,不过,上文已经写道:"(秦直道)北至九原(今内蒙古包头市西)","直道大致在黄河南岸昭君坟附近过河,终止于秦九原郡治所在地,即今包头市西南麻池古城"(第70—71页)。此处所谓"过河"自然是过黄河。事实上,"秦直道沿途所经最大的一条河流"是黄河,并非"乌兰木伦河"。① 《中国考古学·秦汉卷》"后记"对于全书结构设计提出几个"需要说明"的问题。撰写者写道:"由于本卷的重点和篇幅所限,对于科学技术、文化艺术、宗教信仰、衣食住行以及制盐业、造船、交通等,除了有关章节有所涉及外,未设立专门的章节进行论述。"(第1026页)其实,仅就"交通"("造船"也可以列

---

① 王子今:《秦直道九原"度河"方式探讨》,《2012·中国"秦汉时期的九原"学术论坛专家论文集》,内蒙古人民出版社2012年6月版。

入其中）而言，还是以"设立专门的章节"，较目前这样将"直道"与"秦代都城、行宫"并说的形式更为适宜。秦汉时期有关交通建设和交通管理的考古发现数量已经相当丰富，而直道这样的重要交通道路虽然是秦始皇时代兴建，在西汉早期和中期依然多有应用，也有养护道路设施、提高通行能力和完善信息传递系统的考古遗存。《绪论》在总结1966—1978年"秦汉考古的中断与恢复"时，特别强调了"吉林大学、山东大学、南京大学三所高校历史系考古专业的设立"的"标志"性意义（第6页）。其实，在1949—1965年"秦汉考古的形成和初步发展"一节似乎也有必要说到对秦汉考古做出重要贡献的俞伟超先生所在的北京大学历史系考古专业和陈直先生所在的西北大学历史系考古专业的设立。

还应当指出，《中国考古学·秦汉卷》关于"秦汉考古的基本任务"，提出应当"在秦汉社会历史和秦汉文明的全面揭示和深入研究中作出应有的贡献"，所提出的研究任务均富有学术意义。在"社会生活的研究"题下，又强调了四个方面的问题："其一，商品流通的研究"；"其二，中外交流的研究"；"其三，日常生活的研究"；"其四，礼仪活动的研究"。这些问题均体现出创新性和前沿性的特点。不过，对于"秦汉社会历史"的"全面揭示"，似乎不宜忽视秦汉社会等级问题、秦汉社会结构问题、秦汉社会形态问题。这些老问题看似陈旧，但是我们却始终没有能够透彻揭示和明白理解。实际上，《中国考古学·

秦汉卷》关于"秦始皇陵"和"秦代官吏与平民墓葬"、关于"汉代帝陵与王侯大墓"和"汉代官吏与平民墓葬"的分别论说，已经体现了揭示这些问题，其实是秦汉史学界和秦汉考古学界共同的任务。《中国考古学·秦汉卷》在总结1979—2000年"秦汉考古的全面发展"时介绍"秦汉考古的综合研究出现了新的局面"，其中写道，李学勤的《东周与秦代文明》"对秦代社会生活及物质文化的主要方面进行系统的论述"（第12页）。应当注意到，李学勤的这部专著，曾经通过文物考古资料的研究，探讨了秦的社会制度问题。其中指出："睡虎地竹简秦律的发现和研究，展示了相当典型的奴隶制关系的景象"，"有的著作认为秦的社会制度比六国先进，我们不能同意这一看法，从秦人相当普遍地保留野蛮的奴隶制关系来看，事实毋宁说是相反"。① 所提出的结论，也许还有必要进一步深化和具体化，但是这样的学术思路和考察方式，可能是从事秦汉史学研究和秦汉考古学研究的朋友们应当共同学习的。

十一、读《王仲殊文集》

由社会科学文献出版社推出，2014年6月面世的《王

---

① 李学勤：《东周与秦代文明》，文物出版社1984年6月版，第378页。

仲殊文集》共4卷：1. 考古学通论及中国考古学的若干课题；2. 中日两国古代铜镜及都城形制的比较研究；3. 古代中国与日本等东亚诸国的关系；4. 中国古代遗址、墓葬的调查发掘。① 全书收录王仲殊先生70余篇学术论文及田野考古调查发掘报告，内容厚重，其中许多涉及汉唐考古和中日考古比较研究的成果，已经被学界视作经典。

王仲殊先生的治学特点之一，和一些前辈考古学者同样，即以对中国古代文献的熟悉和理解，作为推进考古学的重要条件。自王国维提出"二重证据"之说，中国古史研究者逐渐重视文物考古资料的运用。而考古学的进步，其实也需要在发掘地下文物的同时，注重发掘传世古籍中的重要文化信息。王仲殊先生早年有丰厚的文献学知识的积累，又有浙江大学和北京大学专攻中国古代史的学术背景，正是以此为基础，结合承夏鼐先生指导的田野考古调查发掘实践，形成了突出的学术优势。例如，发表于20世纪50年代的《沂南石刻画像中的七盘舞》《略说杯盘舞及其时代》等论文，都较早提供了图像文物与文献记载完好结合的研究方法的范式。《汉长安城宣平门的发掘》作为发掘简报，也充分利用了诸多文献所见汉长安城史料。王仲殊先生曾经说："考古学研究要充分结合文献记载，在历史时代考古学的研究上尤其如此。中国古代文献浩如烟海，自当按个人的专业需求，择要阅读。要紧的是必须懂得文

---

① 王仲殊著：《王仲殊文集》，社会科学文献出版社2014年6月版。

献史、目录学等，以便在繁多的古籍中寻求确切相关的记载，加以考核。在引用文献记载时，务必实事求是，力求准确，不可断章取义，切忌牵强附会。"（第Ⅲ卷第337—338页）《王仲殊文集》收录的许多论著，可以为后学者提供路径的引导和实践的榜样。

历史学现在已经分为中国历史、世界历史和考古学三个一级学科。这样的划分固然有许多好处，但是如果简单地、绝对地相互分断，彼此割裂，显然又不利于学术的发展。我们注意到，《王仲殊文集》的学术价值，可以说对中国历史、世界历史和考古学三个专业的学人均可以提供指导和启示作用。特别值得提示的是，王仲殊先生对于中日两国古代铜镜比较研究、中日两国都城和宫殿形制比较研究，以及古代中国与日本等东亚诸国关系研究等学术方向的收获。在王仲殊先生的学术功业中，这些论著既体现了中国历史研究与考古学研究的结合，也对世界史研究有重要的推进。比照"滇王之印"与"汉委奴国王印"，论定日本志贺岛出土的"汉委奴国王印"为真品，是确定可信的中日文化交流史的实证。对于日本出土的三角缘神兽镜，经认真考论，判断为东渡的中国工匠在日本铸作，而并非中国魏朝皇帝所赐，亦非乐浪郡产品。这些研究成果，以及关于日本古代都城宫内大极殿龙尾道与唐长安城大明宫含元殿龙尾道形制的考察，关于唐长安城圆丘对日本交野圆丘影响的说明，等等，都既提出了考古学的新识，同时也澄清了中国史和世界史的若干重要疑难问题。

王仲殊先生考古学研究的学术视野，除中国古代文明遗迹外，及于日本列岛、琉球群岛、朝鲜半岛，甚至远至俄罗斯、阿尔巴尼亚，以及秘鲁、墨西哥等地。王仲殊先生还曾发表日文、英文考古学论著。他的许多论文，在日本的学术刊物和文集中刊载。王仲殊先生和他的学术同事们的相关工作，使得中国考古学得以面向世界。王仲殊先生曾经谈到中国"考古学大国"的地位。他说："毋庸置疑，中国是考古学大国。世界上许多国家的学者都在研究中国考古学，这当然是好事。中国学者在研究本国考古学的同时，也应适当地研究外国考古学，其中包含中外交流考古学。这样，我们的国家更能称得上是真正的考古学大国。"收入《王仲殊文集》的一篇访谈录题名《中国考古学研究应与世界考古学接轨》，其中又明确提出了"汉唐考古学国际影响深远"的理念（第Ⅲ卷第326页）。他还在另一次访谈中提出："年青一代的考古学者应该有'兼通世界学术'的抱负。"（第Ⅲ卷第343页）现今一些中青年考古学家的工作计划中已经列入外国考古学的任务，首先是丝绸之路沿途以及中国文化曾经辐射影响的周边地区的考古工作。王仲殊先生的研究方式，可以看作能够指引这些工作取得进步的有益的向导。

社会科学文献出版社出版《王仲殊文集》，堪称一大功德事。所附王巍先生撰《王仲殊先生传略》总结详尽，陈说明晰，可以看作中国考古学学术史论的一件珍品。项目统筹徐思彦、责任编辑宋超虽然都并不十分熟悉考古学，却以高度的责任心实现了精良编排，值得学界同人感谢。令读者稍感遗憾的美中不足是，所附图版印制质量未尽人意。其主要原因当然在于原图的质量。而这种欠缺，也许通过电脑修版技术可以有所改善。

十二、鲁迅读汉画——
《鲁迅藏拓本全集·汉画像卷》

北京鲁迅博物馆将所收藏鲁迅生前精心收集的历代拓本5100余种、6000余幅陆续整理、编目、分类，辑为汉画象、碑刻、墓志、瓦当、造像记、砖刻等卷，经西泠印社和浙江越生文化创意有限公司努力，编为《鲁迅藏拓本全集》。其中《鲁迅藏拓本全集：汉画像卷Ⅰ》和《鲁迅藏拓本全集：汉画像卷Ⅱ》的出版，不仅为汉画研究者提供了新的学术信息[1]，对于所有关心汉代历史文化的人们来说，也是好消息。

蔡元培曾经高度赞赏鲁迅继承金石学传统，搜购、收藏、欣赏和研究金石拓本的工作，突出肯定他对于"汉碑之图案"即汉画的重视："金石学为自宋以来较发展之学，而未有注意于汉碑之图案者，鲁迅先生独注意于此项材料之搜罗，推而至于《引玉集》《木刻纪程》《北平笺谱》等

---

[1] 北京鲁迅博物馆编：《鲁迅藏拓本全集·汉画像卷》，西泠印社出版社2014年10月版。

等，均为旧时代的考据家、赏鉴家所未曾着手。"① 当然，简单地说金石学者"未有注意于汉碑之图案者"，汉画等"材料之搜罗""为旧时代的考据家、赏鉴家所未曾着手"，判断似未必符合学术史的真实。我们知道，南宋洪适《隶释》《隶续》著录多种汉画象石。此前涉及汉画象石的有东晋戴延之《西征记》、北魏郦道元《水经注》、北宋沈括《梦溪笔谈》、赵明诚《金石录》等。清代金石学者多有对汉代画象予以关注者。有学者曾经判断，清末至民初，"著录和研究汉画像石的金石学著作""总数不下数百种"。② 但是，我们依然可以确定地指出，鲁迅对于汉画的关注，体现出一位对中国古典文化非常熟悉的学者特别敏锐的学术感觉。以鲁迅当时的态度对照今天汉画发现、整理、研究带动的美术史、美术考古的学术繁荣，我们不能不感叹他超前的学术进取意识和学术创新追求，以及对学术发展前景判断的先知先觉。

《鲁迅藏拓本全集：汉画像卷Ⅰ》收录的《七日山画像之三》有鲁迅注："七日山三石，鱼形之一石，《山左金石志》不载。"（140 页）可知鲁迅对其收藏对象是进行了研究的，且对前人相关论著有所参考。又《徐村画像》，鲁迅注："此汉画像残石六枚，有字之一枚从河南来（字盖伪刻），他五枚从山东来，不知确出何处。"（145 页）这也是

---

① 转引自北京鲁迅博物馆：《出版说明》，《鲁迅藏拓本全集·汉画像卷Ⅰ》，第 1 页。
② 信立祥：《汉代画像石综合研究》，文物出版社 2000 年 8 月版，第 5 页。

鲁迅对汉画曾经有所研究的例证。他对于出土地点的特别关注，也值得注意。鲁迅对某些拓片判断为"赝品""翻刻"的意见①，体现出他的鉴定功力。《鲁迅藏拓本全集：汉画像卷Ⅱ》可见编号为287的题"甘肃成县黄龙画像碑"者，碑首题"黄龙"，画面左侧雕画"黄龙"，右上方为"白鹿"画面，榜题"白鹿"。画面左下方为"木连理"，右为"嘉禾"，右下方为"甘露之种"。"甘露之种"左侧有"承露人"。《论衡·讲瑞》关于汉代"瑞物"崇拜，说到"天上有甘露之种"。这幅画像，显然是值得重视的有关祥瑞的汉代意识史料。而画面左侧题刻："君昔在黾池，修崤嶔之道，德治精通，致黄龙、白鹿之瑞，故因画其像。"（317页）"昔在黾池，修崤嶔之道"的交通建设，被看作"德治精通"之政绩，以至于有"致黄龙、白鹿之瑞"的宣传。而这件文物发现于距"黾池"甚远的"成县"，也体现相关理念的普及。这是包含汉代交通史、行政史以及政治观念史信息的极可宝贵的汉画资料。② 这样的文物珍存，在《鲁迅藏拓本全集：汉画像卷》中并不是孤例。

鲁迅收集汉画的长期努力，表现出对这种古代文化遗产的倾心热爱。他除了向友人指出这些文物"颇可供参

---

① 鲁迅在《书信·1935年5月14日致台静农》中说到"收集画像事"："'君车'画像确系赝品，似用砖翻刻，连簠斋印也是假的。原刻之拓片，还要有神彩，而且必连碑阴，乃为全份。"《鲁迅全集》，第13卷第457、456页。
② 王子今：《论李翕黾池五瑞画像及"修崤嶔之道"题刻》，《文博》2018年第6期。

考"① 外，又曾吐露拟"印以传世"的心愿，表示其中"极难得"者，"倘能遇到，万不可错过也"。对于"我有一点而不全"，鲁迅心存遗憾。② 他在致友人的书信中表示："倘能得一全份，极望。"③ 诚心恳求朋友"代我补收"。④ 鲁迅于1936年10月19日去世。而他在8月18日致朋友的书信中，依然表达了对新发现汉画资料的真诚渴望："桥基石刻，亦切望于水消之后拓出，迟固无妨也。"这封致王正朔的书信，有学者以为可以看作他有关"南阳汉画像石，乃至整个汉画像石刻艺术"的"遗嘱"。⑤ "以'极望'得一全份画像石开始，以'切望'水消之后拓出桥基画像石告终，表现了鲁迅先生对濒临毁灭的历史文化遗产的无限

---

① 鲁迅《书信·1934年2月20日致姚克》写道："武梁祠画像新拓本，已颇模胡，北平大约每套十元上下可得。又有《孝堂山画像》，亦汉刻，似十幅，内有战斗、刑戮、卤簿……等图，价或只四五元，亦颇可供参考，其一部分，亦在《金石索》中。"《鲁迅全集》，第13卷第29页。
② 鲁迅《书信·1934年3月6日致姚克》写道："汉画像模胡的居多，倘是初拓，可比较的清晰，但不易得。我在北平时，曾陆续搜得一大箱，曾拟摘取其关于生活状况者，印以传世，而为时间与财力所限，至今未能，他日倘有机会，还想做一做。汉画像中，有所谓《朱鲔石室画像》者，我看实是晋石，上绘宴会之状，非常生动，与一般汉石不同，但极难得，我有一点而不全，先生倘能遇到，万不可放过也。"《鲁迅全集》，第13卷第39页。
③ 鲁迅《书信·1935年8月11日致台静农》写道："南阳画像，也许见过若干，但很难说，因为购买于店头，多不明出处也，倘能得一全份，极望。《汉圹专集》未见过，乞寄一本。"《鲁迅全集》，第13卷第519页。
④ 鲁迅《书信·1954年6月9日致台静农》写道："即印汉至唐画像，但唯取其可见当时风俗者，如游猎、卤簿、宴饮之类，而著手则大不易。五六年前，所收不可谓少，而颇有拓工不佳者，如《武梁祠画像》，《孝堂山画像》，《朱鲔石室画像》等，虽具有，而不中用；后来出土之拓片，则皆无之，上海又是商场，不可得。兄不知能代我补收否？即一面收新拓，一面则觅旧拓（如上述之三种），虽重出不妨，可选其较精者付印也。"《鲁迅全集》，第13卷第145页。
⑤ 王建中：《汉代画像石通论》，紫禁城出版社2001年6月版，第31页。

关怀。"① 这样的分析，是得体的。

汉画蕴含的精彩的文化品质，汉画透露的汉代社会的时代精神，为鲁迅所发现。他多次强调，其中有值得继承的积极的内容。鲁迅在书信中与对话人讨论"中国精神"时发表这样的认识②，无疑值得我们重视。鲁迅说："惟汉人石刻，气魄深沈雄大，唐人线画，流动如生，倘取入木刻，或可另辟一境界也。"③对于以汉画为典型代表的汉代艺术，他还赞赏道："遥想汉人多少闳放，新来的动植物，即毫不拘忌，来充装饰的花纹。""汉唐虽然也有边患，但魄力究竟雄大，人民具有不至于为异族奴隶的自信心，或者竟毫未想到……绝不介怀。"④我们注意到汉代民族精神表现出当时人所谓"奋迅"⑤、"骋驰"⑥、"奔扬"⑦、"驰骛"⑧的积极进取的英雄主义风格。鲁迅又特别赞赏"汉代石刻"之"气魄深沈雄大"，以及通过其他艺术形式透露的"魄力究竟雄大"。而基于"自信"

---

① 王建中：《鲁迅与南阳汉画像石艺术》，《中原文物》1981 年特刊。
② 鲁迅：《书信·1935 年 2 月 4 日致李桦》，《鲁迅全集》，第 13 卷第 372 页。
③ 鲁迅：《书信·1935 年 9 月 9 日致李桦》，《鲁迅全集》，第 13 卷第 539 页。
④ 鲁迅：《坟·看镜有感》，《鲁迅全集》，第 1 卷第 208、209 页。
⑤ 《史记》卷二四《乐书》："鼓之以雷霆，奋之以风雨。"裴骃《集解》："郑玄曰：'奋，迅也。'"张守节《正义》："万物皆以风雨奋迅而出，如乐用傩奋迅以象之，使发人情也。"第 1195 页。《后汉书》卷二一《耿纯传》："奋迅拔起，期月之间兄弟称王。"第 761 页。
⑥ 《淮南子·修务》："骋驰若骛"。高诱注："骋驰，言其疾也。"刘文典撰，冯逸、乔华点校：《淮南鸿烈集解》，第 660 页。
⑦ 《史记》卷一一七《司马相如列传》："水虫骇，波鸿沸，涌泉起，奔扬会，礧石相击，硍硍磕磕，若雷霆之声，闻乎数百里之外。"又言"奔扬滞沛"，第 3013、3017 页。
⑧ 东方朔《七谏·怨思》："驾青龙以驰骛兮，班衍衍之冥冥。"王逸注："言极疾也。"〔宋〕洪兴祖撰，白化文、许德楠、李如鸾、方进点校：《楚辞补注》，中华书局 1983 年 3 月版，第 250 页。

的"闳放",也是鲁迅深心欣赏的。读汉画,理解汉代社会的"气魄",通过"装饰的花纹"的观察,透视当时"人民"的"自信心"。以这样的眼光看文物,显现出鲁迅作为一位文化伟人非同寻常的洞察力。他认为通过汉画可以体会秦汉社会风貌,如"看汉代石刻中之《武梁祠画像》",有助于认识"秦代的典章文物""生活状况",理解"汉时习俗"。不仅如此,他还建议版画家李桦参考学习汉画风格,以推进艺术的进步:"我的意思,是以为倘参酌汉代的石刻画像,明清的书籍插画,并且留心民间所玩赏的所谓'年画',和欧洲的新法融合起来,许能够创出一种更好的版画。"[①] 我们今天体味这样的话,也可以获得启示。现今的文化创造,"倘参酌汉代的石刻画像",认真继承其中的精华,同时"留心"其他文化形式,包括"民间所玩赏"的作品,再"融合"现代"新法","许能够创出一种更好的"文化极品。对于历史学学术的发展,其实我们也可以参考这样的建议。

此前我曾经得到两册由上海美术出版社出版的《鲁迅藏汉画象》。据第二册署名"北京鲁迅博物馆、上海鲁迅纪念馆"的"编印说明","编辑过程中,我们曾往山东、江苏、四川等汉画石出土处核查原石,凡亲见原石者,均标以'＊'为记。有的原石已佚失或拓片也难以见到,这部

---

① 鲁迅:《书信·1935年2月4日致李桦》,《鲁迅全集》,第13卷第373页。

分鲁迅藏汉画象拓片则更为可贵"。① 然而《鲁迅藏汉画象》存在讹误,而且未能收录鲁迅为每幅画象所写的文字说明。此次《鲁迅藏拓本全集:汉画像卷》补足了这一缺憾。据《鲁迅藏拓本全集:汉画像卷》"出版说明"介绍:"鲁迅搜藏的拓本,其中有些原物已不存在;有些原物因岁月的磨砺,漫漶严重,字迹、图像模糊不清,因此更显珍贵。"此说与前引"这部分鲁迅藏汉画象拓片则更为可贵"意思是相同的。也就是说,这些拓本本身已经成为"珍贵"的文物。此次出版,承著名汉画研究专家、山东石刻艺术博物馆杨爱国先生审读第一卷,南阳汉画馆石红艳审读第二卷,提出了一些修改和补充意见,使得全书的学术质量又有提升。许多幅拓片以"编者注"的方式核证并补充了许多重要信息,如"立石时间""出土时间""出土地点""原石现存"地点等,均明朗标示。对于若干"鲁迅藏两幅""鲁迅藏三幅"的情形,在注文中也有所说明。

书后附《鲁迅金石杂抄》(汉画像部分)以及《鲁迅汉画像年表》,也为相关资料的研究和理解提供了便利的条件。

这都是《鲁迅藏汉画象》的研究者和一般读者都应当对编者和出版者表示诚挚谢意的。

还应该说到,《鲁迅藏汉画象》使用"画象"的说法,不用现在通常出版物所见"画像"。鲁迅自己有时用"画

---

① 北京鲁迅博物馆、上海鲁迅纪念馆编:《鲁迅藏汉画象》(二)"编印说明",上海人民美术出版社1991年6月版。

象",有时用"画像",但是以"画象"居多。其实,"汉画象石""汉画象砖"的写法是更为合理的。①

十三、"守住科学良心":追念田余庆先生

2014年12月25日清晨,收到好友高世瑜短信,得知田余庆先生仙逝的消息。虽然前一段时间对田先生病情略有所知,但还是不免心中一惊。当天上午下午都有课,确实没有时间从容整理思绪。回想与田先生虽交往次数不多,却深印心底的教诲,只是片段闪亮。但是在上午讲授"《汉书》研读"课的讲台上,说到田先生的学术贡献,眼睛仍不免湿润。

这堂课讲授的内容以"西汉边疆与民族问题"为主题,其中有一节涉及"《西域传》'序''赞'",当课件显示《汉书》卷九六下《西域传下》如下记载时,我不能不说到田余庆先生的《论轮台诏》。班固写道:"自武帝初通西域,置校尉,屯田渠犁。是时军旅连出,师行三十二年,海内

---

① 现行辞书的解释是:【画像】〈动〉画人像;〈名〉画成的人像。《现代汉语词典》(第7版),商务印书馆2017年3月版,第564页。但汉画象石和汉代画象里以"人像"为表现主题者很少。《汉语大词典》:【画象】画衣冠。画图像。例句即"鲁迅《书信集·致姚克》:'汉画象模胡的居多,倘是初拓,可比较的清晰,但不易得。'"【画像】画肖像。画成的肖像。汉语大词典编委会、汉语大词典编纂处编纂:《汉语大词典》,汉语大词典出版社1991年6月版,第7卷第1375、1377页。可知画面主题大多并非"人像""肖像"的汉画象遗存,称作"汉画像石""汉画像砖"是不妥当的,应当写作"汉画象石""汉画象砖"。以往多写作"画象",今往往讹作"画像",既背离"象"即"象形"之古义,也不符合汉字简化的原则。(本书在引用文献和标注出版信息时,遵从原书,"画像""画象"同时使用;正文论述时使用"画象"。——编者注)

虚耗。征和中，贰师将军李广利以军降匈奴。"于是汉武帝"悔远征伐"。而搜粟都尉桑弘羊等奏言："故轮台东捷枝、渠犁皆故国，地广，饶水草，有溉田五千顷以上，处温和，田美，可益通沟渠，种五谷，与中国同时孰。"建议利用这一绿洲之地理优势，建立军屯基地，创造扩大战争规模的条件，并与河西地方建立共同的军事通讯和防务体系，"张掖、酒泉遣骑假司马为斥候，属校尉，事有便宜，因骑置以闻"。意在逐步拓展规模，以谋求战略强势，"稍筑列亭，连城而西，以威西国，辅乌孙"。而汉武帝则坚定地否决了这一建议，有"不复出军"的态度鲜明的决策。此即史称"轮台诏"的发表。"上乃下诏，深陈既往之悔。"对以往战事，有"曩者，朕之不明"的检讨，对当前"益民赋"以充实军费的建议，有"是重困老弱孤独也"的斥责。汉武帝说："乃者贰师败，军士死略离散，悲痛常在朕心。今请远田轮台，欲起亭隧，是扰劳天下，非所以优民也。今朕不忍闻。"除"悲痛""不忍"外，他又对边境"卒苦"深表同情，对于外交方式"报忿"等做法亦予以否定。汉武帝明确宣布："当今务在禁苛暴，止擅赋，力本农，修马复令，以补缺，毋乏武备而已。"《汉书》卷九六下《西域传下》记述："由是不复出军。而封丞相车千秋为富民侯，以明休息，思富养民也。"班固就此有肯定性的评价："末年遂弃轮台之地，而下哀痛之诏，岂非仁圣之所悔哉！"[①] 所

---

① 《汉书》，第 3912—3914、3929 页。

谓"当今务在禁苛暴，止擅赋，力本农……"，所谓"仁圣之所悔"，都体现诏文内容不宜拘限于只是有关西域轮台地区军事部署的局部性问题，只是军事行动的战术调整，而确实有战略意义，体现出了执政路线的改变。从"轮台诏"看，汉武帝晚年确曾努力进行治国方向的重大转折。"富民"语汇与"优民"的宣传相照应，如班固所分析，"以明休息，思富养民也"，应当并非调整对外作战策略的权宜之计，其实可以理解为基本政策转变的标志性符号。明人吴鼎《读史有感》诗有"汉武雄才世莫伦，轮台一诏见天真"的赞辞。[①] 李贽《史纲评要》卷七《汉纪·世宗孝武皇帝》"征和四年"条也写道："汉武惟此一诏可谢高帝、文帝。""天下大坏而得以无恙。"又赞赏汉武帝由此表现的非凡的政治胆略："过天地之风雷，可不勇哉！"[②] 由"轮台一诏""惟此一诏"语可知，其实据班固《汉书》卷九六下《西域传下》的记述，已经可以大致得到田余庆先生《论轮台诏》指出的"汉武帝改弦易辙""完成向守文的转变"的认识。

下午课后，我在北京大学历史学系指导的博士研究生熊龙来中国人民大学，说次日历史系将设灵堂，27日即在八宝山遗体告别。我因26日凌晨要飞海口出差，27日夜间返回，28日又将赴赤峰出席会议，不能亲往吊唁，只得请我在北京大学历史学系指导的博士研究生熊长云代为致

[①] 〔清〕朱彝尊选编：《明诗综》卷三六，中华书局2007年3月版，第1786页。
[②] 〔明〕李贽评纂：《史纲评要》，中华书局1974年11月版，第185页。

意。当晚拟挽联发给长云,也代表了我几十位历史学科学生的心意:"深切悼念田余庆先生。史航高桅论议多神器,实证雄识庠序有洪才。学生子今及诸弟子敬挽。"

记得我读田余庆先生《说张楚》①,正是刚刚起步迈入秦汉史研究学术界域的时候。初读这篇论文即耳目一新,我想是多数读者共同的感觉。此前二三十年以来,农民战争史是史学界关注的热点。回想我在西北大学历史系 77 级读考古专业,中国古代史课上,老师组织课堂讨论,主题大概是"朱元璋蜕变的原因和影响"。我想,为什么非要说是"蜕变"呢?朱元璋这样的历史人物,他的政治作为和文化影响,最重要的表现是在这种"蜕变"之前还是"蜕变"之后呢?也许他的历史贡献更多是以"封建"皇帝身份而并非农民起义领袖身份实现的吧?当时虽然没有大胆地站起来发言,但是心中暗知怀有类似疑问的同学一定还有一些。虽然我对农民战争史研究的问题已经有若干思考,但是读《说张楚》,还是引起了强烈的心灵震动。原来对农民起义,对农民军,对农民出身的政治人物,还可以进行这样的分析,提出这样的认识。

中国史学长期承袭以政治史为第一主题的传统。我曾经写文章说到这或许可以称为"中国传统文化的泛政治主义特色"的表现之一。② 20 世纪 70 年代末以来,一些青

---

① 田余庆:《说张楚——关于"亡秦必楚"问题的探讨》,《历史研究》1989 年第 2 期,收入《秦汉魏晋史探微》(重订本),中华书局 2004 年 2 月版。
② 王子今:《中国传统文化的泛政治主义特色》,《学术界》1993 年第 1 期。

年学人厌倦了史学仆从政治、影射史学服务"文革"政争的恶相，倾向于将政治史从社会史、文化史、生活史中剥离开来，却没有想到还可以进行《说张楚》《论轮台诏》这样的政治史研究。田余庆先生的论著，是政治史研究的新创制，也在当时谋求史学新生的思想解放浪潮中，以新的视角、新的思路、新的方法、新的格调，树立起了学术高标。

田余庆先生是中国秦汉史研究会顾问。2006年，咸阳师范学院拟创办《秦汉研究》年刊，作为中国秦汉史研究会会刊。我们商定请田余庆先生题写刊名。就其可能性请教罗新教授，得到并不乐观的答复。罗新说，据他所知，田先生从未给任何人题写过此类文字。我和咸阳师范学院历史学院雷依群院长拜望田先生，满怀忐忑地提出题字的请求，没有想到田先生即刻应承。田先生题签"秦汉研究"，我们将此看作对中国秦汉史研究会的关爱，对秦汉史研究取得学术进步的期望。田先生出生在陕西城固。在交谈中，他深情表述了对那里山水草木的眷恋。他说，后来再也没有去过汉中。他还回忆有一次经宝成铁路往四川，行历阳平关路段，由两节车厢交接处的车窗伫望快速闪过的陕南山水，回忆起儿时往事的情形。讲述中有雨水洗刷着车窗的细节，使我们感受到乡情的真切。得知老人对汉中地方的深厚情感，陕西的朋友多次设想接田先生夫妇往陕南讲学考察，探访旧时遗事，可惜这样的计划始终没有能够实现。

我不大同意只是以"魏晋南北朝史研究大家"评价田余庆先生的学术地位。其实，田先生在秦汉史研究领域的重大贡献人所共知。20世纪60年代初，当时的中共中央直属高级党校请一些历史学家给学员讲授历史课，"秦史"和"汉史"是田余庆先生承担的。我在80年代初读到印制粗陋的讲义，后来前辈同事周奕才、崔新民将这些讲义整理成《中国古代史讲座》，由求实出版社于1987年10月正式出版。按照主讲历史时期年代次序，讲授者分别为吕振羽、裴文中、尹达、杨向奎、田余庆、唐长孺、邓广铭、韩儒林、吴晗、郑天挺。在这一阵容中，田先生当时的年龄和资历引人注目。他于秦汉史研究精深凝练而成的高明识见，又集中体现于翦伯赞先生主编《中国史纲要》的秦汉史部分，中国大百科全书出版社1992年4月版《中国大百科全书·中国历史》"秦""汉"等词条，以及享誉学界的中华书局1993年11月版《秦汉魏晋史探微》、2004年2月版《秦汉魏晋史探微》（重订本）等论著。

近来，有学者对田先生《论轮台诏》文中所引据《资治通鉴》记录的可信度提出质疑，认为《通鉴》相关记载不见于《史记》《汉书》等汉代基本史籍，而是出自南朝刘宋王俭著的小说《汉武故事》，完全不可信据。论说显示了作者文献学的深厚功底，读来多受教益。相关学术讨论的积极意义应当肯定，但就此进行进一步的深层次的探究也许仍有必要。比如，论者指出《汉武故事》借取前人相关行事，作为创作的原型情形，举颜驷故事可见《论衡·逢遇》中更早的原型，其说甚是。同样的道理，似乎我们也不能排除《资治通鉴》和《汉武故事》分别采用了共同的可以看作"原型"的早期史料的可能。

其实，司马光在《资治通鉴》有关战国秦汉史的记述中采用未知出处之史料的情形还有其他例证。例如杨宽《战国史》中关于乐毅破齐故事的记述，先后版次不同，观点曾经有重大改动。1980年7月版写道："乐毅为了拉拢齐国地主阶级，在齐国封了二十多个拥有燕国封邑的封君，还把一百多个燕国爵位赏赐给齐人。"这段论述，作者注明"根据《资治通鉴》周赧王三十一年"。①《资治通鉴》卷四原文为："乐毅修整燕军，禁止侵掠，求齐之逸民，显而礼之。宽其赋敛，除其暴令，修其旧政，齐民喜悦。""祀桓公、管仲于郊，表贤者之闾，封王蠋之墓。齐人食邑于燕者二十余君，有爵位于蓟者百有余人。"② 新版则不再保留这段文字，又特别在"绪论"中"战国史料的整理和考订"题下专门讨论了"《资治通鉴》所载乐毅破齐经过的虚假"这一问题。作者论证《通鉴》所称"齐人食邑于燕者二十余君，有爵位于蓟者百有余人"，以为"是不可能有的事"。他写道："整个战国时代燕之封君可考者不过数人，怎么可能齐人食邑于燕者二十余君？所有这些，都是后人夸饰乐毅为'王者之师'而虚构的。""所有这些伪托的乐毅政绩，

---

① 杨宽著：《战国史》，上海人民出版社1980年7月版，第349页。
② 〔宋〕司马光编著，〔元〕胡三省音注，"标点资治通鉴小组"校点：《资治通鉴》，中华书局1956年6月版，第129—130页。

符合于《通鉴》作者的所谓'治道',因而被采纳了。"①这样的分析,有益于澄清战国史的重要史实,但是所谓"伪托"的判定,仍不免显得有些简单武断。如果探求到有关"后人夸饰""虚构"之渊源脉络的明确实证,其论点自然会更有说服力。

我不是田余庆先生直接的学生。这种怀念老师的文章当然由他的学生撰写会传递更深沉的情感和更丰富的信息。不过,因为对田先生的多次鼓励深心感激,而且作为田先生许多学生的好朋友且马齿徒长,也许可以表抒某种特别的深切感受和真挚敬意。

记得有一次在田先生家,他说到自己对秦法在不同历史阶段有不同面貌,而我们看到的秦法某些部分或保留早期条文之可能的思考。田先生说因为年迈,这一问题他已经无力完成,嘱我进行相关探索,撰写专题论文。这当然是非常重要的启示和指导。我当时答应了田先生,现已事过数年,虽然有所思考,但是至今还没有完成这一我设定主题为"秦法小国之构"的论文。不是因为懒,只是长期总在忙乱中,没有细致的科学的计划。工作似乎有速度、有进度,但是没有讲究学术秩序的合理度。想到这里,心中惭愧,无以言表。

借用农人的语言,其实或迟或速,每位学术耕耘者的

---

① 杨宽著:《战国史》(增订本),上海人民出版社1998年3月版,第19—20页。王子今:《战国史研究的扛鼎之作——简评新版杨宽〈战国史〉》,《光明日报》2003年9月2日。

"犁沟"总会走到尽头。我想，学界师友无一例外都会有就某个学术问题或某些学术问题的探究有志未逮、没有完成的遗憾。不知道田余庆先生是否还有未曾面世的遗稿。他的人生轨迹与社会动荡、文化变迁、学界波澜、史坛势态多相印合，如有日记，应当可以从一个特别的侧面记录一个时代的精神生活史。我想，他的书信如果可以和这些文字遗存一并整理，则不仅对从事秦汉魏晋南北朝史研究的学者有所教益，也可以为中国现代学术思想史和知识人之心态史研究提供有意义、有价值的史料资源。

"守住科学良心"，引自田余庆先生《我的学术简历》一文中最后一句话。他强调"学有所守"，又说，这"是想避免曲学和滥作，守住科学良心，这是我的愿望"。此文原是《当代名家学术思想文库·田余庆卷》的自序，收入《田余庆先生九十华诞颂寿论文集》。① 这里借用"守住科学良心"数字，首先以为适于纪念田余庆先生的学术精神，另外愿以此自勉自励，并且希望青年学子记得田余庆先生的嘱托，理解并坚持这一人生原则。

之后连续收到朋友转来有关纪念田余庆先生的文字。有题《九十自述话治学》《在庆寿会上的发言》《我的学术简历》者以及《田余庆先生访谈》《田余庆先生的史学遗产与"中古史实重建"构想》等被频繁转发。有网文称，"他这一代学人受政治冲击最大，而他却能走出意识形态话语

---

① 中华书局 2014 年 2 月版。

的干扰,自成一家,提升了中国古代史研究在国际上的地位"。罗新在微博上贴出了一张田先生的照片,石桥、绿树,田先生背向我们,在阳光中缓步前行。罗新写道:"这张照片是 2010 年 6 月 6 日在北大拍的,田先生最喜欢,多次说将来要在告别仪式上使用,说这样才'走得潇洒'。熟悉田先生的人都知道,潇洒二字跟他的性格至少表面上是难以沾边的,但他心里还是在追求一种潇洒的人生。回过头来看,他的人生真是完美且潇洒,足以让我用十辈子的时间来效仿。"田先生的表情通常看来似乎总是严肃的。有人评价他的论文:"以冷静的态度和沉郁的笔触,来书写历史上那些看起来很残酷的故事。"又以"沉郁的文风""格外凝重"形容其学问。[①] 然而我们读他的书,又是可以体会到一种"潇洒"的,一种真正的"潇洒"。

十四、 继承朱绍侯先生的学术精神

最早读朱绍侯老师主编的《中国古代史》,我印象很深。记得我们西北大学历史系 77 级学生最初上"中国古代史"课,曾经使用过油印的讲义。虽然是初版,但是当时这样正式的教科书很少,受到我们历史学科学生普遍的珍视。而编者中,又有给我们上过课的林剑鸣老师和韩养民

[①] 知乎用户:《北大教授田余庆先生仙去:用历史学讲出了超越时代的故事》。

老师，读来自然益感亲切。

后来参加中国秦汉史研究会的活动，得以多次近距离接触朱绍侯老师，我产生了出自内心的尊崇和感动。

我想，朱绍侯老师的正直人品、淳正学风、谦和风度和学术研究方面的创新精神，对中国秦汉史研究会的中青年学者都有积极的影响。我从41年前开始参加中国秦汉史研究会的活动，从青年到中年，到今天，已经是一垂垂老者，回顾以往，一步一步都是在我们学会老一辈学者包括朱绍侯老师这样的学术前辈的引领下实现一点点进步的。

朱绍侯老师的学术风格和人生态度，影响着整个中国秦汉史研究会，影响着整个中国秦汉史学界。

而他可能给予更多直接指导的河南大学历史学科、河南大学出版社、《史学月刊》，以其辉煌的学术贡献，可以说形成了兵强马壮的学术队伍，形成了具有不寻常特点的学术风格，形成了学术实力强劲的中国古代史研究的河南大学团队，甚至可以说形成了中国古代史研究的河南大学学派。他的学生中，有许多位杰出学者以他们坚实丰厚的学术根基、特立独行的学术个性，各有闪光的学术创获，成为中国史学界公认的旗帜。

这里没有必要一一说出他们的姓名，作为学界好友，我深以河南大学历史学科的朋友们为荣。

我深心最为敬佩、决意以为个人人生榜样的，是朱绍侯老师直到晚年，依然坚守实证原则，不忘学术责任，在90多岁的高龄，依然读书、思考、写作，发表高质量的学术论文。96年，尽管经历颇多磨难，他的学术努力一直没有停步，他的学术人生也没有落幕。在生命的最后时刻，他依然站立在学术前沿，依然追求着学术创新。我个人真诚地愿意学习朱绍侯老师，在未来的学术实践中努力做得更好，做得更多。

《史记》卷二八《封禅书》有这样一段记载，很可能与大家熟知的司马谈、司马迁史学责任交接属于同一时空：汉武帝封禅泰山之前来到中岳嵩山，有特别的幸遇，或可看作具有神秘主义特征的文化风景。这也许可以理解为对中州文化、中原文化的象征。"东幸缑氏，礼登中岳太室。从官在山下闻若有言'万岁'云。问上，上不言；问下，下不言。于是以三百户封太室奉祠，命曰崇高邑。"[1]《史记》卷一二《孝武本纪》有相同的记述。关于"在山下闻若有言'万岁'云"，张守节《正义》："《汉仪注》云：'有称万岁，可十万人声。'"关于"崇高邑"，张守节《正义》："颜师古云：'以崇奉嵩高山，故谓之崇高也。'"[2]朱绍侯老师的人品和学术，居于我们仰望的文化制高点，是史学界公认"崇高"的"嵩高山"。作为学生，我愿意在心里高呼：朱绍侯老师的学术精神"万岁"，也相信很多朋友也会认同，我们的心声汇合，同样应当如司马迁当年的记述，"可十万人声"。

---

[1]《史记》，第1397页。
[2]《史记》，第474页。

代结语： 秦汉史学术空间的拓展和学术方法的更新

秦汉史经2000年左右历代史家深耕熟作，似乎已经发掘殆尽，难以开辟新的学术园地、培植新的学术作物了。其实，就近年面世的秦汉史论著就可以得知，秦汉史这一学术方向，还有可以扩展的学术空间。

两汉之际的历史变化，经王莽政权的插入，历史脉络似受到扰动。其实，两汉王朝虽然都是刘姓统治，社会文化以及发生了重大的变化。过去古史分期的讨论，一派意见以为奴隶社会与封建社会的分界就在两汉之际，说明这一历史界点的特征受到重视。

在今后秦汉史研究面对的任务中，说明两汉之际的历史变化，也是非常重要的学术主题。

除了政治形势和社会结构的若干变化之外，文化教育史无前例的普及应当受到重视。太学和郡国官学都得到空前优越的发展条件，东汉私学也空前繁盛。许多名师教授的弟子，往往多至数百人乃至数千人。据《后汉书》卷七九下《儒林列传下》记载，著名的经学大师开门受徒者，名籍著录的学生人数惊人。陈留雍丘（今河南杞县）人楼望，诸生著录九千余人。汝南南顿（今河南项城西）人蔡玄，门徒常千人，先后注册的学生多达一万六千人。① 科学发明的成就，是两汉时代变化的历史亮点。纸的发明和最初应用在西汉时期，而于东汉得到普及，对于文化史进程意义显著。王充的科学思想，张衡的技术设计，均达到时代高峰。医学、农学、地学、文字学等也都有显著的进步。区域开发的新局，如江南开发开启了经济重心向东南方向移动的历史变化，意义非常重要。自两汉之际以来，江南经济确实得到速度明显优胜于北方的发展。正如有的学者所指出的，"从这时起，经济重心开始南移，江南经济区的重要性亦即从此时开始以日益加快的步伐迅速增长起来，而关中和华北平原两个古老的经济区则在相反地日益走向衰退和没落。这是中国历史上一个影响深远的巨大变化，尽管表面上看起来并不怎样显著"。② 江南开发与适应气候变迁的移民南向的运动有密切的关系。③ 而这一主题的考察和说明，也许还应当进行更细致的工作。

拙著《秦汉名物丛考》（增订版）2023 年 1 月由新星出版社出版，澎湃新闻设计了一个访谈，所拟《王子今教授访谈提纲》中第 9 个问题是："我看李华瑞老师评价您

---

① 王子今：《东汉的"学习型社会"》，《读书》2010 年 1 期。
② 傅筑夫：《中国封建社会经济史》第二卷，人民出版社 1982 年 12 月版，第 25 页。
③ 王子今：《试论秦汉气候变迁对江南经济文化发展的意义》，《学术月刊》1994 年 9 期。

'但凡有社会热点,他总能在历史上找到可以关联、比照的种种蛛丝马迹'。对于青年历史学者、学生而言,您有哪些建议?历史研究是否应该关照现实?未来秦汉史有哪些新方向?""李华瑞老师"的"评价"当然是过奖之辞。为回答这个问题的最后一问,我说了这样一段话:"未来秦汉史研究的新方向,具体的预想并不容易。总的趋势,可以预见的进步,大概会表现在研究方式的更新。新的科学技术的介入将会大大推进研究进度,提升认识水准。无人机在考古调查及考古工地摄影时的使用,数年前很难预想到,现在已经非常普及。我想,人与动物骨骼遗存的鉴定技术,植物遗存的种属判断,多种文物的年代判定等,都会有新的科学手段帮助我们增益历史文化信息的了解。一些我们今天比较关心的秦汉史研究学术问题,如民族融合,物种引进,作物改良等,未来都会得到更新更准确的知识。秦汉历史文化的更全面更具体的理解和说明将成为可能。除了技术手段的进步而外,研究者学术理念的更新也越来越受到重视。多学科方法与知识相结合的积极意义,在学界会成为更普遍的共识。后来的学者将来回过头来看我们今天的工作,或许会有不少批评甚至否定的意见呢。"

在访谈中,对了"在您脑海中,是否有一幅秦汉人日常生活的图景(类似于《清明上河图》),这幅图景是怎样的?"这个问题,我是这样回答的:"对于秦汉人的日常生活,我们知道的较前几十年,应该更多了一些。但是距离完整的图景,画面总体以及细节,包括色彩和动态,较全景的复原还相差很远。我们看到的图象资料,多是制作者愿意表现的。其他方面,我们知之甚少或者全然无知。考古发掘收获也是非常有限的。杨继承讨论'白衣'的文章《服制、符命与星占:中古"白衣"名号再研究》[1],涉及社会礼俗中的服色问题。考察河西出土汉代纺织品的色彩,推定烽燧遗存中的 20 多种色彩的织品(马圈湾发掘报告 25 种,贝格曼报告据不完全统计 27 种)并非戍卒自身的衣物与衣料,而很可能与丝绸之路贸易有关。拙文《河西出土汉代织品的色彩及其与丝路史的关系》讨论了这一问题。相信以后还会有相关发现可以充实我们的认识。对于色彩的关注,会使得我们所认识的秦汉人日常生活的图景更为生动。"我还说道:"我们对历史原貌的探求,还应包括精神方面的内容。当时人的精神世界,他们的心理习惯,他们人际关系中的亲情和友情,善意或者恶意、敌意甚至杀心是怎样生成的,其表达又通常是怎样的方式,比如'侠'的真正气质,我们了解并不多。但是相关具体问题的考察,是很不容易的。秦汉人的英雄主义和牺牲精神与其他历史时期的异同,他们的慈善和同情心,有怎样的历史表现。当时人的嫉妒、愤恨,激情与麻木,其表现与后世有怎样的不同,也都是我们想知道的。不同阶层人的性情与心理或有很多不同。观察或许会受到社会阶层结构判定的影响,而有些现象或许是共同的,也就是说体现了我们

---

[1] 杨继承:《服制、符命与星占:中古"白衣"名号再研究》,《魏晋南北朝隋唐史资料》第 36 辑,上海古籍出版社 2017 年 11 月版。

民族文化的时代精神。我曾经写过《两汉人的生活节奏》,发表在1992年,已经31年了。① 现在看来,当时的议论不免浅薄、片面。但是这种长时段历史比较的尝试,或许也是有一点意义的。"

在新的学术条件下,因学术视野的扩展和学术方式的更新,我们期待秦汉史研究迎来更繁荣的丰收季节。

李学勤先生在为拙著《秦汉交通史稿》所作序言中写道:"秦汉史这片园地,本已为好多代学者开垦耕耘,要想别开生面,殊非易事。"② 这可能是大家共同的感觉。但是深耕精作,特别是采用新的方法,使用新的工具,还是可能获得很多新知的。

这里还要再次说到李华瑞教授。华瑞最近说起,我在首都师范大学历史学院一次讲座涉及秦汉史研究选题时,我不同意秦汉史没有题目可做的意见,说了这样的话:我可以举出100个题目。我记得确实曾经口出此狂言。咨询华瑞讲座举办的时间,他说大概七八年前。我回顾了近年在首都师范大学历史学院的讲座:1. 首都师范大学历史学院《秦汉儿童的世界》,2012年3月29日;2. 首都师范大学历史学院《秦始皇帝的海洋意识》,2013年12月27日;3. 首都师范大学《大葆台汉墓出土猫骨及相关问题》,2015年1月10日;4. 首都师范大学历史学院《秦汉时期

---

① 王子今:《两汉人的生活节奏》,《秦汉史论丛》第5辑,法律出版社1992年8月版。
② 王子今:《秦汉交通史稿》,社会科学文献出版社2020年12月版,第XIII页。

的历史特点与历史地位》，2018年3月16日。我似乎有印象，这次讲座现任教于北京师范大学的徐畅当时在场。我询问她是否还留有记忆。徐畅回复说，应当是2013年12月27日这一次，演讲题目是"秦始皇帝的海洋意识"，由李华瑞老师主持。讲座结束时有学生提问，说到秦汉史研究选题难的问题，我做了大致如上的回答。

那次讲座距今差不多已近十年了。统计2014年初至今我发表明确以秦汉史为研究方向的论文，有262篇。此外，我在自己的工作记录中没有列入"学术论文"中，而归为"学术述评、学术短文及其他文章"之中的文字，还有中华书局《月读》连续在"《史记》讲座"栏目刊发的《史记》研究心得，从2019年第9期至2022年第4期，共32篇。这样说来，当时所谓"100个题目"，似是狂言，其实好像也并不甚"狂"。

当然，有的学者可能会嫌弃其中题目的"碎片化"色彩。确实，我的考察收获，没有什么鸿篇巨制，大都是零碎的、片段的、点滴的意见。然而我想，这里或许可以借用刘备遗诏留给刘禅的那句话聊以解嘲："勿以善小而不为。"①

人生岁月中的十年，好像很短暂。十年作为学术工作阶段，其实也是相当漫长的。这里说到近十年来的294篇秦汉史论文，翻开这个"陈年流水簿子"，只是想告知关心

---

① 《三国志》卷三二《蜀书·先主传》裴松之注引《诸葛亮集》载先主遗诏敕后主曰，第891页。

秦汉史的年轻朋友，这个学术方向，确实还有很多很多题目可以考察研究，确实还有非常广阔的学术空间可以开拓。而学术方法的更新，虽然老朽，也愿意追随中青年学界朋友们，尽力探索，争取进步。

乐 道 文 库

"乐道文库"邀请汉语学界真正一线且有心得、有想法的优秀学人,为年轻人编一套真正有帮助的"什么是……"丛书。文库有共同的目标,但不是教科书,没有固定的撰写形式。作者会在题目范围里自由发挥,各言其志,成一家之言;也会本其多年治学的体会,以深入浅出的文字,告诉你一门学问的意义,所在学门的基本内容,得到分享的研究取向,以及当前的研究现状。这是一套开放的丛书,仍在就可能的题目邀约作者,已定书目如下,由生活·读书·新知三联书店陆续刊行。

王汎森 《历史是扩充心量之学》

马　敏	《什么是博览会史》	朱青生	《什么是艺术史》
王　笛	《什么是微观史》	**刘翠溶**	**《什么是环境史》**
王子今	**《什么是秦汉史》**	孙　江	《什么是社会史》
王邦维	《什么是东方学》	李仁渊	《什么是书籍史》
王明珂	《什么是反思性研究》	李有成	《什么是文学》
方维规	**《什么是概念史》**	李伯重	《什么是经济史》
邓小南	《什么是制度史》	李雪涛	《什么是汉学史》
邢义田	《什么是图像史》	**吴以义**	**《什么是科学史》**

沈卫荣	《什么是语文学》	姚大力	《什么是元史》
张隆溪	**《什么是世界文学》**	夏伯嘉	《什么是世界史》
陆　扬	《什么是政治史》	徐国琦	《什么是共有历史》
陈正国	**《什么是思想史》**	唐启华	《什么是外交史》
陈怀宇	《什么是动物史》	**唐晓峰**	**《什么是历史地理学》**
范　可	**《什么是人类学》**	黄东兰	《什么是东洋史》
罗　新	《什么是边缘人群史》	黄宽重	《什么是宋史》
郑振满	《什么是民间历史文献》	常建华	《什么是清史》
赵鼎新	**《什么是社会学》**	**章　清**	**《什么是学科知识史》**
荣新江	《什么是敦煌写本学》	梁其姿	《什么是疾病史》
侯旭东	**《什么是日常统治史》**	臧振华	《什么是考古学》

（2024年7月更新，加粗者为已出版）